旅游发展对广西传统村落
文化遗产集群化保护的
影响过程与驱动机理研究

陈　炜　杨连娇　杨姗姗　著

中国财经出版传媒集团

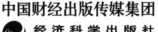
经济科学出版社
Economic Science Press
·北京·

图书在版编目（CIP）数据

旅游发展对广西传统村落文化遗产集群化保护的影响
过程与驱动机理研究／陈炜，杨连娇，杨姗姗著.
北京 ： 经济科学出版社，2025.2. -- ISBN 978 - 7 - 5218 -
6769 - 5

Ⅰ. F592.767； K296.7

中国国家版本馆 CIP 数据核字第 2025HS3608 号

责任编辑：李晓杰
责任校对：杨　海
责任印制：张佳裕

旅游发展对广西传统村落文化遗产集群化保护的影响过程与驱动机理研究

LÜYOU FAZHAN DUI GUANGXI CHUANTONG CUNLUO WENHUA YICHAN
JIQUNHUA BAOHU DE YINGXIANG GUOCHENG YU QUDONG JILI YANJIU
陈　炜　杨连娇　杨姗姗　著
经济科学出版社出版、发行　新华书店经销
社址：北京市海淀区阜成路甲 28 号　邮编：100142
教材分社电话：010 - 88191645　发行部电话：010 - 88191522
网址：www. esp. com. cn
电子邮箱：lxj8623160@ 163. com
天猫网店：经济科学出版社旗舰店
网址：http：//jjkxcbs. tmall. com
北京季蜂印刷有限公司印装
710 × 1000　16 开　13.5 印张　245000 字
2025 年 2 月第 1 版　2025 年 2 月第 1 次印刷
ISBN 978 - 7 - 5218 - 6769 - 5　定价：56.00 元
（图书出现印装问题，本社负责调换。电话：010 - 88191545）
（版权所有　侵权必究　打击盗版　举报热线：010 - 88191661
QQ：2242791300　营销中心电话：010 - 88191537
电子邮箱：dbts@ esp. com. cn）

本书出版得到以下项目资助

广西普通本科高校示范性现代产业学院：桂林旅游学院文化和旅游产业学院（桂教高教〔2021〕50 号）

广西一流学科建设项目：桂林旅游学院旅游管理学科（桂教科研〔2022〕1 号）

"城乡转型发展与土地利用"八桂学者创新团队开放基金项目：旅游发展对广西传统村落文化遗产集群化保护的影响过程与驱动机理研究（编号：NNNU – KLOP – K1916）

前　言

　　文化遗产作为民族的记忆载体和历史见证，是一个国家和民族文明延续、生生不息的动力源泉。广西地处祖国南疆，是我国五个少数民族自治区之一，各民族在各自的居住地域发展、繁衍生息，形成了历史悠久、数量众多的传统村落，并创造了内容丰富、形式多样、极具地方特色的文化遗产。然而，随着现代化、工业化和城镇化进程的加快，长期以来的人口外流和空间荒废导致广西传统村落逐渐出现"空心化"与"自然衰退"的现象；乡村风貌建设中的"千村一面"问题愈加明显。近年来，在乡村振兴、宜居宜业和美乡村等政策的持续、有效、有力推进下，传统村落文化遗产保护迎来了新的机遇，然而目前广西传统村落文化遗产保护仍局限于"以村为单元""以院为重点"以及"重视物质资源、轻视精神文化"等方面，部分珍贵的文化遗产处于濒临消失的尴尬境地。为有效破解这些难题，亟须秉承整体观念，探索传统村落文化遗产的集群化保护方式。所谓集群化保护是将零散的、无序的单体项目群体化，通过整合各区域优势资源，实现文化遗产及其生存空间的共同保护。由于我国传统村落文化遗产集群化保护工作起步较晚，通过开发遗产所具有的经济价值来弥补遗产集群化保护资金不足的替代途径逐渐发展起来，旅游开发就是其中最为有效的途径之一。

　　目前，学术界现有相关研究成果大多集中在传统村落的保护与开发利用、文化遗产的保护与旅游开发等方面，而将旅游发展与传统村落文化遗产集群化保护置于同一分析框架内的研究成果较为少见。鉴于此，本书将广西传统村落文化遗产集群化保护与旅游发展视为一个时空有机联系的整体，综合运用旅游学、地理学、民族学、管理学等相关学科的理论与方法，在对广西传统村落文化遗产进行全面系统的调查整理，探讨其空间分布特征的基础上，深入剖析其保护的现实成就、存在问题以及问题成因；重点揭示了旅游发展对广西传统村落文化遗产集群化保护中相关产业、文化传承、社会经济环境等的影响；借鉴系统动力学的相关原理，构建了旅游发展对广西传统村落文化遗产集群化保护的驱动机制；最后，本书从文化内涵、产业集群、开发主体、资源整合、开发阶段这五个维度构建了旅游发展背景下广西传统村落文化遗产集群化保护的创新模式，并探讨该模式实施的保障机制。研究结论为深入挖掘广西传统村落文化遗产内涵，进一步丰富和完善旅游发展与传统村落文化遗产集群化保护的理论体系，揭示并有效破解广西传统村落文化遗产集群化保护面临的瓶颈问题，探索旅游发展进程中传统村落文化遗产集群化保护的创新模式，实现传统村落旅游高质量发展与文化遗产集群化保护的良性互动，以及促进优秀传统文化的创造性转化与创新性发展等方面提供了理论参考和经验借鉴。

陈　炜

2024 年 12 月

目 ■ 录

Contents

第一章

绪 论

第一节 研究背景及意义

一、研究背景

文化遗产是指人类过去产生和使用的，由历史保存并应延续到未来的公共财产，包括物质文化遗产和非物质文化遗产。前者是以物质实体为载体的重要文物，一般包括可移动文物、不可移动文物以及历史文化名城，具有较高的历史、艺术和科学价值；后者则是以非物质形态存在的与群众生活密切相关、世代相承的传统文化表现形式，包括民俗、民间文学、民间艺术、民间技艺等，是民族集体智慧的结晶和民族历史文化的积淀。传统村落不仅是物质文化遗产的重要空间载体，更是孕育非物质文化遗产的有机土壤。然而，随着社会经济的快速发展与时代的变迁，传统村落正面临着猛烈冲击，一些文化遗产亦遭到不同程度的破坏。长期以来，我国传统村落文化遗产保护的思想仍局限于"以村为单元""以院为重点""重视物质资源、轻视精神文化"等认识，致使传统村落千村一面、千篇一律，文化遗产在城乡建设中被肆意破坏的现象层出不穷。为此，我们需要秉承整体观念，积极探索传统村落文化遗产的集群化保护方式。由于我国传统村落文化遗产保护工作起步较晚，通过开发遗产本身所具有的经济价值来弥补遗产保护资金不足的替代途径逐渐发展起来，旅游开发就是其中最为有效的途径之一。但旅游发展对传统村落文化遗产集群化保护有何影响？影响过程如何运作？驱动机理如何实现？对这些问题的探讨是"以点带面"，通过促进传统村落文化遗产集群化保护与旅游活化利用，最终实现旅游产业高质量发展与传统村落文化遗产整体性保护协同发展。

文化遗产承载着中华民族的基因和血脉，是不可再生、不可替代的中华优秀文化资源。在近年来的工作中，中华文明的探源工程和文化保护传承利用工程得到了深入的实施。为了更进一步强化文化遗产的保护工作，我国政府陆续颁布了一系列政策和法规。具体而言，2005 年，国务院办公厅发布了《关于加强文化遗产保护的通知》，其中明确了加强文化遗产保护的指导原则、基本政策和总体目标。此外，1982 年和 2011 年，全国人民代表大会常务委员会分别通过了《中华人民共和国文物保护法》和《中华人民共和国非物质文化遗产法》，这两部法律的颁布为传承和推广中华民族优秀传统文化以及加强文化遗产保护工作提供了坚实的法律支持。2016 年，科技部、文化部和国家文物局联合发布了《国家"十三五"文化遗产保护与公共文化服务科技创新规划》，该规划强调了文化遗产保护与公共文化服务科技创新工作的实施，旨在促进中国从文化遗产保护与公共文化服务的大国向强国转变。2021 年 8 月，中共中央和国务院共同印发了《关于进一步加强非物质文化遗产保护工作的意见》，该文件提出了深入挖掘乡村旅游消费潜力的要求，支持利用非物质文化遗产资源发展乡村旅游等业态，通过文化塑造旅游，以旅游彰显文化，推出一系列具有鲜明非物质文化遗产特色的主题旅游线路、研学旅游产品和演艺作品。

为了有效地强化对传统村落文化遗产的保护与传承，国家层面陆续制定并实施了相关的政策与措施。例如，2012 年 4 月，国务院发布了《关于开展传统村落调查的通知》，该文件首次明确界定了传统村落的定义，标志着传统村落文化遗产保护工作的正式启动。2013 年 9 月，住房和城乡建设部发布了《关于印发传统村落保护发展规划编制基本要求（试行）的通知》，该文件详细阐述保护村落传统格局与整体风貌的要求，并提出针对村落传统形态、公共空间和景观视廊的保护措施，同时对非物质文化遗产的传承人、场所、线路以及相关实物与原材料的保护要求与措施进行了规定，并涉及管理与扶持、研究与宣教等方面的内容。2014 年 4 月，住房和城乡建设部、文化部、国家文物局、财政部等四部门联合发布了《关于切实加强中国传统村落保护的指导意见》，该文件在"保护文化遗产"的任务中强调了保护文物古迹、历史建筑、传统民居等传统建筑的重要性，并着重提出了修复传统建筑集中连片区的措施。在"合理利用文化遗产"的任务中，该文件提出挖掘文化遗产的经济价值，并推动传统特色产业和旅游业的发展。2017 年 10 月，党的十九大报告提出乡村振兴战略，随后的 2018 年中央一号文件《中共中央 国务院关于实施乡村振兴战略的意见》中，将积极发展休闲农业和乡村旅游作为战略的重要措施之一，并强调了对农村优秀传统文化，包括对文物古迹、传统村落等历史文化的保护线划定，以及对农村地区少数民族文化、民间文化等的传承与发展的支持，从而为传统村落文化遗产保护传承与创新发展的新时代要求作出明确的指导。2021 年 5 月，文化和旅游部颁布的《"十四五"非物质文化遗产保护规划》进一步强调了"加强中国传统村落非遗保护"的重要性。这一系列政策的出台，不仅为传统村落文化遗产的保护与传承提供了政策支持，也为传统村落旅游开发与文化遗产集群化保护的协同发展提供了有效的指导框架。旅游发展作为乡村振兴战略的重要举措，不仅对构建乡村三产融合发展体系、重构乡村社会生态，以及改善乡村基础设施和公共环境等具有重要的推动作用，也对传统村落文化遗产的保护产生了深远影响。

广西壮族自治区（以下简称广西）地处我国西南边陲，聚居着壮、瑶、侗、苗等 11 个世居少数民族，在这些民族当中，60% 以上的人口生活在农村，形成"大杂居、小聚居"的分布格局①。在这些少数民族聚居地，传统村落数量众多，形态各异，民族特色鲜明，体现了少数民族特有的传统文化。广西拥有众多中国传统村落和自治区级传统村落，这些传统村落内留存着丰富多彩的文化遗产，如崇左市宁明县城中镇耀达村的左江花山崖壁画以及壮族铜鼓文化；桂林市全州县龙水镇桥渡村的贡陂堰；桂林市永福县百寿镇江岩村穿岩屯的穿岩古道；南宁市江南区江西镇扬美村的扬美豆豉制作技艺、扬美沙糕制作技艺以及扬美龙舟上水节；河池市南丹县里湖瑶族乡瑶里村甘河屯的南丹铜鼓舞（勤泽格拉）等。近年来，随着中国传统村落保护工程的推进和乡村振兴战略的实施，广西传统村落文化遗产蕴含的历史、科研、美学、经济等多重价值日益凸显。然而，长期以来，广西传统村落文化遗产保护也面临着"碎片化""孤岛式"等问题，这就需要从整体思维出发，探索传统村落文化遗产的集群化保护路径，通过资源互补、设施共建、文化共享等措施，充分发挥传统村落文化遗产的综合效益。旅游产业属于综合性产业，涉及住宿、餐饮、交通、游览、娱乐、购物等多个环节，是人们为挖掘、改善和提高旅游资源吸引力而进行的资源开发和建设活动，在整合地域资

---

① 刘志宏，李锺国. 广西少数民族地区传统村落分析研究［J］. 山西建筑，2017，43（6）：1 - 3.

源、传承民族文化、拉动经济发展等方面具有重要作用。现阶段，如何顺应时代发展需求，在保护好广西传统村落文化遗产的基础上，通过旅游发展的方式推进文化遗产的集群化保护已成为当前有关专家学者关注的重要议题。目前，学术界的研究成果大多集中在传统村落的保护以及文化遗产的保护与旅游开发等方面，而将旅游发展与传统村落文化遗产集群化保护结合起来的研究成果较少。鉴于此，本书参考和借鉴文化空间理论、产业集群理论以及系统动力学理论等，将传统村落文化遗产的保护和开发视为一个时空有机联系的整体，通过深入探讨旅游发展对广西传统村落文化遗产集群化保护的影响过程与驱动机理，进而提出旅游发展背景下广西传统村落文化遗产集群化保护的创新模式与保障机制，以期进一步拓展传统村落文化遗产保护传承与创新发展的研究视角，同时也为促进广西传统村落文化遗产集群化保护与旅游活化利用、创造性转化与创新性发展以及乡村全面振兴、和美乡村建设提供若干参考和借鉴。

二、研究意义

（一）理论意义

随着国家对传统村落及其文化遗产保护传承工作的重视程度不断提升，相关学术研究的紧迫性和重要性日益凸显。目前，尽管学术界在传统村落保护、文化遗产保护与旅游开发等领域已积累了丰富的研究成果，但将旅游发展与传统村落文化遗产集群化保护相结合的研究仍相对匮乏。此外，现有研究大多聚焦于宏观和微观层面，而对区域性中观层面的探讨则显得不足，尤其缺乏从旅游发展视角对广西传统村落文化遗产集群化保护问题的深入、系统的调查研究。鉴于此，本书综合运用旅游学、地理学、民族学和管理学等多学科理论与方法，采取理论与实证、定性与定量研究相结合的手段，对旅游发展与广西传统村落文化遗产集群化保护问题进行了全面探讨。研究成果不仅有助于拓展传统村落文化遗产保护传承与创新发展的研究视野，而且丰富了传统村落整体性、系统性保护的内涵、策略及理论框架。此外，本书还为文旅融合背景下民族地区传统村落文化遗产保护长效机制的构建提供了理论依据和方法论指导，对于推动相关领域的学术研究和实践应用具有重要的参考价值。

（二）现实意义

乡村旅游发展是实施乡村振兴战略的重要举措，已成为新时代背景下传统村落文化遗产保护利用与创新发展的重要手段。广西传统村落文化遗产资源禀赋丰富、类型多样、历史悠久、特色鲜明，是助推该区域乡村振兴的重要文化资源。本书以旅游发展与广西传统村落文化遗产集群化保护问题为研究对象，在文献梳理和实地调查的基础上，通过系统剖析旅游发展对广西传统村落文化遗产集群化保护的影响过程和驱动机理，深入揭示了乡村旅游发展进程中广西传统村落文化遗产集群化保护面临的瓶颈制约与影响因素，从而为传统村落文化遗产旅游活化利用提质增效提供参考依据。同时，本书在充分吸收国内外旅游业促进传统村落文化遗产集群化保护成功经验的基础上，结合广西传统村落的实际情况，构建了旅游发展背景下广西传统村落文化遗产集群化保护模式，对优化创新区域传统村落文化遗产保护模式与路径，实现传统村落旅游开发与文化遗产保护传承的良性互动和可持续发展具有重要的实践意义与应用价值。

第二节　相关概念的界定

一、传统村落

传统村落，即先前被广泛认知的"古村落"，其称谓的变更蕴含了更深层次的文化意义和保护指向。在 2012 年 9 月举行的首次传统村落保护和发展专家委员会会议上，专家们提议将"古村落"这一常用称谓更改为"传统村落"，以更好地凸显村落的历史文化价值及其保护的重要性。同年 12 月，住房和城乡建设部、文化部以及财政部三部委联合发布了《关于加强传统村落保护发展工作的指导意见》。该文件明确界定了传统村落的内涵，指出传统村落是指那些拥有物质和非物质形态文化遗产且在历史、文化、科学、艺术、社会和经济等多个维度上具有显著价值的村落。这些村落不仅承载着中华传统文化的精髓，而且代表了农耕文明不可再生的文化遗产。这份文件首次对传统村落的概念及其内涵进行了正式的阐述和确认。

自"传统村落"这一概念被提出以来，就迅速引起了学术界的广泛关注，众多学者纷纷从多元化的视角对该概念进行了解读和探讨。其中，张小辉（2013）指出，传统村落的形成时间并非一个固定而明确的点，这是因为其始终处于一种持续发展且不断演变的历史状态之中。他认为，只要一个村落的基本格局、空间形态得以良好保存，建筑风貌和选址没有经历显著的变化，同时拥有丰富的自然资源和人文资源，并且至今仍为人类社区提供服务，均可以被视为传统村落。这一观点强调了传统村落的时间动态性和功能连续性，为理解传统村落的概念提供了更为宽广的视角。孟文娟（2016）指出，传统村落不仅涵盖了古老的建筑等有形的物质文化遗产，而且承载着中国古老的农耕文化、生存智慧以及思想意识等无形的文化遗产，传统村落应在文化遗产的保护与传承方面给予更多的重视；冯晓静（2017）则对传统村落的文化内涵进行了进一步阐释，认为传统村落的内涵主要体现在三个方面：首先，传统村落中现存的建筑风貌具有较高的完整度，这些建筑不仅需要具备一定的规模和数量，而且应保持传统的地域风格和特色；其次，传统村落的选址和布局保留着传统的特色，这些特色往往反映了儒家思想以及古代劳动人民的智慧；最后，传统村落中的非物质文化遗产得以活态传承，其中依然保存着通过口头传统和习俗代代相传的文化元素。

综合以上观点，本书将传统村落定义为：自然环境及建筑格局保存较为完整，民族及地域特色鲜明，文化遗产资源丰富、历史文化意蕴深厚的村落。

二、文化遗产

（一）国外关于文化遗产的概念

在国际法律文书中，"文化遗产"这一术语并非最初使用的表述，而是采用了与之意义相近的"文化财产"概念。最早使用"文化财产"这一术语的是1954年在海牙签署的《关于在武装冲突情况下保护文化财产的公约》，该公约将"文化财产"定义为：对任何民族文化遗产具有重大意义的动产或不动产，包括建筑和历史纪念物、考古遗址、艺术品、书籍，以及主要用作文化财产存放的建筑。随后，在1972年11月，联合国教科文组织通过的《保护世界文化和自然遗产公约》中将文化遗产进一步细分为文物、建筑群和遗址三大类别，这反映出当时国际社会对文化遗产的理解主要局限于物质形态。

随着时代的演进，国际组织和学术界对文化遗产的认识逐步深化。进入21世纪，非物质文化遗产的保护日益受到重视。2003年10月，联合国教科文组织通过了《保护非物质文化遗产公约》，该公约将"非物质文化遗产"定义为各社群、团体，有时包括个人，视为其文化遗产的各种实践、表演、表达方式、知识体系和技能，以及与之相关的工具、物品、工艺品和文化空间。这一界定标志着文化遗产概念已从物质形态扩展至包括非物质形态，从而形成了物质文化遗产和非物质文化遗产的二元划分。

（二） 国内关于文化遗产的概念

在中国，"文化遗产"这一术语首次正式出现在法律文件中是在 2005 年，当时国务院颁布了《关于加强文化遗产保护的通知》，该文件明确界定了我国文化遗产概念的内涵与外延。据此，文化遗产被划分为物质文化遗产和非物质文化遗产两大类。物质文化遗产主要指那些具有历史、艺术和科学价值的文物，涵盖不可移动文物如古遗址、古墓葬、古建筑、石窟寺、石刻、壁画、近代和现代重要史迹及代表性建筑，以及可移动文物，包括历史上各时代的重要实物、艺术品、文献、手稿、图书资料等。此外，物质文化遗产还包括那些在建筑风格、分布特征或与环境景观融合方面具有显著普遍价值的历史文化名城及其街区、村镇。

相对而言，非物质文化遗产则涉及那些以非物质形式存在、与民众生活紧密相连且代代相传的传统文化表现形式。这包括口头传统、传统表演艺术、社会习俗、节庆活动、民间关于自然界和宇宙的传统知识与实践以及传统手工艺技能等。此外，与这些传统文化表现形式相关的文化空间也被纳入非物质文化遗产的范畴。这一分类体系为我国文化遗产的保护与传承提供了法律依据和操作指南。

（三） 本书对文化遗产的界定

本书在界定文化遗产的概念时，参考并借鉴了联合国教科文组织通过的《保护世界文化和自然遗产公约》与《保护非物质文化遗产公约》，以及国务院发布的《关于加强文化遗产保护的通知》中关于文化遗产的相关定义。据此，本书提出，文化遗产可以从其存在形态上划分为物质文化遗产与非物质文化遗产两大类别。物质文化遗产主要涵盖那些具有历史、艺术和科学价值的文物，具体包括可移动文物（如艺术品、手稿、图书资料等）和不可移动文物（如古遗址、古墓葬、古建筑等），以及被权威机构认定为具有突出普遍价值的历史文化名城及其街区、村镇。另外，非物质文化遗产则涉及那些以非物质存在的传统文化表现形式，这些文化表现形式由不同的民族群体世代相传，包括但不限于民间文学、传统舞蹈、传统音乐、传统技艺、传统美术、传统体育、游艺与杂技、曲艺、传统戏剧、传统医药和民俗等十大类别，以及与这些传统文化表现形式相关的文化空间。这样的分类旨在更全面地理解和保护人类文化的多样性。

三、集群化保护

在生态学领域，"集群"这一术语用于描述不同物种在同一栖息地中的集聚现象及其共生关系；而在物理学领域，它则指的是一种集成通信系统，该系统能够实现资源共享、成本共担，并高效运行。迈克尔·波特（Michael Porter，1990）将"集群"概念引入国家竞争力的分析中，提出产业集群的形成受经济资源流动和生产效率实际形态的影响，集群内的相互作用和机制有助于提高信息流通效率，推动具有竞争力的产业带动其他产业的发展。随后，学术界从多个视角对产业集群的概念进行了深入探讨。类似于"现代化""信息化"和"工业化"等术语，"集群化"描述的是一个动态的过程，即"使……成为……"的过程。尽管对于产业集群化的定义尚未达成广泛共识，但多数学者认同它是指与特定产业紧密相关的各种行业主体及中介组织在一定区域内逐渐集聚，形成规模化的群体发展过程。近年来，随着国家对文化遗产保护的重视程度不断提高，列入各类名录的文化遗产数量和类型日益增多，对遗产保护工作提出了更为严峻的挑战。在产业集群理论的启发下，学者们开始将"集群化"理念应用于传统村落文化遗产的保护实践中，提出了"集群化保护"的新理念。沈晨莹等（2024）将传统村落集群定义为在空间分布上相对集中的传统村落体系，而包含一个或多个传统村落集群的区域则被称为传统村落集群区，这一区域以传统村落为核心空间节点，同时融合了其他历史文化、自然景观、社会经济等空间要素。学者们普遍认为文化遗产集群是一定区域内各遗产项目在形成与发展过程中，因其共有的环境空间、功能价值、实践活动和文化内涵等关联而逐步集聚形成的共生系统。在这一共生系统的持续演变中，它会根据区域环境的变化对内部要素结构进行适应性调整，以适应地域环境的发展。

基于上述研究成果，本书提出，传统村落文化遗产集群化保护是指在一定的地理区域内，以推动区域协调发展为目标，将传统村落作为空间节点，对区域内的文化遗产及其共生的空间、功能、实践和环境等进行整体性保护的过程。这种方法可以有效解决单一空间保护能力的局限和资源配置不足的问题，优化文化遗产的整体性保护策略，增强区域文化遗产的可持续发展动力。

第三节　国内外研究现状

一、国外研究现状

（一）传统村落研究

目前，国际学术界对于传统村落的研究主要聚焦于三个核心领域：一是探讨传统村落所蕴含的价值；二是关注传统村落的保护与可持续发展问题；三是研究传统村落的开发与利用。

在传统村落的价值研究方面，塔瓦布等（Tawab et al.，2014）指出传统村落具有诸如身份价值、宗教价值、历史价值、建筑价值、社会价值、政治价值等14 种价值，这些价值是传统村落真实性和完整性的集中体现。斯普勒罗娃等（Špulerová et al.，2015）强调传统村落是重要的文化遗产，是后代人了解过去的"纪念品"，其重要价值主要体现在审美、社会、文化、历史和开发等方面。拉赫曼等（Rahman et al.，2015）发现马来西亚传统村落不仅具有突出的审美价值，其传统民居更是重要的文化遗产。波尔（Power，2010）、赞滕等（Zanten et al.，2016）在对传统村落中有形的农业景观和无形的文化遗产进行调查的基础上，认为这些村落拥有较高的审美价值、娱乐价值，对旅游者具有较强的吸引力，是重要的旅游资源。吉安纳科普洛等（Giannakopoulou et al.，2016）认为历史建筑是传统村落的有机组成部分之一，拥有较高的文化价值，承载着独特的传统文化，是村落身份的代表。

就传统村落的保护与可持续发展而言，科尔特斯等（Cortez et al.，2012）通过实地调研，系统归纳了村落的主要概况，分析探讨了该村落在布局中的现存问题，并从保护要素及层次、村道、建筑环境等方面提出保护规划建议。巴斯基（Bański et al.，2010）提出现代化的混凝土建筑正侵蚀着波兰传统村落内古建筑的生存空间，进而改变村落的空间结构，保护古建筑、维护传统村落空间美感已经受到当地政府的高度重视。巴班哲（Bağbancı，2013）认为土耳其的朱马勒可兹克村在奥斯曼帝国建立过程中发挥了重要的作用，然而，随着时间的推移，该村落的传统民居已发生变化，为保护好当地的传统民居，应在坚持原真性原则的基础上，充分考虑建筑材料、外观特点，注重村落整体布局的协调统一。斯蒂芬妮（Stephanie，2016）指出由于城镇化进程的加快，俄亥俄州李克利夫兰斯拉夫村的人口已减少近68%，传统民居空置率达到28%，如何保护和恢复传统民居成为亟待解决的重要议题，为此，当地政府应采取积极的措施以保护传统村落。

在传统村落开发和利用研究方面，希勒拉（Schillera，2001）、惠勒（Wheeler，2014）探讨了传统村落开发利用的必要性与意义。巴格瑞等（Bagri et al.，2016）、帕克等（Park et al.，2012）、范恩等（Fun et al.，2014）则主要探讨了社区居民参与和传统村落旅游开发之间的相互关系，研究发现社区居民的积极参与能够有效提升传统村落旅游开发的可持续发展水平。戈巴托尼等（Gobattoni et al.，2015）提出欧盟各国应制定农村发展战略规划，并投入专项资金用于传统村落的开发与利用。随着社会经济的发展和人民生活水平的提高，传统村落以其丰富的田园景观、历史建筑、传统文化受到旅游者的青睐，旅游因此成为传统村落开发利用的重要方式之一。贾法尔等（Jaafar et al.，2015）指出乡村旅游不仅可以带动传统村落农业和服务业的发展，而且可以拯救传统手工艺，进而重新评估传统村落的遗产、符号、环境和身份。塞索蒂亚宁塔等（Sesotyaningtyas et al.，2015）对印度尼西亚中爪哇省肯达尔地区库托哈乔村进行了个案研究，认为该村拥有极具吸引力的宗教场所、美丽的自然风光和特色的美食等丰富的旅游资源，具备较大的开发潜力。

（二）文化遗产研究

国外学者对文化遗产的研究主要集中于文化遗产价值与特征、文化遗产保护与发展、文化遗产旅游开发三个方面。

在文化遗产价值与特征方面，乔伊等（Choi et al.，2010）创新地运用民族选择模型对澳大利亚旧国会大厦的价值进行评估，为文化遗产地经济价值的评估研究做出了贡献。瑞格罗（Ruijgro，2006）首次使用货币化技术来表达文化遗产的价值，通过计算建筑遗产三种不同的收益来衡量建筑遗产的经济价值。赖特等（Wright et al.，2016）提出应从多个视角出发，评估遗产的价值，以提高遗产价值的完整性，并加强对遗产价值驱动因素的理解。梅尔斯特罗姆等（Melstrom et al.，2015）用旅行成本法估算了美国一处历史遗址的经济使用价值。斯皮德等（Speed et al.，2012）研究了大不列颠和挪威两个国家的七个保护山区，从景观和土地利用变化的长期视角出发，提出了一种基于自然遗产和文化遗产相结合的景观价值评估模型。李慧等（Hui Li et al.，2016）通过实地调查和GIS信息技术，运用层次分析法（AHP）对普洱茶马古道进行了价值评估，结合相邻指标模型进行了空间特征分析，完成了线性文化遗产廊道的资源构成和价值评估。

在文化遗产保护与发展方面，巴克里等（Bakri et al.，2015）指出建筑文化遗产是城市的主要组成部分，并从可持续发展的角度阐述了建筑环境的重要性和保护价值，进而为遗产保护政策提供了指导原则。瓦希托娃（Vakhitova，2015）提出在城市规划的背景下，应将文化遗产作为有人居住的文化景观进行管理，该方法延续了遗产价值的论述，并承认了社会价值的重要性，从而使利益相关者能更为广泛地参与到文化遗产保护管理过程中。郭（Guo，2020）认为，虽然传统博物馆是文化遗产保护的重要方式，但在数字化信息时代，智慧旅游、智慧教育正改变着新时代文化遗产的保护方式。安娜等（Anna et al.，2012）通过对黎巴嫩文化遗产的个案研究，总结了社区文化遗产保护的具体做法和经验。基姆等（Kim et al.，2019）认为非物质文化遗产的保护离不开公众的参与，因此，可利用数字化技术鼓励公众学习和参与非物质文化遗产保护。杰西卡（Jessica，2015）则认为保护地役权正迅速成为文化遗产保护的有力手段。

在文化遗产旅游开发方面，多加纳等（Doganer et al.，2015）指出文化遗产旅游是一种行之有效的经济刺激手段，这种经济刺激通过提高旅游业（如酒店业、餐饮业、旅游交通业）的消费需求，从而孵化小企业，振兴商业区，为当地居民创造就业机会和直接经济利益，促进社区经济的发展。安德伯格 - 古德（Underberg-Goode，2014）分析了秘鲁北海岸文化遗产旅游对当地社区和艺术家的影响。秀静（Soojung，2020）认为文化遗产的商品化已经威胁到其真实性，因此，需要通过可持续的旅游方式来传播和推广文化遗产的精神内涵。惠宾等（Huibin et al.，2012）提出为促进文化遗产旅游的可持续发展，需要构建适宜的文化遗产旅游社区参与模式。里欧文等（Leeuwen et al.，2011）运用离散选择模型和因子分析法分析了游客对文化遗产和电子服务的偏好，指出国际游客是文化遗产旅游最重要的游客群体，并深入探讨了现代电子服务在旅游业中的重要性。菲卡拉等（Ficarra et al.，2011）介绍了欧洲地中海部分城市旅游者和文化遗产人机交互的最新进展，发现形式科学和事实科学相互关系中存在的错误，进一步探讨了影响人机互动系统的人为因素。

（三）传统村落文化遗产

国外专家、学者们在传统村落文化遗产方面的研究内容主要集中于传统村落文化遗产保护与发展和传统村落文化遗产旅游开发两个方面。

在传统村落文化遗产保护与发展方面，布恩扎艾尔（Boonzaaier，2018）通过为期 15 年的实地考察，探讨了南非的民俗文化村能否被视为保护传统村落文化遗产的重要载体，结果显示，原生态的民俗文化村确实有助于保护文化遗产。落合等（Ochiai et al.，2014）介绍了日本白川乡合掌村居民和组织建立的全员参与过程与机制，其目的是保护容易起火的 Gassho-zukuri 房屋，这项机制一直是维护村庄文化遗产可持续发展的关键。吉安纳科普洛等（Giannakopoulou et al.，2016）科学评估了希腊锡拉山区村庄传统建筑保护产生的社会效益，并以此来调查当地居民和游客对传统建筑保护的看法和态度，结果显示：社会成员对传统建筑遗产保护的积极态度可能会促进遗产的可持续发展。拉赫曼等（Rahman et al.，2014）对马来西亚传统村落文化遗产开展了实地调查，发现案例地文化遗产极具审美价值，是重要的旅游资源，当地居民也希望通过旅游开发的方式来实现对传统村落文化遗产的保护与传承。奥兰多等（Orlando et al.，2012）提出通过市场化的运作方式，将传统村落文化遗产转化为文化商品或活动，能够增强遗产拥有者对民族文化的认同，从而促进文化遗产的传承与发展。

在传统村落文化遗产旅游开发方面，露西亚等（Lucia et al.，2019）认为社会生活方式，如社会原则、社会继承等文化价值观在 Brayut 旅游村传统民居的保护计划中起着重要的作用。西索特亚宁提亚斯等（Sesotyaningtyas et al.，2015）以印度尼西亚中爪哇省的库托哈乔村为例，对旅游要素、社会经济和财政可行性进行了综合评估，结果显示：财政因素是该村发展旅游必须改善的因素。杜威（Dewi，2014）对巴厘岛潘卡萨里村的分析指出，乡村居民对传统习俗的认知和态度是其旅游开发的关键。加达里等（Ghaderi et al.，2012）从伊朗哈拉曼村村民感知的视角出发，对传统村落文化遗产旅游的影响进行了调查，发现村民普遍担心旅游活动会破坏村庄的自然风景和人文资源。卢沃加等（Lwoga et al.，2017）主张通过旅游开发的方式，利用坦桑尼亚的乡村博物馆遗址。维泰克（Witek，2012）分析了波美拉尼亚西部斯拉夫诺（Sławno）区村庄的旅游发展现状，发现当地物质文化遗产均以保护和科学研究的形式记录在案，并在会议、展览和竞赛中展示；在现有人力资本的基础上开发了"活的露天博物馆 Słowino"项目，最终达到保护村庄文化遗产、教育和普及半木结构建筑知识，以及保护利用村庄历史建筑的目的。

二、国内研究现状

（一）传统村落研究

近年来，国家对传统村落建设的重视程度日益加深，与之相关的研究成果不断涌现，为传统村落集群化保护奠定了坚实的理论基础。以"传统村落"为主题词在中国知网进行文献检索并归纳总结后，发现当前国内学者关于传统村落的研究主要集中在传统村落价值、传统村落空间分布、传统村落文化遗产以及传统村落旅游开发等四个方面。

在传统村落的价值研究方面，现有研究侧重于探讨传统村落的文化、经济、科研等价值。在文化价值方面，吴承照等（2003）以高迁古村落为例，认为其文化价值体现在以清代民居为主的完整综合文化体系、生活体系、水文化体系和百家姓中吴氏家族的聚居模式等多个方面。齐渺晗（2016）强调传统村落是人类适宜环境最具体、最直接的文化表现形式，具有重要的文化价值。在经济价值方面，许少辉等（2018）提出要注重发挥散落在广大传统村落中丰富的物质文化遗存和非物质文化遗产资源的经济属性，通过培育形成生产、生活、生态和文化良性互动的传统村落产业发展态势，探索出适宜不同地区传统村落实际情况的特色产业发展路径。潘续丹（2019）提出在传统村落扶贫工作中，要突出保护与开发并举的策略，充分发挥传统村落的经济价值与文化价值，让传统村落在新时代焕发新的生机。在科学研究价值方面，张浩龙等（2017）指出传统村落的科学研究价值主要体现为其承载了相对系统的文化体系，如通过传统村落的选址和整体形态可以研究不同历史时期当地的地形特征和气候因素，而通过门匾、对联、石敢当、漏窗、铺装等建筑风格元素，则可以研究不同时代的文化特征。此外，部分学者从多个维度构建了传统村落价值评估的体系，如朱晓明（2001）提出从历史价值、基础评价和居民意向三个方面对古村落的价值进行测算和评定。何艳冰等（2020）以焦作市为研究区域，从物质文化和非物质文化两个方面构建了传统村落文化价值的评价指标体系，他们通过实地踏勘、问卷调查和半结构化访谈获取数据，运用组合赋权法及模糊综合评价法对18个传统村落的文化价值进行了评价，进而揭示了这些村落在自然地理条件、社会经济发展水平以及历史因素影响下的分异特征。

在传统村落的空间分布研究方面，李伯华等（2015）分析了湖南省传统村落的空间分布特征和影响因素，发现其总体空间分布类型为凝聚型，而从市州尺度来看，传统村落的分布较为集中，在五大地理区域中集中分布均衡性较低，相对封闭的区域环境、险要的地形、不太便利的交通以及相对落后的社会经济等是影响湖南传统村落分布的重要因素。佟玉权（2014）以"中国传统村落"为研究对象，利用 Arcgis10.1 和 GeoDa 技术平台，对中国传统村落的空间分异特征进行了综合分析，研究发现，中国传统村落在空间上呈明显的集聚型分布，且在各省份间呈现不均衡态势；传统村落在空间选址上具有复杂性和多样性等特征。孙莹等（2016）发现梅州客家传统村落在各时期的空间分布格局均呈明显的集聚态势，存在"轴向延伸、圈层扩展，依地形带状延伸，沿梅江溯江而上"的分布演变特征；影响机制主要体现在梅州自然地理环境和客家自组织社会特性两个方面，并存在由地域性、需求性到选择性、认同性转变的自发到自觉的时空择址分布规律。陈君子等（2018）运用GIS空间分析法与分形理论对嘉陵江流域传统村落的空间分布及其影响因素进行了深入剖析，结果表明，嘉陵江流域传统村落空间分布类型为凝聚型，同时呈现出较为复杂的分形结构，其空间分布是地形地貌、水系、经济发展水平、交通可达性、地域文化等因素共同作用的结果。梁步青等（2018）对赣州客家传统村落的空间分布特征及历史演化过程进行了综合分析，发现在空间分布上，山体与耕地是影响村落空间分布的关键因素；在时间演进上，在宋、元、明、清四个历史时期村落均表现出显著的集聚分布状态，经济技术发展以及政治军事格局对村落的历史空间演进产生了重大而又深远的影响。许建等（2020）以湖南省前五批658个中国传统村落为研究对象，运用空间分析方法，从宏观层面综合分析得出湖南省传统村落空间格局以聚集态为主、分散状为辅，地区分布不均衡，并提出湖南省传统村落的三种具体保护模式，即产业展示、区域聚合与遗产保护。

在传统村落的文化遗产研究方面，翟洲燕等（2017）基于地域文化遗产景观基因理念，以陕西省35个代表性传统村落为例分析了传统村落遗产性景观的文化环境特征，并对传统村落文化遗产景观的基因特征进行提取，识别出传统村落的地域文化特质，旨在从文化地理学的视角认识和保护传统村落文化遗产景观，为实现传统村落的文化复兴提供科学依据。薛正昌等（2015）指出六盘山生态保护区是村落文化保护的内容之一，对其加以保护，有利于文化遗产的保护与传承。刘宗碧（2017）认为侗族传统村落属于农耕文明的文化类型，传统村落农业文化遗产传承的路径有三种，即从有机生态农业的培植和发展来重新开发和利用侗族农业文化遗产的种植资源、从观光农业的旅游项目开发来创新利用农业文化遗产，以及从现代科技研究和农业资源开发来重新利用农业文化遗产的各种资源。李希郎等（2019）提出革命文物与传统村落保护利用相结合的青原模式，主要做法是"五个一"，即全区上下整体规划一盘棋、革命文物保护与传统村落建设一体打造、革命文物保护资金与传统村落各种建设资金一起使用、革命文物保护利用与红色旅游开发一同推进以及革命文物保护与文化惠民一曲同歌。薛宝琪等（2012）指出传统村落文化遗产具有文化价值、科学价值、艺术价值以及旅游价值，传统村落的开发利用应当遵循合理开发、保护第一、发掘文化、突出特色、强化规划、开发择优、丰富内容，以及注重参与等原则；可采用资源整合模式、生态体验模式、分时度假基地模式以及"四体"联动模式。王萍等（2020）对西南民族地区传统村落文化遗产的保护模式进行了梳理，从保护主体、对象、方式、范围、优劣势等五个方面对比分析了非物质文化遗产保护模式、传统村落名录保护模式、生态博物馆保护模式、村民自治式四种模式的成效与不足。唐承财等（2021）以9个北京市首批市级传统村落为例，采用指标体系法、熵权法，分析村委会、村民、游客对传统村落文化遗产保护传承的感知评价结果，从内容内涵、途径方式、参与主体、最终目标四个方面构建了传统村落文化遗产保护传承的提升模式。

在传统村落旅游开发研究方面，陈晓华等（2018）通过对徽州传统村落的实地调研、访谈和问卷调查，分析了旅游开发对传统村落经济、社会、生态等方面的影响，结果显示：旅游开发对传统村落的居民收入、建筑风貌、公共空间以及村落的产业用地和人居环境分别产生了积极和消极的影响。窦银娣等（2018）结合永州市传统村落的基本特征，从资源禀赋、开发环境和市场条件等三个方面构建了旅游开发潜力评价体系，结果表明：永州市传统村落旅游开发潜力可分为强潜力型、中等潜力型和弱潜力型三个层次，最后从整体发展和分类发展两个视角提出了相应的建设策略。黄杰等（2018）在分析少数民族地区传统村落活化发展与旅游开发现状及瓶颈的基础上，对其活化与旅游开发的关系进行了辩证分析，构建了"4C +4D"模式，以实现少数民族地区传统村落活化与旅游开发的良性互动和双赢发展。王云才等（2006）根据北京门头沟传统村落的类型和特征，在剖析京西山区传统村落保护体系和机制的基础上，探讨了传统村落旅游开发利用的模式和途径。孙琳等（2019）以黔东南州雷山县少数民族传统村落为例，针对当前旅游活化面临着旅游空间正义、过度商业化及乡土性淡化三大实践困境，提出了传统村落旅游活化的纾解路径，包括加强社区增权、促进多元共治、优化要素配置、推动成果共享、创新发展模式、实现景观再造等。胡琳琳等（2019）以泰安市入选中国传统村落名单的6个古村为例，探讨了传统村落在现代化冲击下存在的诸多问题，并据此从原真性保护、规范化管理、高质量提升、有效性规划以及生态化平衡等方面提出旅游 + 传统村落开发性保护、旅游 + 传统村落创新产业、旅游 + 传统村落文化、旅游 + 传统村落生态文明以及旅游 + 传统村落互联网五大旅游开发策略。朱烜伯等（2021）在对湖南省湘西州典型民族传统村落旅游进行功能定位的基础上，从空间属性、生产方式、社会关系、自然人文环境等方面分析了旅游开发对村落的影响，进而探讨了旅游开发对民族传统村落构成影响的动力机制。

（二）文化遗产研究

中国文化遗产资源禀赋丰富，极具保护与传承价值，因此引起了国内学术界的高度关注，研究成果也较国外丰富。国内文化遗产的研究主要集中于文化遗产的价值评估、物质文化遗产的保护以及非物质文化遗产的传承三个方面。

在文化遗产价值评估方面，戴林琳（2009）以北京东郊地区的村落为例，在《中国历史文化名镇（村）评价指标体系》的指导下，结合该区域村落的实际情况，构建了村落价值评估指标体系，对该区域村落历史文化的保护与发展现状进行了科学评估，并据此针对性地提出保护策略。刘洪丽等（2011）建立了文物价值评估指标体系，尝试采用 AHP 法，利用 Matlab 编程对文物价值进行定量评估。他们以榆林窟为例，根据评估得出价值的相对重要性，提出保护利用的措施与建议，为正确处理文物保护和利用的矛盾，制定合理的保护利用策略提供理论基础和技术支撑。苏卉等（2014）在对比不同价值评估方法的基础上，以唐大明宫文化遗产为例，采取意愿价值评估法对其经济价值进行全面评估，并提出相关的政策建议。裴正兵等（2018）以北京市"五园"地区的文化遗产为例，针对区域文化遗产本色及文化内涵的独特性，同时将游客需求纳入评价体系构建考虑范畴，将文化遗产价值分为愉悦休闲价值、艺术审美价值、文化历史价值和社会实现价值，使得遗产价值指标体系更加细化。刘志宏（2021）为改变以往以评选为主要目的的文化遗产评估体系，增加文化遗产价值评估的全面性，并凸显传统村落文化遗产价值的区域性，综合运用层次分析等方法，从传统村落的自然生态环境、历史文化环境、居民生产生活、区域社会经济、人文艺术形态等指标维度出发，构建了中国传统村落世界文化遗产价值评估体系。姚莉（2022）采用定性与定量相结合的分析方法对从江县侗族非物质文化遗产价值进行全面评估。首先，梳理并综合分析其依存环境、保护与传承现状、现有非遗保护与发展的条例制度以及法律法规。其次，采用模糊综合评价的方法对从江县侗族非遗价值进行量化评价，据此科学划分各类非遗保护与发展的重要级别，为各类非遗资源进行差异化保护策略的制定、非物质文化遗产项目申报工作的开展提供理论依据。高飞等（2023）结合内蒙古文化景观遗产的自身特点，采用层次分析法构建遗产价值评价指标体系，并以元上都遗址为例，对所设置的内蒙古文化景观遗产价值评估实施步骤进行检验，从而使得内蒙古文化景观遗产评价更为科学化、逻辑化，更具区域性特征，为今后内蒙古文化遗产保护体系的构建提供了重要导向。

在物质文化遗产保护方面，万敏等（2015）从保护与协调的角度出发，围绕国家级重点文物保护单位——东生围，制定了古建筑保护、村落格局与周边自然山水环境保护、客家传统文化传承等方面的具体措施，旨在引导村庄有序建设和可持续发展，保护村庄的自然和人文资源。杨开（2017）以价值研究为导向，基于村落各项价值特征的保护与延续，从保护区划制定、山水环境保护、内部格局保护、建筑风貌保护以及文化脉络保护五个方面探讨了村落保护措施制定的系统方法。蒋非凡等（2016）以郑州市方顶村保护规划为例，通过对村落防御体系、民居类型、商道等特色要素的研究，将这些要素分别纳入村落浅山丘陵地貌保护、山林田宅历史环境景观保护、一线两片多点村落格局保护的体系中，力求实现在村落整体保护的同时，凸显其特色价值。张晖（2014）认为，现阶段的文物保护单位保护规划仍然存在着对文物特性考虑不足、对现实发展回应不足、对实际工作指导不足等问题，亟须通过提升法律地位、完善规划体系、重视规划执行等措施来进一步完善。邓军（2015）指出川盐古道线性文化遗产的保护具有复杂性、长期性等特点，应借鉴国内外文化线路遗产管理的成功经验，结合盐运文化遗产保护、旅游规划和开发等现实问题，将川盐古道的保护与沿线各地方经济社会和文化的发展相结合，探索出一套由陆地道路和水道混合类型构成的大型线性文化遗产保护和开发、管理的有效模式。权东计等（2020）以秦东陵遗址区的军王村为例，构建了基于双域概念整合理论的遗产保护与乡村规划协同决策支持模型，对军王村的生态环境系统敏感性、文化资源系统富集性、经济产业系统效益性和空间形态规划性进行了评价，进而探索未来国土空间规划体系下乡村空间规划的可能途径。郑涛等（2020）认为川藏公路具有丰富的建筑文化遗产，其价值体现在政治军事、历史文化、美学景观和社会经济等方面；其保护路径应从构建川藏区域联合工作机制、申报文化遗产、针对性立法、整体统筹并突出重点以及发展文化旅游产业等方面展开。邹统钎等（2023）在梳理和归纳中国文化遗产保护体系发展历程及保护体系发展现状的基础上，发现目前文化遗产保护体系的发展仍存在较大不足，原因在于文化遗产保护创新意识不强、管理体制不清晰、保障机制不完善等，提出今后中国文化遗产的保护体系构建要更为注重保护管理效能的提升。

在非物质文化遗产传承方面，国内学者又将其细分为三个方面，分别是"传承人扶持和培养""生态保护区建设""生产性保护"。肖远平等（2016）在对我国国家级少数民族文化遗产项目和代表性传承人状况进行统计分析的基础上，总结了少数民族文化遗产及传承人在申报、认定工作中取得的成绩，针对其存在的问题，提出了完善少数民族文化遗产名录体系和构建传承人队伍的建议。唐穆君（2020）认为从乡村文化秩序的裂变角度来看，传统乡村文化传承者的存在是基于传统乡村社会人才的双向循环流动机制以及乡村社会稳固的团体关系。因此，非遗传承人的认定工作应当从乡村文化角度出发，自下而上地完善认定程序。代辛（2020）在梳理热贡文化生态保护区建设现状的基础上，分析了该文化生态保护区理论和实践层面存在的诸多短板：认为热贡文化生态保护试验区建设除了积极争取国家政策和资金的支持外，还需打造若干鲜活的地方范本，实现文化传承与产业发展的深度融合，为全国文化生态保护提供经验借鉴。谈国新等（2022）以迪庆民族文化生态保护实验区为例，在利益相关者理论的指导下，识别出政府、旅游企业和居民三方为核心利益相关者，并从三方核心利益者角度，总结归纳保护区建设与旅游业发展相结合的实践模式。刘容（2018）认为各地区要从"场""类""度"三方面综合考虑非物质文化遗产生产性保护的基本原则；在具体操作过程中，还应尊重非物质文化遗产的"个性"，在基本原则的指引下，面对特定对象制定合理的保护和发展对策。杨信（2022）认为非物质文化遗产具有重要的文化价值，生产性保护是最能发挥非遗文化价值和文化创造力的保护形式，而文化认同则是影响非遗生产性保护的关键因素。

（三）旅游发展与传统村落文化遗产保护研究

在国家对传统村落及文化遗产保护给予高度重视的背景下，传统村落文化遗产的保护利用与旅游发展迎来了新的机遇。但目前，国内学者对旅游发展与传统村落文化遗产保护的研究仍处于起步阶段，本书以"传统村落文化遗产"+"旅游"为主题词在中国知网进行检索，所查到相关文献相对有限。在所收集到的文献中，吴晓路（2014）在对浙江诸暨市斯宅村文化遗产进行调查与整理的基础上，针对其保护现状，从更新发展观念、强化保护意识、精心编制规划、抓住重点环节等方面提出了斯宅村文化遗产旅游开发的具体思路。过薇（2018）研究了顺昌传统村落文化遗产保护与发展已采取的举措、取得的成效以及与旅游开发相结合的发展情况，针对保护发展过程中存在的问题，从秀水村、上湖村两个典型案例中汲取经验，提出政府应当承担的职责，广泛动员非政府组织，以人为本以及用艺术激活和复苏村落文化遗产等思路，为顺昌这类山区型县域传统村落文化遗产的保护与发展提供了行之有效的指导方案。蒋述卓等（2022）认为当前许多传统村落旅游发展逐渐暴露出同质化严重、文化环境和生态环境遭受破坏等问题，传统村落旅游开发应当重视文化生态系统的整体性保护，并提出了在生态系统视角下的传统村落开发方式和理念。时少华等（2023）在对京杭运河传统村落非遗价值内涵进行深入探析的基础上，认为非遗旅游发展是非遗活态传承的有效支撑。他们在京杭运河传统村落非遗旅游发展可行性分析的基础上，结合各类非遗特征，以"活态"保护传承为理念，构建了京杭运河传统村落非遗活态保护传承与旅游深度融合发展模式。

三、研究述评

通过对上述国内外相关研究成果的梳理得知，近年来，旅游发展与传统村落文化遗产保护的研究工作在旅游学、地理学、民族学、文化学等学科的学者和诸多相关部门的共同努力下取得了大量卓有成效的成果。这些研究成果既开阔了学术视野，也为今后相关研究工作的进一步开展奠定了坚实的基础，但直接涉及旅游发展与广西传统村落文化遗产集群化保护的专门文献相对较少，且现有相关研究在研究内容、研究视角、研究方法等方面仍存在诸多不足，具体表现在以下几个方面：

（1）现有关于传统村落文化遗产保护利用与旅游发展的研究，大多从传统村落与文化遗产两个方面分别进行探讨，而将两者置于同一分析框架内的研究较为少见；已有研究多基于社会、经济和环境因素分析内外部因素对传统村落旅游发展的驱动作用，但缺乏旅游发展对传统村落文化遗产集群化保护影响作用的探讨。

（2）传统村落文化遗产的保护和开发是一个在时空上相互联系的统一整体，然而，现有研究缺乏从集群化视角讨论旅游发展对传统村落文化遗产保护的影响，研究视角较为单一，且系统性不足。

（3）现有研究从宏观和微观层面的探讨居多，而对区域性中观层面的研究较少；对旅游背景下广西传统村落文化遗产集群化保护的系统调查与研究尚属罕见。

（4）现有研究在资料挖掘方面不够充分，导致大多数研究停留在定性分析与理论层面，缺乏全面而深入的定量与实证调查研究，使得研究缺乏有效的实证支撑。此外，现有研究所运用的学科理论方法较为单一，多学科交叉融合的综合性研究较少，从而在一定程度上限制了研究的广度和深度。

第四节 理 论 基 础

一、区 位 论

区位活动构成了人类行为的基本维度，它不仅是日常生活和工作开展的初步且基础的需求，而且可以说，人类在地理空间中的每一项行为本质上都是一种区位选择的过程。例如，在农业生产领域，农作物种类选择与耕作土地的确定，工业生产中工厂选址的决策，以及城市规划中功能区划分和选址等都是区位选择的体现。区位论，作为人类对空间环境进行理解和利用的一个理论工具，旨在探索合理的空间活动模式。在地图上表示时，不仅要求描绘出各种经济活动主体（如农场、工厂、交通线路、旅游点、商业中心等）与其他客体（如自然环境条件和社会经济条件等）的地理位置，而且还需对这些位置关系进行深入的解释和说明，探讨其形成的条件和技术上的合理性。总体而言，区位论是一种关于人类活动在空间上的选择行为以及空间内各项活动如何优化组合的理论框架。

近年来，区位论在现代地理学和旅游学领域的应用日益广泛，尤其在区域空间组织优化、旅游产业布局优化等方面发挥着关键作用。本书在区位论的指导下，可以有效地分析广西传统村落在空间上的分布特征及其影响因素，探讨传统村落文化遗产的地域分布规律及其决定因素，并在地图上进行可视化表达，以展现这些主体与客体的空间关系。这样的分析能够揭示主体在区域空间分布上的差异性及其背后的影响因素。通过这种方式，不仅可以发挥集聚效应，彰显文化资源的整体优势，增强其吸引力，而且可以提高资源和设施的利用效率，从而实现更大的社会经济文化效益。

二、文化空间论

"文化空间"一词较早出现于亨利·列斐伏尔（H. Lefebvre）所撰写的《空间的生产》一书中。而文化空间的具体概念和地位的提出则是在 2001 年，联合国教科文组织为保护与传承不同地区及民族的传统文化，以及这些传统文化赖以生存的独特文化空间，启动了《人类口头和非物质遗产代表作名录》补充项目，并且宣布"代表作"主要奖励两种文化遗产表现形式：一是定期发生的文化表现形式，如音乐或戏剧表演、宗教仪式或各类节庆仪式；二是文化空间，比如从事纪念和宗教活动的场所和节日。因此，文化空间可被理解为人的特定活动方式的空间和共同的文化氛围，即定期举行传统文化活动或集中展现传统文化表现形式的场所，兼具空间性、时间性、文化性，而且这种三者合一的文化形式是濒临消失的。

在广西传统村落文化遗产保护中，文化生态空间占据了至关重要的地位，它不仅是一种文化遗产的类型，还是一种研究的视角。广西传统村落文化遗产的集群化保护工作不仅涉及有形物质文化遗产的保护，如古建筑、历史街区与乡镇、传统民居及历史遗迹等，而且还包括非物质文化遗产的保护，涉及口头传统、传统表演艺术、民俗活动、礼仪、节庆、传统手工技艺等方面。这些文化遗产与人们生产生活所处的自然和文化生态环境紧密相关，是在特定的历史和地域条件下形成的文化空间。因此，广西传统村落文化遗产保护应当在文化空间理论的指导下遵循整体性保护的思路，采取全局视角，探索集群化保护的新模式。

三、产业集群理论

产业集群的概念最初由美国哈佛大学的知名教授迈克尔·波特（Michael E. Porter）在其 1990 年出版的著作《国家竞争优势》中系统提出。波特教授将产业集群定义为：在特定地理区域内，相互之间具有共性、互补性，并且联系紧密的企业和机构的集合。这些企业和机构通过共享区域内的市场、基础设施等资源，旨在降低物流和信息流方面的成本，从而形成产业集聚区，实现集聚效应和规模经济，进而提升整个区域的发展竞争力。国外对于产业集群理论的研究视角随着时间而演变，不同的学者侧重于不同的研究领域。总体来看，西方产业集群理论的发展可以划分为五个主要阶段：马歇尔的产业集聚理论、韦伯的区位理论、增长极理论、新经济地理学中的产业集群理论，以及新竞争优势经济学中的产业集群理论。这些理论阶段不仅反映了产业集群理论在学术界的不断深化，也体现了其在实践中的应用和发展。

随着学术研究的不断深入，产业集群理论已逐步拓展至旅游、文化、教育、农业等多个领域。在产业集群理论的指导下，旅游发展所引入的资金注入、客源市场的拓展、政策扶持以及先进的管理理念共同促进了广西传统村落内部文化遗产资源的紧密共生与协作，进而催生文化旅游产业集群的效应。由此可见，产业集群理论为探究旅游发展与广西传统村落文化遗产集群化保护之间的相互作用关系提供了坚实的理论基础和指导视角。通过这一理论的应用，可以更深入地理解旅游活动是如何促进文化遗产资源的整合与保护，进而为广西传统村落的可持续发展提供策略支持。

四、系统动力学理论

系统动力学（System Dynamics）早期应用主要集中在工业企业管理领域，

因而最初也被称为工业动态学。随着时间的推移，系统动力学的研究领域不断拓展，学科体系也逐步完善并达到成熟，最终形成了一套较为完备的系统动力学理论框架。该学科专注于开放系统的研究，基于"系统必有结构，结构决定功能"的系统科学原理，结合系统论、控制论、信息论等相关理论，采用动态分析的方法，对系统内部各要素之间的相互作用和反馈机制进行深入探究。通过构建定量规范模型，系统动力学旨在揭示系统运行中的问题，并提出相应的解决策略，同时对模型进行持续的优化和修正，以提升其解释力和预测能力。

旅游发展对传统村落文化遗产集群化保护的驱动因素较多，既有宏观方面的因素，也有微观方面的因素，各因素间相互作用，共同影响着广西传统村落文化遗产集群化保护。鉴于此，本书在探讨旅游发展对广西传统村落文化遗产集群化保护影响过程的基础上，借鉴系统动力学理论，根据传统村落文化遗产集群化保护的目标任务及实施路径，揭示这一过程中旅游发展对传统村落文化遗产集群化保护的驱动因素，并据此构建旅游发展对传统村落文化遗产集群化保护的驱动系统，进而剖析驱动系统的特征、结构及各子系统间的相互关系与作用机理，以探明旅游发展对传统村落文化遗产集群化保护的驱动机理。

五、推拉理论

推拉理论（push – pull – theory）的起源可以追溯至 19 世纪，1885 年英国学者雷文斯坦（E. Ravenstien）对人口迁移进行了研究，提出了人口迁移的七条规律，划分了影响迁移的推拉因素。赫贝拉（Herberla）、米切尔（Mitchell）分别于 1938 年、1946 年提出了推拉理论，他们提出原住地的耕地不足、自然灾害等原因构成了迁移推力，而目的地的教育和就业机会等则构成了迁移的拉力，在推拉力的共同作用下产生了迁移现象。我国学者张雯妍运用推拉理论对文化遗产与地方旅游业的互动关系进行了研究，认为旅游者对文化遗产旅游的体验需求是两者互动的推力因素，地方旅游业中的非遗文化产品则是两者互动的拉力因素。

旅游发展对传统村落文化遗产集群化保护的驱动过程也受到推力和拉力的共同作用，其中，推力主要是指旅游发展对传统村落文化遗产集群化保护的内在驱动力；拉力是传统村落文化遗产本身所具有的特色、功能、价值等对人们所产生的吸引力，文化遗产的特点与规模、相关人才的扶持与培养、现代技术的进步与发展等都是旅游发展对传统村落文化遗产集群化保护的重要拉力。

第五节 研 究 方 法

一、文献分析与田野调查相结合的方法

在文献分析方面，笔者在多个国际学术搜索引擎上进行了详尽的文献检索，专注于收集与传统村落文化遗产保护相关的学术资料。通过对所获得的文献进行细致的整理、系统的归纳和深入的分析总结，全面把握国际学术界在本书研究主题领域的理论进展和应用实践状况。此外，在中国知网等国内关键文献数据库以及百度等通用搜索引擎中，收集了与旅游发展及传统村落文化遗产保护相关的文献资料，以洞察国内在该领域的研究动态。通过对国内外研究成果的综合梳理，不仅为自身的理论构建提供了坚实的文献基础，同时也为后续的分析和讨论确立了可靠的参考框架。在田野调查方面，笔者于 2022 年 3～5 月、2022 年 10 月、2023 年 1～2 月赴广西三江侗族自治县、龙胜各族自治县等地进行实地调研，以便对广西传统村落文化遗产的空间分布进行可视化表达，同时剖析旅游发展对广西传统村落文化遗产集群化保护现状、发展前景，并对政府、当地居民、企业等利益相关者开展调查分析，以便获取翔实的第一手调研资料。

二、定性研究与定量研究相结合的方法

本书在区位论、文化空间论、系统动力学等理论的指导下，对广西传统村落文化遗产的空间分布、旅游发展对传统村落文化遗产集群化的影响过程、驱动机理等进行剖析；并在借鉴国内外关于旅游发展对传统村落文化遗产集群化保护模式的基础上，结合广西的实际情况，构建了旅游发展背景下广西传统村落文化遗产集群化保护的模式。为能更进一步增强研究结论的科学性和可信度，笔者还运用了定量研究的方法，即在收集文献资料和问卷数据的基础上，利用 ArcGIS、SPSS17.0、Excel 等分析软件对收集到的有效数据进行处理和分析，以深入揭示旅游发展对传统村落文化遗产集群化保护的影响过程和驱动机理。

三、规范分析与实证分析相结合的方法

在科学研究领域，规范分析和实证分析是两种广泛应用的研究方法。通常情况下，规范分析倾向于基于特定的价值观念或理论框架，对研究对象进行逻辑推理和理性判断；而实证分析则更侧重于通过观察、实验和数据收集，对研究对象的实际情况进行客观的描述和解释。这两种方法在学术研究中各具特色，共同为研究者提供了深入理解研究问题的多元视角。本书通过规范分析，对广西传统村落文化遗产空间分布进行可视化表达，进而构建了旅游发展对广西传统村落文化遗产集群化保护的模式。同时，研究过程中还开展了实证分析，选取广西部分具有典型性、代表性的传统村落，如广西三江程阳八寨作为案例探讨了旅游发展对传统村落文化遗产集群化保护的影响过程，据此构建旅游发展进程中传统村落文化遗产集群化保护的模式，并提出相应的对策建议。

第二章

广西传统村落文化遗产资源调查

第一节 广西传统村落概况

广西是我国五个少数民族自治区之一，境内聚居着汉、壮、瑶、侗、苗等12个世居民族，各民族在漫长的历史发展过程中创造了数量众多的传统村落，也留存下丰富多彩的文化遗产资源，包括古建筑、古民居、历史文物、文化遗址等物质文化遗产，以及传统技艺、传统舞蹈、传统戏剧、民俗等非物质文化遗产。传统村落作为一种文化空间，也被视为一种重要的文化遗产，是地表文物不可或缺的实物见证，拥有极高的社会价值以及经济、艺术价值，不仅展示着广西独特的民族风情，也是中华民族传统文化的重要载体，承载着各少数民族群众的独具匠心和智慧精华，极具保护和开发的潜力。本章在对广西传统村落文化遗产进行系统调查的基础上，深入探讨其结构及空间分布特征。

一、广西传统村落数量规模

（一）中国传统村落地区分布情况

为加强对传统村落的保护，以及更有效地在旅游发展过程中保护传统村落文化遗产，我国自 2012 年起正式启动了传统村落保护工作，经过多年努力，截至 2022 年底，已有 5 批共计 6819 个村落列入"中国传统村落名录"，涵盖了我国 31 个省、自治区、直辖市（除港澳台地区），各省（自治区、直辖市）的数量分布及排名如表 2 - 1 所示。在"中国传统村落名录"中，广西拥有 280 个中国传统村落。

表 2 - 1   中国传统村落省际分布数量及排名   单位：个

地区	第一批	第二批	第三批	第四批	第五批	合计	占比（％）	村落总数排名
贵州	90	202	134	119	179	724	10.62	1
云南	62	232	208	113	93	708	10.38	2
湖南	30	42	19	166	401	658	9.65	3
浙江	43	47	86	225	235	636	9.33	4
山西	48	22	59	150	271	550	8.07	5
福建	48	25	52	104	265	494	7.24	6
安徽	25	40	46	52	237	400	5.87	7
江西	33	56	36	50	168	343	5.03	8
四川	20	42	22	141	108	333	4.88	9
广西	39	30	20	72	119	280	4.11	10
广东	40	51	35	34	103	263	3.86	11
河北	32	7	18	88	61	206	3.02	12
湖北	28	15	46	29	88	206	3.02	13
河南	16	46	37	25	81	205	3.01	14
山东	10	6	21	38	50	125	1.83	15
青海	13	7	21	38	44	123	1.80	16
陕西	5	8	17	41	42	113	1.66	17
重庆	14	2	47	11	36	110	1.61	18
海南	7	0	12	28	17	64	0.94	19
甘肃	7	6	2	21	18	54	0.79	20
内蒙古	3	5	16	20	2	46	0.67	21

地区	第一批	第二批	第三批	第四批	第五批	合计	占比（%）	村落总数排名
西藏	5	1	5	8	16	35	0.51	22
江苏	3	13	10	2	5	33	0.48	23
辽宁	0	0	8	9	13	30	0.44	24
北京	9	4	3	5	1	22	0.32	25
新疆	4	3	8	2	1	18	0.26	26
黑龙江	2	1	2	1	8	14	0.21	27
吉林	0	2	4	3	2	11	0.16	28
宁夏	4	0	0	1	1	6	0.09	29
上海	5	0	0	0	0	5	0.07	30
天津	1	0	0	2	1	4	0.06	31

资料来源：根据对住房和城乡建设部等部门公布的五批中国传统村落名录统计整理。

由表 2-1 可知，在五批中国传统村落名录中，除港澳台地区外，其他 31 个省（自治区、直辖市）均有村落入选。在中国传统村落的地理分布上，呈现出显著的区域性差异。具体而言，贵州省、云南省和湖南省分别以 724 个、708 个和 658 个传统村落数量位居全国前三位，而宁夏回族自治区、上海市和天津市的传统村落数量则相对较少，分别为 6 个、5 个和 4 个。广西以 280 个传统村落的总数位列全国第十，占比为 4.11%，处于中上游的位置，在第五批名录中有 119 个村落入选，大幅提高了其在全国各省（自治区、直辖市）中的占比。

（二）广西自治区级传统村落数量规模

为扎实推进广西传统村落保护工作，维护好传统村落文化遗产的留存环境，赓续民族历史文脉，广西住房和城乡建设厅 2015～2022 年先后公布了三批广西传统村落名录，其中第一批 208 个（包含国家级 118 个），第二批 218 个（包含国家级 100 个），第三批 231 个（包含国家级 62 个），共计 657 个自治区级传统村落，具体如图 2-1 所示。

由图 2-1 可知，广西地方政府非常重视传统村落的保护工作，自 2015 年起，先后将 657 个村落划入保护的范围，三个批次的传统村落数量呈现逐渐增长的趋势，这表明广西对传统村落的保护力度在持续加大。据统计，在 657 个自治区级传统村落当中，有 280 个村落被列入中国传统村落名录，占比为 42.62%。当前，广西自治区人民政府、住房和城乡建设厅、文化和旅游厅等各级政府部门正通过成立相应管理机构、制订保护计划、划拨保护经费等措施，确保传统村落保护工作得到有效落实，目的是在保护传统村落文化遗产的同时，充分彰显各民族的创造力和智慧，为当地的乡村振兴发展奠定坚实基础。

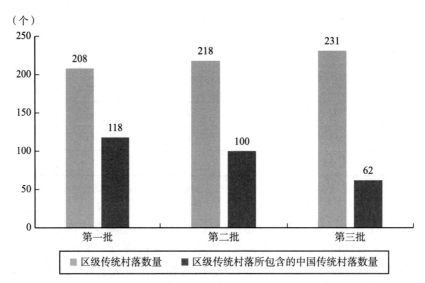

图 2 −1　广西三批自治区级传统村落及其所包含的中国传统村落数量

　　资料来源：住房和城乡建设部等部门公布的五批中国传统村落名录；广西壮族自治区住房和城乡建设厅等六部门公布的三批广西传统村落名录。

二、广西传统村落分布特征

　　为有效探讨旅游发展对传统村落文化遗产集群化保护的影响过程和驱动机理，首先需要对广西各级传统村落的空间分布特征进行总结与归纳，而后通过查阅数据以及进行资料采集，结合传统村落的分布特征，探讨旅游发展是如何影响传统村落文化遗产的集群化保护的。

（一）国家级传统村落分布特征

　　由上文可知，广西的中国传统村落数量共计 280 个，在广西境内各市的数量分布状况如图 2 −2 所示。

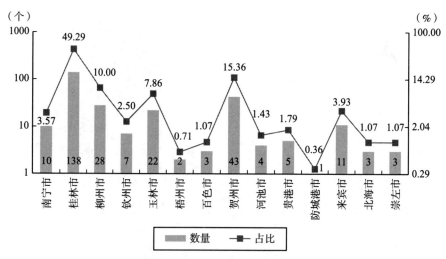

图 2 - 2 广西各地市中国传统村落的数量分布

资料来源：住房和城乡建设部等部门公布的五批中国传统村落名录。

由图 2 - 2 可知，中国传统村落在广西境内的 14 个地市均有分布，但分布并不均衡，其中桂林市所拥有的国家级传统村落数量最多，共计 138 个，占比为 49.29%；贺州市排名第二，数量为 43 个，占比为 15.36%；再次是柳州市，数量为 28 个，占比为 10%；而百色市、北海市、崇左市的数量相同，均为 3 项，占比约为 1.07%；梧州市，拥有 2 个，占比为 0.71%；数量最少的为防城港市，仅有 1 个，占比仅为 0.36%，与数量最多的桂林市相差 137 个。总体而言，仅有桂林市、柳州市、贺州市、玉林市超过均值 20 个，由此可见，"中国传统村落"在广西各地市的数量分布差距较为悬殊。

为了更直观地观察中国传统村落在广西境内各地市的分布状况，笔者利用 ArcGis10.2 软件对广西境内各"中国传统村落"的空间格局特征进行了可视化处理，并绘制了分布图，如图 2 - 3 所示。

由图 2 - 3 可知，"中国传统村落"在广西各地市的空间分布呈现出较大的差异，其中百色市、河池市、崇左市、南宁市以及南部的钦州市、防城港市、北海市所拥有的中国传统村落数量都在 1 ~ 10 个之间，约占总数的 11.1%；而位于东北部的桂林市、贺州市、柳州市、来宾市以及东南部的玉林市所拥有的中国传统村落数量较多，尤其是东北部的桂林市，其占比高达 49.29%，东北部这四个城市所拥有的中国传统村落数量占总数的 78.6%。由此可见，广西的国家级传统村落整体呈现出东北多、中西部少的空间格局。

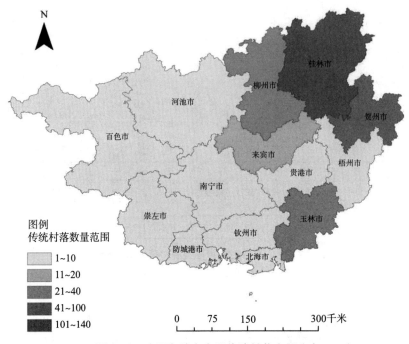

图 2-3　广西各地市中国传统村落空间分布

（二）自治区级传统村落分布特征

由上文统计可知，广西住房和城乡建设厅自 2015 年起先后公布了三批广西传统村落名录，共计 657 个自治区级传统村落，自治区级传统村落在广西境内各市的数量分布特征如图 2-4 所示。

由图 2-4 可知，自治区级传统村落在广西的 14 个地市中分布也存在较大的差异，其中桂林市数量最多，为 263 个，占比为 40.03%；紧随其后的是贺州市，为 83 个，占比为 12.63%；柳州市以 64 个排名第三，占比为 9.74%；防城港市、北海市和钦州市拥有的自治区级传统村落数量较少，分别为 7 个、11 个和 13 个，占比均低于 2%，分别为 1.07%、1.67% 和 1.98%。最大项的桂林市与最小项的防城港市相差 256 个，仅有桂林市、柳州市、玉林市、贺州市四市超过均值 46.92，可见，自治区级传统村落在广西各地市的分布呈现出不均衡的状态。

为了更清晰直观地展现自治区级传统村落在各个地市的空间分布关系，笔者通过 ArcGIS10.2 的 Kernel Density 模块对自治区级传统村落的核密度进行了可视化表达，绘制了核密度分布图，如图 2-5 所示。

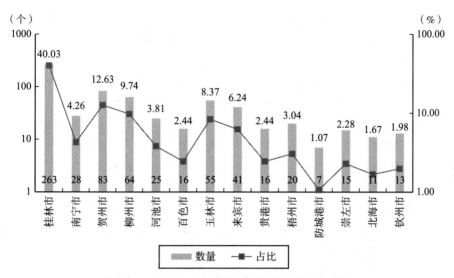

图2-4 广西各地市自治区级传统村落数量分布

资料来源：广西壮族自治区住房和城乡建设厅等六部门公布的三批广西传统村落名录。

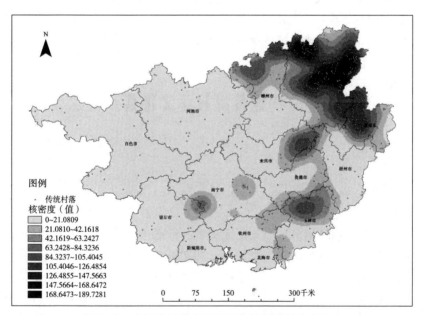

图2-5 广西各地市自治区级传统村落核密度分布

核密度分布图将各地市的自治区级传统村落划分为九个等级序列，由图2-5可以看出自治区级传统村落整体呈现出"东密西疏"的空间分布格局，区域分布较为不均衡，位于东北部的桂林市分布最为密集；其次是贺州市；柳州市、来宾市以及玉林市分布也较为密集；南宁市周边有少量密度核心区域；百色市、河池市、崇左市、防城港市、钦州市、北海市尚未形成相对规模的密度区。

由图 2-5 可知，广西的国家级、自治区级传统村落数量因地域社会、经济、环境等诸多因素的影响而表现出明显的差异性，传统村落集中分布在东北部，桂林市自古以来就有"西南会府"之称，是多民族互动融合之地，拥有较为优越的历史文化与民族传统，并且历来享有"桂林山水甲天下"的美誉，故而传统村落分布较多且类型丰富、文化底蕴深厚；贺州市境内的"潇贺古道"不仅是古代中原地区与岭南地区交流往来的重要通道，还是中原地区与海上丝绸之路的陆地连接通道。从古至今，各区域、各民族通过潇贺古道进行文化交流、交融，中原文化、客家文化、瑶族文化等多元文化在此相互融合形成具有独特韵味的"潇贺文化"。贺州境内的传统村落文化景观便是潇贺文化遗留至今最有力的体现，其数量众多，内涵丰富，在贺州市各政府部门的协同保护以及充分发挥群众的主体作用下，贺州市传统村落的保护工作取得较好的成效；而局部空白区域主要位于南部的北部湾城市群区域以及西北部的百色和河池等地，这些区域历史上人口较少，且开发较晚，属于经济欠发达地区，传统村落并未得到较好的修缮、保护、开发及利用，以至于这些区域传统村落分散明显，尚未形成密度区。

第二节　广西传统村落文化遗产概述

一、广西传统村落文化遗产类型

目前关于文化遗产的分类尚未形成统一的标准，依据不同的分类标准，可以将文化遗产划分为不同的类型。李晓东（1990）按照文化遗产时代、文化遗产所在地点、文化遗产存在形态、文化遗产的制作材料、文化遗产的原始功能、文化遗产的社会属性以及文化遗产的收藏来源等将分类方法归纳总结为时代分类法、区域分类法、形态分类法、质地分类法、功用分类法、属性分类法、来源分类法七种；喻学才等（2008）将文化遗产区分为静态文化遗产和动态文化遗产，前者与物质文化遗产的概念大致相当，后者则与非物质文化遗产的内涵大抵相同；熊寰（2016）按照性质将中国目前的文化遗产分为物质性文化遗产、记忆性文化遗产、技术性文化遗产以及社会性文化遗产四大类；孙华（2020）构拟出的遗产分类阶元表将文化遗产分为物质文化遗产、文化遗产以及文化景观三类。从总体上看，学者们对文化遗产类型的划分尚未形成统一的标准。本书在参考和借鉴上述研究成果的基础上，根据广西传统村落的特点，以及传统村落内文化遗产的地域特色和资源特点，从文化遗产的存在状态出发，将广西传统村落文化遗产分为物质文化遗产和非物质文化遗产两大类。

物质文化遗产是指具有历史、艺术和科学价值的文物（包括可移动文物和不可移动文物）以及历史文化名城（包括街区、村镇），可移动文物是指历史上各时代重要实物、艺术品、文献、手稿、图书资料、代表性实物等，大多收藏在国家建立的、具有良好保护设施的博物馆或者纪念馆和科研院所中，因而被称为馆藏文物，馆藏文物分为一般文物和珍贵文物两类，各级文物局负责管理可移动文物的保护工作。目前，对大批量且较为分散的可移动文物进行识别，其难度较高且精确度较低。鉴于数据资料的可得性和分析的简便性，为提高统计的精确度，在对广西传统村落物质文化遗产进行统计调查时，主要对不可移动文物进行统计。所谓不可移动文物，主要是指古文化遗址、古墓葬、古建筑、石窟寺、石刻、壁画、近现代重要史迹和代表性建筑，其保护主体是各级文物保护单位，大多分布在世界遗产、重点风景名胜区、历史文化名城、历史文化名镇村等保护体系中。根据文物保护单位名录中的类型，将广西传统村落物质文化遗产分为古遗址、古墓葬、古建筑、石窟寺及石刻、壁画、近现代重要史迹及代表性建筑六大类。如位于横州市平朗乡笔山村的花屋，是自治区文物保护单位，因整座建筑雕檐画壁、工艺精致，当地俗称"花屋"，是横州市境内现存完整、规模宏大、工艺精湛的古代民居之一，其灰塑花墙灵动鲜活，彩绘浮雕精美绝伦，是艺术之载体又兼照壁之功能，历经两百余年的风雨沧桑仍粉黛如初，雍容华贵，是岭南地区清代民居的经典杰作。

非物质文化遗产是指各族人民世代相传并视为其文化遗产组成部分的各种传统文化表现形式，以及与这些传统文化表现形式相关的实物和场所，包括民间文学、传统舞蹈、传统音乐、传统技艺、传统美术、传统体育、游艺与杂技、曲艺、传统戏剧、传统医药以及民俗十大类别。如南宁市西乡塘区坛洛镇下楞村的下楞龙舟节，是当地具有民族特色的民间体育文化活动，已被列入自治区级非物质文化遗产名录。每到端午节，下楞村村民都举行龙舟节，扒龙船，看龙舟竞渡，荣获冠军的队员则一起团聚吃"龙舟饭"，享"龙舟大餐"，逐渐形成了一种独特的龙舟饮食文化。柳州三江侗族自治县老堡乡老巴村的老巴坡会 2014 年被列入自治区级非物质文化遗产名录，老巴坡会自清朝开始，至今已沿袭 200 多年的历史，是各族群众交流文化、增进友谊的平台。节庆期间，来自广西三江、湖南、贵州等地侗、苗、瑶族人欢聚一堂，举行踩歌堂、斗鸟、赛芦笙等丰富多彩的活动，以祈求来年风调雨顺，五谷丰登。

二、广西传统村落文化遗产数量

依赖于传统村落所形成的各类文化遗产承载着各族劳动人民的独具匠心和智慧精华，集中体现了地方乡土文化和生活状态。虽然崔慧彬在《文化空间视域下传统村落文化遗产保护研究》一文中统计了广西三江平岩村有物质文化遗产 24 项、非物质文化遗产 36 项[①]，但目前学术界仍缺乏对整个广西传统村落文化遗产项目的全面整理。因此，本书通过文献资料和实地调查相结合的方法，对广西传统村落文化遗产进行了系统调查，以全面探明广西传统村落所蕴含的文化遗产数量与规模。调查结果显示，广西传统村落文化遗产数量共计 639 项，其中物质文化遗产 127 项，非物质文化遗产 512 项。

（一）广西传统村落物质文化遗产数量

物质文化遗产是人类在历史长河中遗留至今的具有重要历史、艺术、科学价值的物质形态遗产，比如古遗址、古建筑等以物质形态存在的实物。广西历史悠久且为多民族交汇之地，拥有丰富的历史文化遗存。本书将这些物质文化遗产分为古遗址、古墓葬、古建筑、石窟寺及石刻、壁画、近现代重要史迹及代表性建筑六大类，调查结果显示，广西传统村落共有 127 项物质文化遗产，其类型及数量如表 2-2 所示。

表 2-2   广西传统村落物质文化遗产数量

类别	具体项目	数量（个）	占比（%）
古遗址	渡里园遗址、蒋安岭窑址、岭垌窑址、三江坡汉城址、上金窑址、同正遗址、严关窑址、永安城址、父子岩遗址、古城洞遗址	10	7.87
古墓葬	大梅子坳古墓群、巨塘古墓群、里太古墓群、马岭古墓群、融安南朝古墓群、十份山古墓群、孝穆皇太后先茔、瑶里古墓群、久隆古墓群	9	7.09

---

① 崔慧彬. 文化空间视域下传统村落文化遗产保护研究［D］. 桂林：广西师范大学，2019.

续表

类别	具体项目	数量（个）	占比（%）
古建筑	白崇禧故居、百柱庙、榜上村古建筑群、笔山花屋、蔡氏古宅、车寨古建筑群（含寨明、相思、平寨、陡寨等屯古建筑群）、仇氏古建筑群、穿岩古道、大安古建筑群（包括大王庙、粤东会馆、惠福夫人庙、大安桥）、大郎书院、大楼村古民居群、大芦村古建筑群、大路底村古建筑群、大士阁、大桐木湾村古建筑群、大圩古镇、大圩镇毛村圣母宫、丹洲古城、东水村古建筑群、洞井村古建筑群、恩荣牌坊、富里桥、高定侗寨古建筑群、高山村古建筑群、桂柳运河、和好铺古建筑群、和里三王宫、横山陈氏宗祠及石刻、加厚堂、接龙风雨桥、君子垌客家围屋群、拉汪壮族传统民居、朗山民居、乐湾村古建筑群、林溪侗族村寨（含平岩村、高友村、高秀村等村屯古建筑群）、龙道村古建筑群、马家祠堂、梅溪公祠、孟滩风雨桥、南石祠、庞村古建筑群、平等鼓楼群（包括伍氏鼓楼、吴氏鼓楼、衙寨高鼓楼、罗氏鼓楼、石氏鼓楼、寨官氏鼓楼、衙寨短鼓楼、寨宫鼓楼、杨氏鼓楼、松树坳石氏鼓楼、三队鼓楼、寨江鼓楼）、萍塘村古建筑群、青箱村古建筑群、三元塔、水源头村古建筑群、四方灵泉、苏村古建筑群、唐景崧故居、文星阁、仙桂桥、灵渠、燕窝楼、杨溪村古建筑群、遇龙桥、月岭村古建筑群、云龙得中堂、珍珠城、中东文庙大成殿、中渡镇古建筑群、钟山大田戏台、硃砂垌客家围龙屋、江头村和长岗岭村古建筑群、马殷庙、邑团桥、富川瑶族风雨桥群、伏波庙、惠爱桥、西林岑氏家族建筑群、平流赐福桥、文龙书院、杨溪村古建筑群、伯玉公祠、余屋村古建筑群、贡陂堰、恩荣牌坊、凤溪古建筑（包括朝阳风雨桥、福寿风雨桥、陈氏宗祠、岑氏宗祠、翟氏宗祠、神亭、戏台等建筑）	77	60.63
石窟寺及石刻	百蛮遵道摩崖石刻、雷婆岭摩崖石刻、龙脊石刻和碑碣、石刻牌坊、谭家世谱碑、紫霞洞摩崖石刻、巴马山摩崖石刻	7	5.51
壁画	白龟红山岩画、花山岩画、帽合山岩画、紫霞洞岩画、左江岩画、岑山岩画、邑银山岩画	7	5.51
近现代重要史迹及代表性建筑	"大清国钦州界" 1 号碑、八路军驻桂林办事处旧址及八路军驻桂林办事处莫家村物质转运站旧址、红军楼、陆顺德故居、马肚塘村清朝客家建筑群、审敌堂、顺风桥（红军桥）、武宣近代建筑（包括刘炳宇庄园、郭松年庄园、黄肇熙庄园）、严关（包括附属碑刻）、湘江战役旧址、李济深故居、云龙得中堂、唐景崧故居、红军岩（光明岩）、广西土改工作团第二团部旧址、马胖鼓楼、程阳（风雨桥）永济桥	17	13.39

资料来源：根据全国重点文物保护单位名录、广西壮族自治区级文物保护单位名录进行整理。

　　由表 2－2 可知，广西传统村落物质文化遗产数量共计 127 项，其中数量最多的类型为古建筑，共计 77 项，占比为 60.63%；其次是近现代重要史迹及代表性建筑，共计 17 项，占比为 13.39%；古葬墓、古遗址数量分别为 9 项和 10 项，占比分别为 7.09%、7.87%；石窟寺及石刻与壁画数量相同，均为 7 项，两者合计占比为 11.02%。最多项的古建筑与最少项的石窟寺及石刻与壁画，数量相差70 项，且只有古建筑超过了平均值 21 项，可见广西传统村落物质文化遗产的数量受到传统村落这一特殊地理空间发展过程的影响，呈现出不均衡的分布态势。

（二）广西传统村落非物质文化遗产数量

非物质文化遗产作为一种民间传统文化表现形式和文化空间，是民族集体智慧的结晶和民族历史的沉淀，依赖于传统村落这一载体而存在的非物质文化遗产更体现了当地深厚的历史文化底蕴和优秀的民族传统。本书在对广西传统村落非物质文化遗产进行调查统计时，主要是以综合价值及知名度较高的自治区级以上的非物质文化遗产作为统计对象。调查结果显示，广西传统村落共有非物质文化遗产 512 项，涵盖十个类别，具体如表 2 - 3 所示。

表 2 - 3　　　　　　　　　　广西传统村落非物质文化遗产数量

类别	具体项目	数量（个）	占比（％）
传统技艺	隆林壮族蓝靛染布技艺、武宣红糟酸制作技艺、三江侗族银饰锻造技艺、隆林壮族背带制作技艺、凌云壮族儿童配饰制作技艺、大新宝圩壮族服饰制作技艺、那坡壮族服饰制作技艺、那坡瑶族织绣技艺、富川瑶族织锦技艺、三江侗族织锦技艺、德保壮族藤编技艺、宾阳竹编技艺、灵山竹编技艺、武宣三里鱼圆制作技艺、三江侗族酸食制作技艺、隆安布泉壮族酸鱼制作技艺、灵山武利牛巴制作技艺、横县芝麻饼制作技艺、怀远八宝饭制作技艺、昭平茶制作技艺、平果芭蕉芋粉制作工艺、武鸣灵马旱藕粉制作技艺、博白豉膏制作技艺、桂林马肉米粉制作技艺、横县督僧簸箕粉制作技艺、苗族吊脚楼营造技艺、苗族竹编书画制作技艺、苗族织锦技艺、苗族服饰制作技艺、苗族银饰锻造技艺、苗族油茶制作技艺、三江侗族服饰制作技艺、德保麦杆花篮制作技艺、右江瑶族服饰制作技艺、南丹壮族服饰、隆林苗族服饰制作技艺、右江壮族麼乜制作技艺、靖西东球供纸制作技艺、壮族织锦技艺、玉林羽毛画技艺、仫佬族刺绣技艺、壮族服饰制作技艺、隆安构树造纸技艺、江州草席制作技艺、博白芒竹编织技艺、宾阳油纸伞制作技艺、天等进远石雕技艺、贡川纱纸制作工艺、小江瓷器手工制作技艺、石南小刀锻制技艺、隆林蓝靛膏制作技艺、木格彩灯、宁明壮族民间染织工艺、北海疍家服饰制作技艺、灵山大粽制作技艺、京族风吹饼制作技艺、扶绥壮族酸粥、京族鱼露、毛南族花竹帽编织技艺、四塘横山豆腐乳制作工艺、忻城壮族织锦技艺、临桂回族板鸭制作工艺、黄姚豆豉加工技艺、京族服饰制作技艺、壮族铜鼓铸造技艺、扬美豆豉制作技艺、草龙草狮制作技艺、全州醋血鸭制作技艺、扬美沙糕制作技艺、瑶族织绣技艺、合浦角雕技艺、侗族木构建筑营造技艺、侗族刺绣、三江侗族祭萨习俗、靖西壮族绣球制作技艺、侗族草龙草狮制作工艺、荔浦纸扎工艺、苗族蜡染手工技艺、桂林漆器制作技艺、融水苗族百鸟衣制作技艺、宁明壮族红糖制作技艺、龙州沙糕	125	24.41

续表

类别	具体项目	数量（个）	占比（%）
传统技艺	制作技艺、龙州壮族天琴制作技艺、凤山银饰制作技艺、都安书画纸制作技艺、都安藤芒编织技艺、南丹瑶族牛角号制作技艺、南丹瑶族陀螺制作技艺、钟山瑶族打油茶技艺、富川瑶族扎龙技艺、隆林壮族绣花鞋制作技艺、隆林苗族刺绣、玉林铜錾刻技艺、桂平西山茶制作技艺、靖西壮族田螺笛制作技艺、龙门编织（藤编）、上思瑶族服饰制作技艺、上思凉粽制作技艺、合浦大月饼制作技艺、藤县太平米饼制作工艺、桂林市临桂回族油香制作技艺、荔浦双料制陶制作技艺、荔浦芋扣肉制作技艺、灌阳竹编技艺、灌阳红薯粉制作技艺、苗族芦笙柱制作技艺、融安烧炙、三江虫茶制作技艺、中渡干切粉制作技艺、上林壮族古香制作技艺、宾阳武陵牛角制品制作技艺、龙脊水酒酿造技艺、东兰壮族铜鼓铸造技艺、金秀瑶族黄泥鼓制作技艺、苗族百褶裙制作技艺、三江侗布制作技艺、融水苗族百鸟衣制作技艺、龙胜金龙壮族织锦技艺、灵川兰瓜瑶族造纸技艺、靖西壮族土陶烧制技艺、田阳壮族麦秆花篮编织技艺、三江竹器编织技艺、三江壮族草龙编织技艺、宾阳草席编织技艺、隆林辣椒骨制作技艺	125	24.41
传统舞蹈	平南杖头木偶、汉族师公舞、扶绥壮族三穿花、天等壮族跳花灯、宁明壮族道公舞、八步瑶族盘王舞、桂平石龙壮族春牛舞、隆安壮族狮舞、金龙花凤舞、苗族芦笙舞、田林瑶族盘王舞、瑶族八仙舞、壮族"国调毪"、海五方舞（道公舞）、龙胜侗族疱颈龙舞、瑶族金锣舞、田林瑶族铜鼓舞、壮族蚂虫另舞、瑶族蚩尤舞、横县百合茅山舞、马山壮族踩花灯、瑶族长鼓舞、上林瑶族猴鼓舞、板凳龙舞、吹笙挞鼓舞、壮族师公舞、良庆区香火龙舞、上林壮族师公舞、瑶族黄泥鼓舞、壮族打砻（榔）舞、瑶族羊角长鼓舞、南丹勤泽格拉、南宁壮族春牛舞、桂林傩舞、藤县狮舞、壮族翡翠鸟舞、平果壮族踩花灯、上思舞鹿、北海耍花楼、靖西壮族舞蹈（壮族马绿舞、壮族弄腊舞、壮族田间矮人舞、舞春牛）、苍梧鲤鱼舞、北海五方舞（道公舞）、壮族国调毪、扶绥壮族舞雀、木犀舞、江州麒麟舞、隆林苗族芦笙舞、北流狮舞、三江侗族芦笙踩堂舞、古零草凳龙舞、横县壮族凤凰麒麟舞、南丹壮族板狮	52	10.16
民俗	凤山壮族补粮习俗、凌云汉族婚俗、钟山二月二习俗、靖西壮族花灯习俗、玉林寒山祈福习俗、苗族拉鼓习俗、鹿寨壮族打龙习俗、忻城壮族歌圩、大明山歌圩、宜州壮族做社、融水壮族唱龙亭、上林县二月二卢於春社、横县青桐壮族圩逢、昭平客家三山国王庙会、北流裴九娘庙会、象州社王节、南丹壮族敬牛节、田东壮族牛魂节、蒲庙花婆节、大新宝圩侬哥节、田东仰岩歌圩、侗族打油茶、柳州鱼峰歌圩、瑶族婆王节、宁明瑶族服饰、壮族罗波庙会、壮族安龙歌会、宁明瑶族婚俗、斑山庙会、上林壮族万寿节、灵山丰塘炮期习俗、壮族芒那节、上林壮族灯酒会、隆林壮族歌会习俗、毛南族分龙节、瑶族阿宝节、上林壮族渡河公、壮族伏波庙会、老巴坡会、德峨苗族跳坡节、那坡彝族跳弓节、凌云泗城壮族夜婚习俗、信都龙舟节、壮族蚂拐节、红瑶服饰、仫佬族婚俗、凤山瑶服饰、平南大安校水柜习俗、盘瑶服饰、侗族祭萨习俗、侗族百家宴、	127	24.80

续表

类别	具体项目	数量（个）	占比（%）
民俗	疍家婚礼、那坡彝族祈雨节、瑶族石牌习俗、瑶族舞香龙、南宁壮族毯丝歌会、扬美龙舟上水节、金秀瑶族服饰、跳甘王、瑶族度戒、武宣盘古节、三江侗族月也、苍梧抢花炮习俗、壮族抢花炮、藤县乞巧节、西乡塘歌圩、灵川姑娘节、靖西壮族抢花炮、南宁下楞龙舟节、壮族抛绣球习俗、平果壮族歌圩、西林壮族欧贵婚俗、瑶族朝踏节、瑶族婚俗、露圩壮族圩逢、横县笔山人生礼仪、黄姚放灯节、壮族铜鼓习俗、钦北跳岭头、灵山跳岭头、白裤瑶年街、南丹瑶族铜鼓萨欧别习俗、金秀瑶族盘王节、南丹瑶族葬礼习俗、天峨壮族婚俗、凤山瑶族度戒、京族哈节、象州甘王庙会、壮族盘古庙会、宁明壮族花炮节、三江三王宫庙会、三江侗族"二月二"大歌节、板榄"三月三"会期、苗族芒篙节、侗族款习俗、侗族花炮节、三江侗年、侗族多耶、毛南族肥套、壮族"四月四"、钦州伏波庙会、瑶族祝著节、壮族依峒节、壮族会鼓习俗、敬老习俗、茶俗、规约习俗、融水苗族婚俗、资源五排油茶习俗、隆林壮族六月六敬田节、平桂瑶族婚俗、东兰壮族婚嫁对歌习俗、河池壮族灶王节、平果"根个"交友习俗、隆林汉族"吃袍汤"习俗、北海开海习俗、北海海上扒龙船习俗、白沙"六·廿三"会期、平乐十八酿饮食习俗、三江稻鱼并作习俗、扬美老人节、白裤瑶年街、八步壮族服饰、平桂瑶族服饰、西林瑶族度戒、那坡舞春牛习俗、鹿寨中渡城隍庙会	127	24.80
传统音乐	都安壮族陶鼓艺术、壮族筒嘎艺术、凌云壮族欢隆、八步瑶族过山音、隆林壮族南盘江调、金秀瑶族香哩歌、恭城瑶族山歌、壮族咧嘿歌、东兰壮族勒脚歌、贺州平桂瑶族唢呐、壮族北路八音、田林定安调、田东壮族嘹歌、田东壮族欢侬、田东蔗园歌、田东咸水歌、防城壮族天琴艺术、融水苗族芦笙音乐、融水壮族朋比艺术、融水土拐山歌、苗族果哈艺术、三江侗族琵琶歌、侗族牛腿琴歌、东兰壮族长排山歌、八步客家师公音乐、靖西壮族八音、田东瑶族山歌、靖西壮族民间小调、永福瑶族民歌、北路壮族唢呐套曲、田东瑶族噜吡咧、凌云瑶族长号艺术、恭城瑶族八音、平果壮族唱文龙、那坡壮族民歌、融安土拐山歌、壮族传扬歌、高沙锣鼓、烟墩大鼓、下俚歌、壮族嘹歌、那劳山歌调、瑶族门唻歌、良庆壮族嘹啰山歌、瑶族溜喉歌、壮族哭嫁歌、瑶族过山音、武宣壮欢调、金秀瑶族深牌歌、上思虽蕾、上林四六联民歌、壮族悲歌、武宣蜂鼓艺术、北海咸水歌、平果壮族丧歌、六甲歌、钟山瑶族蝴蝶歌、天峨壮族八仙、贵港客家山歌、贵港港南八音、京族独弦琴艺术、京族民歌、广西八音（八音）、柳州山歌（平山山歌）、壮族蜂鼓音乐、侗族大歌、侗族器乐、三江六甲歌、宁明壮族天琴艺术、金秀瑶族离贯歌、武宣山歌、金城江壮族哦吔山歌、宾阳八音、乐业汉族山歌、三江侗族双歌、马山瑶族酒壶歌、瑶族剪刀歌	77	15.04

续表

类别	具体项目	数量（个）	占比（%）
民间文学	瑶族盘王传说、瑶族千家峒传说、八角寨山水传说、壮族特掘传说、金龙壮族官郎歌、珠郎娘美、卜伙的故事、乐业壮族古歌、右江壮族排歌、瑶族密洛陀古歌（密洛陀）、瑶族分架、壮族民间故事"百鸟衣"、壮族信歌、隆安壮族排歌、仫佬族古歌、天峨布洛陀、合浦珠还民间传说、美人鱼传说、南宁五象传说、那坡彝族开路经、象州壮欢、妈勒访天边传说、苗族古歌、东兰壮族顺口溜"谈崖"、荔浦风物传说、红军长征过桂北革命歌谣与故事、横县壮族民间故事"灵竹一枝花"、平果壮族唱文龙、毛南族民歌、融安土拐山歌、藤县龙母传说	29	5.66
传统医药	盘瑶药浴、瑶族医药、壮族谭氏草药疗骨法、侗族医药、苗族传统医药、靖西壮族端午药市、八步瑶族医药、龙胜瑶族药浴疗法、壮医针挑疗法、武宣刁氏姜疗法、金秀瑶族拉珈通灸疗法、富川瑶族银磁蛋推疗法、瑶族壁和骨伤疗法、瑶族针挑疗法、金秀瑶族灯草灸疗法、平果壮族眼疾疗法、平乐瑶族药浴、梧州蛇伤疗法、瑶医磨药疗法、瑶医滚蛋疗法、瑶医观目诊病法、壮医药物竹罐疗法、壮医经筋疗法	23	4.49
传统美术	三江农民画、灵山傩面具、田林瑶族刺绣技艺、桂林傩面具制作技艺、仫佬族剪纸技艺、靖西壮族堆绣、靖西壮族民间剪纸、玉林羽毛画、点米成画	9	1.76
传统体育、游艺与杂技	三江侗族棋艺、鹿寨江口梁家拳、隆林彝族打磨秋、壮族踩风车、宜州猫狮、十八路庄武术、壮族香火球、马山加方上刀山下火海、宾阳露圩传统武术、融安赛龙舟、壮族斗竹马、壮族迪尼、左江花山壮拳、博白杂技、融水苗族武术、融水苗族赛芦笙、宜州猫狮、三江赛龙舟、靖西壮族棋艺、合浦上刀梯过火海	20	3.91
曲艺	壮族八音坐唱、八步铺门茶姑调、田东壮族唐皇、荔浦文场、宜州渔鼓、德保壮族末伦、壮族末伦、桂林渔鼓、老杨公、合浦公馆木鱼、桂林文场、罗城文场、校椅临江壮歌剧	13	2.54
传统戏剧	上林傩戏、德保壮族提线木偶戏、宜州彩调、那坡壮剧、北流杖头木偶戏、马山丝弦戏、西林那劳土戏、隆林北路壮剧、上林壮族师公戏、桂平杖头木偶戏、客家山歌剧、临桂彩调、乐业唱灯、鹿儿戏、平南大安粤剧、永福彩调、浦北鹩剧、扶绥壮族采茶剧、鹿寨彩调、藤县牛歌戏、德保南路壮剧、苍梧采茶戏、藤县杖头木偶戏、邕宁壮族采茶戏、山口杖头木偶戏、钦北采茶戏、八步采茶戏、侗戏、三江彩调、桂剧、柳城彩调、柳州粤剧、宁明寨安彩调、象州彩调、钟山桂剧、长洲采茶剧、东兰乌洋神戏	37	7.23

资料来源：根据中国非物质文化遗产名录、广西壮族自治区非物质文化遗产名录进行整理。

　　由表 2-3 可知，广西传统村落非物质文化遗产总数共计 512 项，其中民俗数量最多，共计 127 项，占比为 24.8%，其次为传统技艺，共计 125 项，占比为

24.41%，排名第三的为传统音乐，共计 77 项，占比为 15.04%；数量最少的为传统美术，共计 9 项，占比为 1.76%，其次是曲艺，共计 13 项，占比为2.54%，传统体育、游艺与杂技共计 20 项，占比为 3.91%。民俗与传统美术的数量相差 118 项，两者相差较大，其中民俗、传统技艺、传统音乐及传统舞蹈四类非物质文化遗产的数量超过了平均值 51.2 项。可见，广西传统村落非物质文化遗产的形成与发展受到传统村落这一特殊地理空间发展过程的影响，其数量也呈现出不均衡的分布态势。

三、广西传统村落文化遗产功能与价值

（一）广西传统村落文化遗产的功能

一般而言，价值的形成源自主体的需要，其形成的条件是客观事物具有满足主体需要的基本属性；而功能则是事物本身所具有的不以人的意志为转移的作用。广西传统村落文化遗产蕴含的经济生产、文化传承等基本属性，可满足各民族同胞的物质和精神需求，同时能够在一定的时间内展现文化的无限软实力。因此，应结合广西传统村落各类文化遗产的特点，充分发挥其民族凝聚、精神调剂、传承教育、促进生产的作用，以推动广西传统村落的社会经济文化发展。

1. 民族凝聚功能

广西传统村落文化遗产伴随人们的生产生活而产生并发展，不仅是各村落的文化产物，更是各民族内部的交流工具，也是各民族外部相互融合的一种载体。其中，非物质文化遗产类型多样，涵盖了民间文学、传统技艺、传统音乐、传统舞蹈、传统技艺、传统体育、游艺与杂技、传统医药、传统美术、曲艺、传统戏剧和民俗等多种类型，能拉近民众之间的距离，有益于生理健康、心理愉悦及精神交流，为社会稳定发展创造一种较为和谐的气氛。受社会经济、历史传统、生活方式以及特殊的地理环境等因素的影响，各民族同胞在漫长的历史发展过程中形成了本民族独特的语言、文学艺术、社会风尚、生活习俗、宗教信仰，以及共同的心理素质等，这些独特的民族特征无疑成为本民族凝聚力的重要保障。而广西传统村落文化遗产则阐释了村落中各民族长期以来形成的共同心理结构、意识形态、生产生活方式和习俗等特征。此外，一些协作性较强的传统村落文化遗产项目，在开展过程中往往需要众多村落居民的齐心协力、共同协作，能够有效增进村落居民的凝聚力。例如，广西三江侗族自治县高友村、冠洞村，独峒乡高定村等村落的风雨桥、鼓楼、民居等侗族建筑都是当地居民集体参与建造的，房族、亲戚、朋友都会帮忙砍木头、抬木头、准备酸鱼糯米饭等，在协作过程中可以增强彼此间的凝聚力和向心力。又如，抢花炮是流行于各侗族、壮族村寨的传统体育活动，也是广西传统村落民众日常的文化活动之一，具有一定的娱乐和祈福意义，在柳州市三江侗族自治县林溪乡高友村、冠洞村，独峒乡高定村等传统村落都广泛开展。抢花炮一般于农历"二月二"或"三月三"举行，届时，各村落居民被召集起来，组织、开展、观看抢花炮活动，其间还伴有民族歌舞、苗族服饰展演、舞龙舞狮、山乡斗鸟比赛等民俗活动，不同村落甚至不同民族的民众在这一盛会中交流互动，村落内的民众之间以及不同村落之间也会借此增进了解和往来，这就极大地增强了传统村落居民的凝聚力，增进了各民族的团结。此外，开展极具民族特色的文化遗产项目也为各民族间、区域间甚至国际间进行文化交流提供了重要的平台和窗口，不同民族或不同地区可通过文化遗产了解彼此文化、增进情感交流或加强交往合作。作为凝聚各民族文化认同的精神纽带，广西传统村落文化遗产是各民族荣辱与共、开拓疆域、书写历史、团结统一的见证，是各民族交往交流交融、创造多元一体中华文化的重要载体，也是广西推进铸牢中华民族共同体意识示范区建设的宝贵资源。

2. 休闲娱乐功能

受诸多因素制约和影响，广西传统村落的发展较为缓慢，在漫长的历史进程中，当地民众依托丰富的文化资源进行生产和生活，创造了独特的语言、风俗和文化。这些传统村落的文化遗产便是在这样的环境中孕育并得以保存，逐渐成为人们交流、娱乐和调节生活的重要手段。其中，民间音乐、舞蹈、戏曲、游艺和杂技等多种文化遗产形式，均承载着休闲娱乐的功能。为了缓解劳作疲劳和改变单调的工作状态，民众通过音乐、舞蹈、游艺等方式来互动，以达到愉悦身心的效果，这些习惯代代相传，形成了独特的文化表现形式，并成为重要的文化遗产。例如，在百色市靖西县新靖镇旧州街、安德镇安德街等传统村落中流传的田间矮人舞，是一种集服饰、道具、动作、歌曲于一体的民族舞蹈。该舞蹈通常在田间劳作间隙进行，参与者用泥土在肚皮上绘制图案，头戴箩筐，脚绑稻草，模仿稻草人形象，营造出轻松活泼的氛围，有效地缓解了劳作带来的疲劳，具有较强的精神调剂作用。此外，广西传统村落的文化遗产还包括用于祈祷、庆祝和美化日常生活的文化创作。如京族的哈节，这是一个纪念海神公诞生的传统歌节。节日期间，主要活动是"唱哈"，即歌唱，通常由一位"哈哥"和两位"哈妹"组成演唱小组，其中"哈哥"负责伴奏，"哈妹"轮流演唱。参与者围桌而坐，一边宴饮，一边聆听歌声，节日持续三天，气氛热烈。歌曲内容包括叙事歌、劳动歌、风俗歌、颂神歌、苦歌、情歌等，伴随的舞蹈有"采茶摸螺舞""进酒舞""灯舞""竹竿舞"等。特别是"采茶摸螺舞"，女舞者（桃姑）通过模拟采茶和捕捞螺丝的动作，在歌声中起舞，将观众带入茶园和海边，展现了捕捞的喜悦，这些歌舞是对海洋生产活动的再现，体现了民众的智慧和对生活的热爱，具有浓厚的趣味性和娱乐性。除了精彩的歌舞表演，哈节期间还有美味的特色小吃，人们在"哈节"中祈求人畜兴旺，五谷丰登，既可交流感情，又可放松身心，让民众在节庆活动中增进团结，加强凝聚力，丰富娱乐生活。

3. 传承教育功能

广西传统村落的文化遗产深刻体现了当地居民的精神特质、心理结构及其价值取向，并承载着重要的教育传承功能。例如，民间文学中记载的历史事件和神话传说，以及节庆和祭祀等民俗活动，不仅为居民提供了洞察本民族文化脉络的视角，而且增强了他们对族群文化的认同。以布洛陀文化为例，这一壮族传统文化的代表，通过壮语、么教、稻作文化、壮族建筑、服饰、民间祭祀、婚俗、故事、山歌、铜鼓、壮锦、传统节日等多种形式和实物载体展现其内涵。居民通过布洛陀文化了解和传承先人的文化遗产，维系着民族文化的连续性。

在广西传统村落的文化遗产中，大部分民间传说、礼仪和游艺活动普遍蕴含了对惩恶扬善、乐善好施、规则遵守和团结友爱等美德的高度颂扬。这些文化传承不仅有助于塑造正确的价值观，而且对于培育高尚品格和坚定意志具有重要作用。以百色市西林县马蚌乡浪吉村那岩屯等壮族村落为例，流传的壮族山歌将道德教化、对神灵的敬畏以及故事叙述巧妙地融入其中，既娱乐了居民的生活，又传达了社会公德、家庭美德、个人品德以及政策导向。又如，南宁壮族春牛舞、藤县狮舞、壮族翡翠鸟舞、平果壮族踩花灯、上思舞鹿、北海耍花楼、靖西壮族舞蹈等舞蹈，不仅具有浓厚的文化内涵和精彩的活动形式，还通过一系列"寓教于乐"的动作表现形式巧妙地诠释出人们的生产生活各方面，这些原始的文化遗产内涵潜移默化地起到了教育后人的作用。另外，古代先人们利用具有健身、娱乐功能的传统体育活动作为载体来传承生活、生产技能，其教育表达方式直观、易懂、便于群众接受，如融安赛龙舟、壮族斗竹马、壮族迪尺等传统体育项目不仅能够强身健体，还能够丰富民众的娱乐生活，并将生活健康常识通过寓教于乐的方式进行传承，体现了广西传统村落文化遗产的传承教育功能。

广西传统村落文化遗产作为各民族智慧的结晶，能反映出一定区域内各民族认识自然、探索自然、利用自然的知识，在一定程度上体现了其教育功能。例如，在广西凭祥、宁明、龙州、扶绥等地区的传统村落，就流传着"早晨雾盖地，阳骄好晒田""交春下雨，背笠至清明""早稻熟七成开镰，晚稻熟十成收割""七月种葱,八月种蒜"等民间谚语,就是对自然规律的精炼总结。这些谚语的传承使当地民众能够根据日常现象与天气的关系掌握自然变化规律,从而更有效地进行农业生产。

4. 促进生产功能

广西传统村落的文化遗产源自居民的日常生产生活实践,凭借其特有的社会功能与独特价值,得以世代相传。非物质文化遗产在服务于当地社会生产活动方面的作用,使得其物质载体或表现形式得以持续沿用,并展现出显著的社会生产功能。例如,广西壮族村落的干栏建筑技术、苗族村落的吊脚楼建筑技术、侗族村落的木结构建筑技术,这些技术不仅是各民族民居建造的智慧结晶,也凸显了乡村聚落的民族特色。这些传统建筑通常采用周边的林木资源,根据地形建造,具备经济实用、通风防潮、采光良好、冬暖夏凉等特性,这些是现代钢筋混凝土建筑无法比拟的优势,因而某些传统建筑技术至今仍被广泛采用。三江侗族自治县的榫卯结构建筑艺术,展现了侗族人民的智慧和高超技艺,现代建筑设计行业借鉴这种技艺,推动了行业创新与发展。显然,文化遗产的内涵、技艺、艺术和风格对现代生产生活及文明建设产生了积极影响。同样地,融水苗族自治县的竹编、蜡染、乐器制作、银饰锻造等技艺以及龙胜各族自治县龙脊古壮寨、金竹壮寨、平安壮寨等地的水酒酿造和梯田造田技术,因其能够生产劳动工具、经济产品、日常生活用品或生产资料而得以传承,并具有一定的借鉴和推广价值。可见,广西传统村落的文化遗产至今仍广泛应用于各民族的生产活动之中。

此外,广西传统村落部分文化遗产仍具有生产功能,可以直接产出物品。以京族"贝雕""鱼雕""虾灯捕虾""风吹饼制作"等文化遗产为例,它们不仅具有浓厚的文化内涵和精彩的表现形式,还能产出精美的雕刻艺术品、大量的鱼虾,以及美味的风吹饼等,这些产品经过市场流通后又进入千家万户的日常生活中。类似的还有传统工艺类文化遗产,如那坡瑶族织绣技艺、富川瑶族织锦技艺、三江侗族织锦技艺、德保壮族藤编技艺、宾阳竹编技艺、灵山竹编技艺、武宣三里鱼圆制作技艺、三江侗族酸食制作技艺、隆安布泉壮族酸鱼制作技艺、灵山武利牛巴制作技艺、横县芝麻饼制作技艺等,这些传统工艺将前人用于生产生活的手工技能传承下来,后人在此基础上进行不断的改进和创新,直接产出形态各异的物品,满足人民生产生活所需。由此可见,广西传统村落文化遗产具有显著的促进生产功能。

5. 宗教祭祀功能

丰富的文物和典籍资料表明,在人类社会早期,由于对自然界的认知有限以及人类自身力量的薄弱,人们普遍对自然现象持有敬畏之心,进而形成了万物有灵和多神崇拜的观念。早期居民通过举行仪式、祭祀神明等宗教性活动，以求得风调雨顺、五谷丰登、村落安宁、人畜兴旺。在这些祭祀活动中，人们通过多样的仪式表达对神灵和祖先的尊敬与崇拜，以期获得庇护与祝福。历经漫长的历史演进，这些宗教性活动或仪式得以传承，成为广西传统村落中宝贵的文化遗产。例如，壮族的伏波庙会承载了宗教祭祀的功能，其内容包括祭拜仪式、舞龙舞狮、对歌、演唱师公戏、道巫法事等，其中对伏波将军马援的祭拜是庙会的核心。当地居民不仅尊奉马援为治国安邦、文武双全的将领，还将其视为驱邪镇恶、保佑平安的神祇。每年农历四月十四，民众尤其是船家渔民会前往伏波庙进行祭拜，以纪念马援平定动乱、疏浚河流的功绩，并祈求其护佑，使后人能够化险为夷、生活平安、家庭和谐。在广西河池市天峨县三堡乡三堡村的蚂𧊅舞中，舞者通过手臂和腿部的动作模仿青蛙，生动地展现了壮族先民对青蛙的崇拜；其他如苗族的射箭、跳芦笙、彝族的火把节、苗族的上刀梯、烧灵舞、水鼓舞、舞龙、高台舞狮、板凳舞等，均富含民间宗教信仰的元素。

（二）广西少数民族特色村寨文化遗产的价值评价

广西传统村落文化遗产种类繁多、内涵丰富、形式多样，历经漫长的演进与发展，形成了丰润的价值体系，囊括了历史文化、科学研究、艺术审美及经济开发等诸多方面的价值。

1. 历史文化价值

文化遗产，作为一种集体或个体创造并历经世代传承的文化现象，不仅映射了特定群体的期望与愿景，而且作为一种文化和社会个性的精准表达，体现了民众的集体生活经验，并作为一种持久流传的人类文化活动及其成果，蕴含着不可忽视的历史文化价值。历史上，广西地区曾被称为"蛮夷之地"，居住着众多少数民族，其世代相传的地方文化构成了我国优秀传统文化的重要篇章。尽管如此，广西传统村落的民族文化在历史文献中鲜有记载，导致相关研究工作受到一定程度的限制。在此背景下，传统村落的文化遗产，作为各民族人民智慧的凝聚和民族记忆的"活化石"，不仅为研究特定历史时期提供了重要的史料，而且其历史文化价值不容小觑。在相对封闭的环境中，广西传统村落的传统民居、古建筑、民间信仰、传统文学、风俗习惯、传统技艺等文化遗产得到了较完好的保存，也为探究当地文化的传播、变迁、社会经济发展的脉络与趋势提供了完整而翔实的史实资料，对于梳理和解读当地社会发展的历史轨迹具有极其重要的参考意义。例如，贺州百蛮遵道摩崖石刻揭示了明王朝实施"以夷制夷"政策的历史，记录了开辟水路航道，促使广西瑶、壮、苗等民族归顺的过程；又如苗族古歌，它不仅叙述了开天辟地、万物兴起、人类起源的古老传说，还记载了民族迁徙的重大事件，其丰富的内容绘制了苗族远古社会的广阔生活画卷，为苗族历史文化研究提供了确凿的佐证材料，从而彰显出重大的历史文化价值。

2. 科学研究价值

广西传统村落的文化遗产，作为历史进程的产物，保留了当地不同历史阶段生产力发展、科学技术进步、人类创造力和认知水平的原生态特征。对这些文化遗产的研究，不仅能够揭示不同民族或地区生产力水平的历史变迁，而且可以为当代社会发展提供先进的生产技术和科学经验的借鉴。以广西壮族、苗族、瑶族、侗族等民族的乡土建筑文化为例，这些建筑是在人们长期适应和改造自然的过程中逐渐形成的。无论是聚落的整体组合、选址理念、布局构思，还是单体建筑的平面设计、结构框架、造型与装饰，无疑都凝聚了各民族的建造智慧和技艺经验。这些经验与建筑理念对于现代建筑技术的创新与发展具有重要的启示意义和作用。此外，广西民族传统医药文化博大精深，例如，流传于桂林市龙胜各族自治县和平乡黄洛瑶寨、三门镇同烈瑶寨的瑶族医药，强调"三元和谐、盈亏平衡、气一万化"的治疗理念；融水县苗族村寨中的苗族医药则注重"纲、经、症、疾"的分类体系。这些医药文化蕴含着丰富的系统论思想，其独特的治疗方法与显著的疗效，以及传统的配方和抗病机理，均为现代医学领域提供了深入研究的价值。因此，广西传统村落的文化遗产不仅是对历史的保存，也是推动现代社会进步的重要资源。

3. 艺术审美价值

广西传统村落的文化遗产深刻反映了一个民族或地区的审美偏好和艺术创造力，不仅具有审美欣赏、愉悦性情、借鉴创新的艺术价值，而且还承载着丰富的美术史料意义。一方面，某些文化遗产，如戏剧、舞蹈、音乐、美术等，本身就是艺术表现的直接形式，通过语言的韵律、肢体的动作、写实或想象的创作手法，为人们提供了直接的视听享受。例如，在柳州市融水苗族自治县杆洞乡杆洞村和安陲乡乌吉村等苗族村寨中广为流传的苗族芦笙舞，其舞蹈动作包括蹲跳、倒钩、大转、踢脚跟、两边闪、拍脚板等，伴随着芦笙的悠扬旋律，舞者的动作强劲有力、粗犷豪放、节奏鲜明，展现了极高的艺术审美价值。而在柳州三江侗族自治县高友村、高定村、冠洞村等传统村落流传的侗族大歌，则是一种独特的多声部、无指挥、无伴奏的民间合唱形式，其音律结构、演唱技艺、演唱方式和演唱场合均独具特色，呈现出分高低音多声部谐唱的合唱样式，属于民间支声复调音乐，这种音乐形式在国内外民间音乐中极为罕见，具有极高的艺术性。另一方面，传统村落中的文化遗产，如民间文学、民风民俗等，蕴含着丰富的文化艺术创作原型和素材，这些元素为新的文艺创作提供了源源不断的灵感与动力。它们不仅能够孕育出影视、舞蹈、小说、戏剧、音乐等具有较高艺术审美价值的现代艺术作品，而且还具备艺术与审美的再创造功能，为当代文化艺术的发展提供了深厚的基础和广阔的空间。

4. 经济开发价值

广西传统村落的文化遗产资源丰富多样，各具特色，并保留了原生态的文化属性，从而带来了巨大的经济开发潜力。在坚持本真性和原真性保护原则的基础上，深入挖掘这些遗产的文化内涵，可以逐步开发出具有历史文化特色、经济开发价值及市场开发前景的工艺品和旅游产品，从而有效实现其经济价值的转化。例如，百色市靖西县新靖镇旧州街的壮族绣球制作技艺、柳州市融水苗族自治县大浪乡高培村上寨屯的苗族蜡染工艺以及桂林市龙胜各族自治县和平乡黄洛瑶寨的盘瑶药浴均可以通过产业化的路径进行开发，实现文化与旅游产业的有机结合，生动展现了它们的社会经济价值。此外，三江侗族自治县的程阳风雨桥、马寨鼓楼、高定侗寨古建筑群等地标性建筑，以其独特的建筑风格、精湛的建造技艺和较高的艺术价值，每年吸引大量游客前来参观，为当地创造了显著的经济效益。同样地，京族的哈节、侗族的花炮节、壮族的"三月三"等民族节庆活动，已发展成为知名的旅游品牌，对于塑造广西的旅游形象和推动经济发展起到了积极的推动作用。这些实例表明，通过合理有效的开发利用，广西传统村落的文化遗产不仅能够得到保护，还能为地区经济的发展注入新的活力。

第三节 广西传统村落文化遗产结构特征

一、级别结构特征

广西传统村落文化遗产从级别上可以分为国家级和自治区级，其中物质文化遗产主要来源于全国重点文物保护单位名录、自治区级文物保护单位名录。截至2022年12月，共收集到广西传统村落物质文化遗产127项，其中国家级物质文化遗产项目18项，占比为14.17%，自治区级物质文化遗产109项，占比为85.83%。非物质文化遗产主要来源于国家级非物质文化遗产项目名录以及广西自治区级非物质文化遗产项目名录。截至2022年12月，共收集到广西传统村落非物质文化遗产512项，其中国家级非物质文化遗产62项，占比为12.11%，自治区级非物质文化遗产450项，占比为87.89%，具体如表2-4所示。

表2-4   广西各级别传统村落文化遗产数量统计

类别	按级别划分	数量（项）	比例（%）
物质文化遗产	国家级	18	14.17
	自治区级	109	85.83
非物质文化遗产	国家级	62	12.11
	自治区级	450	87.89

二、类型结构特征

（一）物质文化遗产的结构类型特征

由图2-6可知，在广西传统村落六类物质文化遗产中，古建筑的数量最多，共计77项，占比为60.63%，其次是近现代重要史迹及代表性建筑，共计17项，占比为13.39%，而其他类型的物质文化遗产数量较少，占比较低，古遗址占比为7.87%、古墓葬占比为7.09%、石窟寺及石刻、壁画均占比为5.51%。广西传统村落物质文化遗产各类型之间的数量呈现出不均衡的特征，最少项的壁画与最多项的古建筑相差70项，两者差距较为显著。具体来说，广西传统村落民众在长期的历史发展过程中注重对古建筑以及近现代建筑的维护，建筑作为传统村落的重要组成部分，至今仍然得到较好的维护；而壁画的保存对环境要求较高，降水以及风化作用对壁画都会造成损坏，故而现存的数量与其他类型的物质文化遗产相比明显较少。总体而言，广西传统村落物质文化遗产的结构特征依次为：以古建筑为主，近现代重要史迹及代表性建筑次之，而后依次为古遗址、古墓葬、石窟寺及石刻和壁画。

（二）非物质文化遗产的结构类型特征

由图2-7可知，在广西传统村落非物质文化遗产中，民俗活动数量最多，共计127项，占比为24.8%，其次为传统技艺，共计125项，占比为24.41%，排名第三的为传统音乐，共计77项，占比为15.04%，其他类型的非物质文化遗产数量较少，占比较低，传统舞蹈占比为10.16%、传统戏剧占比为7.23%、民间文学占比为5.66%、传统医药占比为4.49%、传统体育及游艺与杂技占比为3.91%、曲艺占比为2.54%，数量最少的为传统美术，仅为9项，占比为

1.76%。而最多项的民俗与最少项的传统美术项目数量相差 118 项，两者相差较大。在广西传统村落的文化遗产中，非物质文化遗产占据了重要地位，其中与居民日常生活紧密相连且普及度较高的民俗文化尤为丰富多彩。这些民俗文化主要以节日庆典为载体，其表现形式以传统舞蹈和音乐为主。相对而言，传统医药和传统美术领域因其对专业知识和技能的高要求，普及范围较为狭窄，传承过程也面临较大挑战。因此，这两类非物质文化遗产的分布数量和影响力相较于民俗类文化遗产显得较少。因而，广西传统村落非物质文化遗产的总体结构类型特征表现为：以民俗为主，传统技艺与传统音乐次之，而传统医药、传统体育、游艺与杂技、曲艺及传统美术四类数量较少，占比均在 5% 以下。

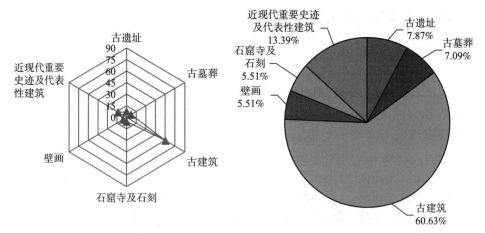

图 2-6 广西传统村落物质文化遗产结构类型特征

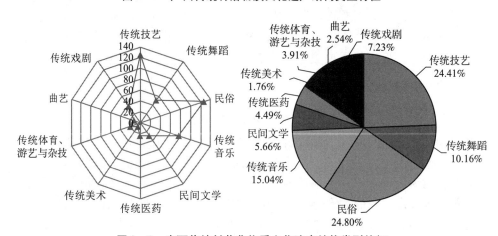

图 2-7 广西传统村落非物质文化遗产结构类型特征

第四节　广西传统村落文化遗产空间分布特征

一、总体特征

（一）总体空间分布类型

本书采用最近邻指数测算广西传统村落文化遗产的总体空间分布类型，最近邻指数是表示点状事物在地理空间中相互邻近程度的地理指标，它是实际最邻近距离与理论最邻近距离（即随机分布时的理论值）的比值，其公式为：

$$R = \frac{r}{r_1} = \frac{r}{\dfrac{1}{2\ \sqrt{n/s}}} \tag{2.1}$$

式（2.1）中，最邻近点指数（R）的计算依赖于实际最邻近距离（r）和理论最邻近距离（r_1）的比值。实际最邻近距离（r）是通过地理信息系统软件 ArcGIS 测量得到的，它代表每个点与其最近邻点之间的直线距离。这一距离值对于研究区域内的所有点进行累加并求平均值，以得到一个代表性的 r 值。理论最邻近距离（r_1）则基于点数（n）和区域面积（s）的函数关系计算得出。

在空间分布类型的研究中，点状要素通常表现为均匀、随机和聚集三种基本模式。当最邻近点指数 R 大于 1 时，则表明点状要素在空间上呈现均匀分布的特征；若 R 值等于 1 时，则点状要素的空间分布为随机分布；而当 R 值小于 1 时，点状要素表现为聚集分布。

对广西传统村落的物质文化遗产以及非物质文化遗产的最近邻指数分别进行测算，结果如表 2-5 所示。

表 2-5　　　　　　　　广西传统村落文化遗产最近邻指数

项目	数量（项）	实际最邻近距离（千米）	理论最邻近距离（千米）	最邻近指数	分布状态
物质文化遗产	127	0.13	0.24	0.55	集聚
非物质文化遗产	512	0.94	0.18	0.53	集聚
文化遗产	639	0.71	0.17	0.43	集聚

　　由表 2 - 5 和图 2 - 8、图 2 - 9 和图 2 - 10 可知，广西传统村落文化遗产实际最邻近距离 $d_a = 0.71$ 千米，预期最邻近距离 $d_e = 0.17$ 千米，最邻近指数 $R = 0.43$，小于 1，表明广西传统村落文化遗产空间分布类型为集聚型。其中物质文化遗产实际最邻近距离 $d_a = 0.13$ 千米，预期最邻近距离 $d_e = 0.24$ 千米，最邻近指数 $R = 0.55$，小于 1，表明广西传统村落物质文化遗产空间分布类型为集聚型；非物质文化遗产实际最邻近距离 $d_a = 0.94$ 千米，预期最邻近距离 $d_e = 0.18$ 千米，最邻近指数 $R = 0.53$，小于 1，表明广西传统村落非物质文化遗产空间分布类型为集聚型。

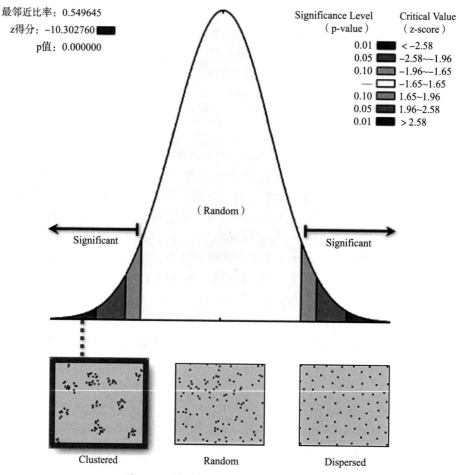

图 2 - 8　物质文化遗产平均最邻近距离

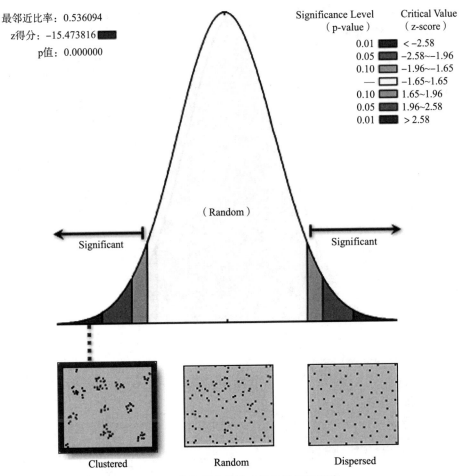

图2-9 非物质文化遗产平均最邻近距离

（二）总体空间分布的集聚程度

本书采用地理集中指数测算广西传统村落文化遗产总体空间分布的集聚程度，地理集中指数是反映事物的空间分布集中性的指标，可表示为：

$$G = 100 \times \sqrt{\sum_{i=1}^{n} \left(\frac{X_i}{T}\right)^2} \qquad (2.2)$$

式（2.2）中：G为广西传统村落文化遗产的地理集中指数；X_i为第i个区域文化遗产的数量；T为广西文化遗产的总数。G的取值在0~100范围内；G值越大，表明文化遗产分布越集中；G值越小，表明文化遗产分布越分散。

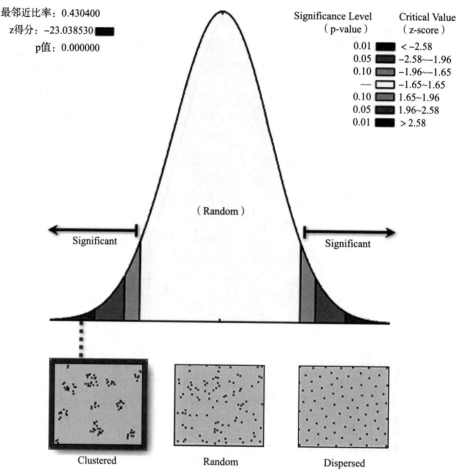

图 2 - 10　文化遗产平均最邻近距离

将广西传统村落文化遗产相关统计数据代入式（2.2）中，可得广西传统村落文化遗产在各市级行政区的地理集中指数 $G = 85.42$。由于 G 值较大，表明广西传统村落文化遗产在各市级行政区的分布较为集中，且集中程度较高。

（三）总体空间分布密度

核密度估计（kerneldensityestimation，KDE）是热点和冷区识别与分析的一种有益的探测性工具，其特点是使用已知的数据点进行密度估计，无须使用确定的函数形式及通过参数进行计算。核密度估计法主要是借助一个移动的单元格对点或线格局的密度进行估计，一般定义为：设 X_1，…，X_n 是从分布密度函数为 f

的总体中抽取的样本，估计 f 在某点 X 处的值，其表达式为：

$$f(x) = \frac{1}{nh} \sum_{i=1}^{n} k\left(\frac{x - X_i}{h}\right) \qquad (2.3)$$

式（2.3）中，$f(x)$ 为文化遗产的核密度估计值，$k(x - X_i/h)$ 为核函数，$h > 0$ 为宽带，$(x - X_i)$ 为估值点 x 到 X_i 处的距离，可通过核密度估计值来计算区域整体点状样本的聚集情况，反映一个核即每项文化遗产对周边区域的影响强度，$f(x)$ 值越大，表示此区域文化遗产分布越密集。

运用 ArcGIS10.2 中的密度分析方法对广西传统村落文化遗产的总体空间分布密度进行分析，以探求其空间分布的集聚状况，结果如图 2 – 11 所示。

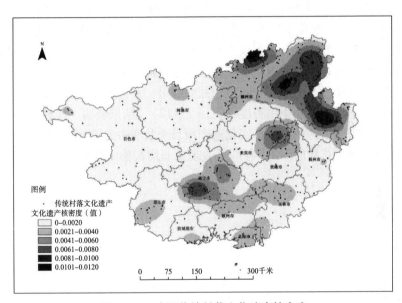

图 2 – 11　广西传统村落文化遗产核密度

由图 2 – 11 可知，核密度图将广西传统村落文化遗产核密度分为六个层级，其中柳州市、桂林市、贺州市形成高密度核心，是传统村落文化遗产分布最为密集的区域；贵港市、来宾市为次一级密度核心，玉林市、北海市、钦州市以及崇左市为第三层级密度核心，河池市、梧州市、百色市以及防城港市有少量密度核心。总体而言，广西传统村落文化遗产分布核密度可概括为"东北密集，西北稀疏"的特征，与传统村落的分布格局基本一致。

（四）　总体空间分布的均衡性

旅游学者将基尼系数引入旅游研究中，作为衡量区域间旅游发展均衡程度的重要指标，本书用其来描述区域间传统村落文化遗产分布均衡程度。计算公式为：

$$Gini = H/H_m \tag{2.4}$$

其中：$H = -\sum_{i=1}^{N} P_i \ln P_i \quad H_m = \ln N$

式（2.4）中：P_i 为第 i 个地区传统村落文化遗产项目数在全区所占比重；N 为地区总数。$Gini$ 介于 0 到 1 中间，当其接近 0 时，表示分布趋于均衡，即各区域传统村落文化遗产数目相等；当其接近 1 时，表示文化遗产项目主要集中在某一区域。

经过公式计算得到广西传统村落文化遗产项目基尼系数 $G = 0.9231$，结果非常接近于 1，表明广西传统村落文化遗产项目在空间分布上极不平衡。广西传统村落文化遗产项目的空间分布不仅受到自然地形、地势条件、水系分布以及历史人文等因素的影响，而且受制于传统村落分布格局的影响，因而其空间分布呈现出高度的非均衡性。本书通过空间洛伦兹曲线进一步验证了广西传统村落文化遗产项目分布的不均衡以及集中程度（见图 2-12），结果表明，桂林市、南宁市、贺州市、柳州市四市的传统村落文化遗产项目个数所占比重接近于整个广西传统村落文化遗产项目总数的 1/2，空间上表现为非均衡集中分布的状况。

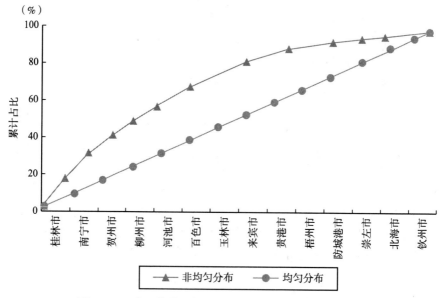

图 2-12　广西传统村落文化遗产分布的空间洛伦兹曲线

（五）总体空间分布的相关性

Moran's I 指数又称为空间相关指数，通常反映的是空间权重矩阵或空间邻近区域空间单元属性值的似然程度，用以分析区域空间单元的属性值在空间上分布现象的特征。公式如下：

$$I = \frac{n \sum\limits_{i=1}^{n} \sum\limits_{j=1}^{n} W_{ij}(x_i - \bar{x})(x_j - \bar{x})}{S^2 \sum\limits_{i=1}^{n} \sum\limits_{j=1}^{n} W_{ij}} \qquad (2.5)$$

式中，I 为 Moran's I 指数；x_i、x_j 表示在第 i、j 区域单元上的观测值；W_{ij} 为空间权重矩阵，当空间区域相邻时为 1，不相邻时为 0；Moran's I 指数取值范围在 $[-1, 1]$ 之间。Moran's I 指数 >0，表明文化遗产数量多或少的区域即高值区（或低值区）在空间上呈聚集态势；Moran's I 指数 <0，表明观测区域文化遗产数量与周边区域之间存在显著差异。仅当 Moran's I 接近期望值 $-1/(n-1)$ 时，表明观测区域之间相互独立不存在空间相关性，即高值（或低值）空间呈随机分布的格局。

通过 GeoDa 软件以广西各地区的传统村落文化遗产项目数为基础，计算出其空间相关指数为 0.664996，Moran's I 指数为正，表明广西传统村落文化遗产项目在不同地域单元存在正空间自相关性，而输出数据的 Z 值为 3.1476，P 值为 0.002，可见，Z 值大于 1.96，P 值小于 0.05，故拒绝"无空间自相关"的原假设，即认为存在空间自相关，相邻地域单元的传统村落文化遗产数量分布存在一定的集聚现象。如图 2-13 所示，大部分传统村落文化遗产的分布呈现出显著的极化特征，主要集中于第一和第三象限。在第一象限中，传统村落文化遗产的数量不仅自身较低，而且与周边地区的平均水平相比也较低，表明这一区域的文化遗产分布较为稀疏，形成了所谓的"冷点区"。相对而言，位于第三象限的传统村落文化遗产数量则表现出自身较高且周边平均水平也较高的特点，形成了"热点区"。在这两个象限内，文化遗产数量的差异程度相对较小，显示出较高的空间正相关性。换言之，第一象限和第三象限各自内部的传统村落文化遗产数量与周边地区呈现出相似的趋势，但二者分别代表了文化遗产分布的冷热点区域，揭示了文化遗产在空间分布上的不均衡性。

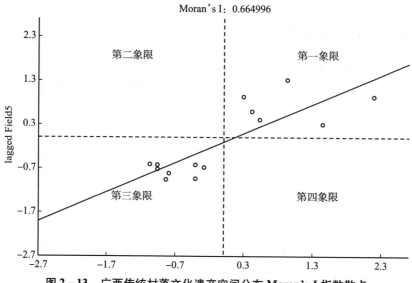

图 2-13 广西传统村落文化遗产空间分布 Moran's I 指数散点

二、集聚区特征

（一）物质文化遗产的集聚区特征

本书运用 ArcGIS10.2 中的密度分析方法对广西传统村落物质文化遗产及其各类型的空间集聚情况进行了分析，结果如图 2-14 所示。

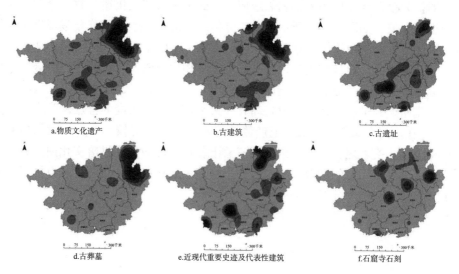

a.物质文化遗产   b.古建筑   c.古遗址

d.古葬墓   e.近现代重要史迹及代表性建筑   f.石窟寺石刻

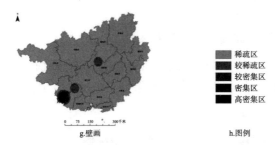

g.壁画　　　　　　　　h.图例

图 2 - 14　广西传统村落物质文化遗产及其各类型集聚区特征

由图 2 - 14 可知，广西传统村落物质文化遗产主要集中分布于东北地区的桂林市、贺州市，以及中南部地区的南宁市，其分布状况与广西传统村落的空间分布格局相似。桂林市位于荆楚之地与百越之地的交汇处，自古便是中原文化与岭南文化的接合部，中原文化、儒家文化与岭南百越文化在此交汇融通、相互影响，积淀了深厚的文化底蕴，使该地区拥有丰厚的物质文化遗产，比如白崇禧故居、桂柳运河、横山陈氏宗祠及石刻、孟滩风雨桥、梅溪公祠、大路底村古建筑群、大桐木湾村古建筑群等，这些文化遗产内涵丰富而独特，个性极为鲜明突出。而贺州市自古便是中原文化、百越文化、湘楚文化等多种文化的交汇融通之地，早在明清之际，这里就是桂湘粤三省（区）的商品集散地，特殊的历史文化造就了为数众多的人文景观、名胜古迹，比如孝穆皇太后先茔、龙道村古建筑群、文星阁、钟山大田戏台等。由此可知，贺州市物质文化遗产数量众多，类型丰富，特色鲜明。作为广西首府，南宁市是广西的政治、经济、文化中心，不仅历史文化悠久，也是近现代政治活动中心。在不同的历史发展阶段，南宁市都留下了丰厚的物质文化遗产，尤以近现代重要史迹及代表性建筑为代表，加上南宁市对传统村落及其文化遗产的保护极为重视，更为当地物质文化遗产的保护提供了较为充足的政策和资金支持。

而从物质文化遗产的各种类型上看，各种类型又有不同的分布特征，其中古遗址主要集中分布在南宁市，崇左市、北海市以及桂林市为次级集中分布区；古葬墓集中分布于贺州市，其次是桂林市；近现代重要史迹及代表性建筑集中分布于桂林市、南宁市以及崇左市，而贺州市以及北海市为次级集中分布区；古建筑集中分布于桂林市以及贺州市；石窟寺及石刻则集中分布于贺州市，南宁市以及来宾市的交界地区为次级集中分布区；壁画则集中分布于广西崇左市左江及其支流明江流域。

（二） 非物质文化遗产的集聚区特征

本书运用 ArcGIS10.2 中的密度分析方法对广西传统村落非物质文化遗产及其各类型的空间集聚情况进行分析，结果如图 2 - 15 所示。

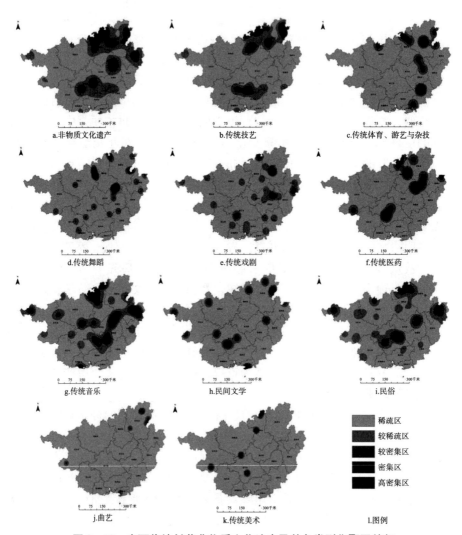

a.非物质文化遗产	b.传统技艺	c.传统体育、游艺与杂技
d.传统舞蹈	e.传统戏剧	f.传统医药
g.传统音乐	h.民间文学	i.民俗
j.曲艺	k.传统美术	l.图例 稀疏区 较稀疏区 较密集区 密集区 高密集区

图 2 - 15　广西传统村落非物质文化遗产及其各类型集聚区特征

由图 2-15 可知，广西传统村落非物质文化遗产整体主要集中分布于桂林市以及柳州市，而贺州市以及来宾市为次级集中分布区。与此同时，各类非物质文化遗产有着不同的分布特征，其中传统技艺、传统戏剧集中分布于桂林市和柳州市；桂柳文化是由中原文化、湘楚文化与当地少数民族文化、岭南文化碰撞交流而形成的，因而桂柳地区拥有丰富的传统技艺及戏剧类非物质文化遗产，如桂林市的桂林漆器制作技艺、荔浦纸扎工艺、临桂彩调、桂剧以及柳州市的三江侗布制作技艺、苗族吊脚楼营造技艺、柳城彩调、柳州粤剧等。传统体育、游艺与杂技以及民俗集中分布于南宁市；南宁既是广西首府所在地，又是一个以壮族为主的多民族和睦相处的城市。壮族是世代居住在广西的土著民族，拥有数量众多的非物质文化遗产，如壮族迪尺、壮族斗竹马、壮族香火球等传统体育文化遗产以及壮族歌圩、壮族毽丝歌会、壮族"四月四"等民俗活动。传统舞蹈集中分布于来宾市以及柳州市与河池市的交界地区。传统音乐集中分布于贺州市、柳州市以及贵港市。传统医药则集中分布于柳州市、来宾市、南宁市，其中柳州市以及来宾市的传统医药以瑶族医药为主，而南宁市传统医药则以壮族医药为主。民间文学则主要集中分布在南宁市以及北海市，南宁市是以壮族为主的多民族城市，拥有较多的壮族民间文学，如壮族传说《妈勒访天边传说》、《壮族特掘传说》以及壮族民间故事《百鸟衣》等。而北海市是广西为数不多的海洋文化集中地区，其文化发展与海洋密不可分，海洋文化占据北海历史文化的主体地位，故北海市在长期的历史发展过程中形成了独具特色的非物质文化遗产，产生了与海洋文化紧密相关的民间文学，主要以《美人鱼传说》《合浦珠还》为代表；曲艺在桂林市分布较为集中，如荔浦文场、桂林渔鼓、桂林文场；传统美术则没有较为明显的集中分布区域。

三、线性特征

（一）交通线分布特征

交通是文化交流和传播的重要载体，也是影响广西传统村落文化遗产生成发展与传播交流的重要因素之一。广西的交通线不仅影响了境内传统村落的分布，而且对其文化遗产的空间分布也产生了重要作用，笔者以广西现有铁路、高速、国道、省道为基础交通数据库，运用 ArcGIS10.2 的 buffer 分析，建立铁路线、高速线、国道线以及省道线 15 千米缓冲区，结果如图 2-16 所示。

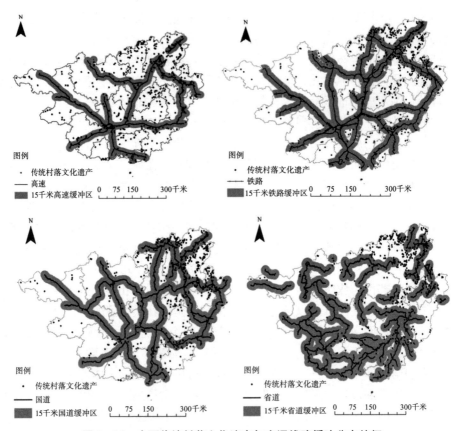

图 2-16　广西传统村落文化遗产与交通线路缓冲分布特征

通过使用相交分析对各交通线 15 千米缓冲区内的传统村落文化遗产数量进行统计分析，发现在总计 639 项传统村落文化遗产中，高速线 15 千米缓冲区内有 254 项，占比为 39.75%；铁路 15 千米缓冲区内有 316 项，占比为 49.45%；国道 15 千米缓冲区内有 401 项，占比为 62.75%；省道 15 千米缓冲区内有 482 项，占比为 75.43%。由此可见，广西传统村落文化遗产的空间分布格局与区内各类交通线路有较为显著的正相关关系，在四类交通线 15 千米缓冲区内的传统村落文化遗产数量可观，与国道和省道的关联度更高。在交通网络发达、区位良好的地区，文化遗产分布数量甚为可观，便利的交通更有利于人们的生产与生活。因此，广西民众多选择在有交通线分布的区域建造传统村落，并以此为依托遗留下独具特色的文化遗产。由此可见，广西传统村落文化遗产对交通条件有着较强的依赖性，发达的交通线路进一步拓宽了文化传播和发展的范围，文化遗产的分布也随之较多。

(二) 流域分布特征

在地理分布上，广西地区的河流系统呈现出自西向东的流向特征，形成了一张纵横交错的河网。在众多河流中，红水河、盘江、郁江、黔江、浔江、漓江、柳江等属于较大的水系，它们不仅为该地区的生态环境提供了重要的支撑，而且在区域经济发展和居民生活中扮演着关键角色。通过对广西传统村落文化遗产和区内主要水系的空间分布进行空间匹配后发现，广西传统村落文化遗产多分布在主要河流密集区域，文化遗产与区内各级河流流经区拟合良好，在639项传统村落文化遗产中，主要河流15千米缓冲区内有431项，占比为67.45%，由此可见，超过半数的传统村落文化遗产集聚在河流附近（见图2-17）。

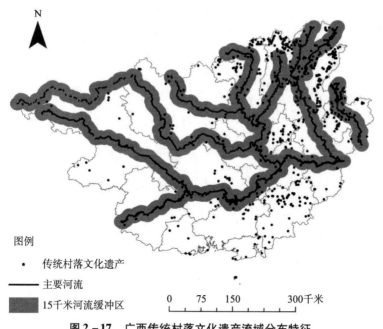

图例

• 传统村落文化遗产

—— 主要河流

▮ 15千米河流缓冲区

0   75   150   300千米

图2-17 广西传统村落文化遗产流域分布特征

结合笔者在文献资料整理及实地调研中的发现可知，桂林市传统村落文化遗产主要沿湘江、海洋河、资江、洛清江以及漓江分布；柳州市传统村落文化遗产主要沿柳江分布；贺州市传统村落文化遗产主要沿贺江分布；南宁市传统村落文化遗产主要沿邕江分布；而崇左市则沿左江分布；百色市沿右江分布；来宾市以及贵港市的传统村落文化遗产主要沿黔江、郁江分布；梧州市则沿浔江分布。

　　在空间分布上，广西传统村落的文化遗产与该地区主要水系的地理拟合度较高。河流水文条件对人类活动范围的影响深远，进而塑造了文化遗产的空间分布特征。首先，居住地的选择往往受到生产和生活用水需求的制约。与干旱的戈壁荒漠地区相比，水源充足的区域更适宜居住和开展农业生产。因此，历史上的各民族普遍倾向于择水而居，使得水源丰富的地区更易成为传统村落建设和文化遗产产生、发展与延续的密集区域。其次，运河作为关键的水上交通要道，不仅为居民的生产与生活提供了便利，而且促进了文化的交流与传播，推动了文化的繁荣，从而为传统村落文化遗产的创造与发展创造了有利条件。因此，水系在传统村落文化遗产的形成与演变过程中扮演了至关重要的角色。

第三章

广西传统村落文化遗产保护现状

广西传统村落的文化遗产不仅数量众多，而且种类繁多，涵盖了丰富多彩的民俗节日、历史悠久的传统手工艺、古朴而神秘的民间信仰、多姿多彩的民族服饰文化、独特的民族生活方式、别具一格的民族音乐和民间舞蹈，以及规模宏大、工艺精湛的古代民居等。得益于特殊的地理位置和地缘人文环境，加之相对缓慢的经济发展节奏，这些传统村落的民族文化原真性得到了较完好的保存。众多珍贵的文化遗产在广西传统村落中得以保存和传承至今。这些文化遗产不仅深刻蕴含着民族文化的内涵，而且由于广西传统村落在地理环境、民族分布、经济状况和社会条件上的差异，展现出鲜明的地域性和民族性特征。同时，广西雄奇险峻的自然景观和纯真质朴的风土民情，为文化遗产的形成和发展提供了优越的环境土壤和艺术基础。经过世代的传承和积累，这些文化遗产日益丰富多样，形成了众多具有显著地域特色的艺术品类、传统民俗文化活动、底蕴深厚的遗址遗迹以及独特的建筑风格。这些文化遗产不仅是广西民族文化的宝贵财富，也是研究我国多元文化格局和传统村落发展的重要资料。

长期以来，广西地方政府及其相关部门致力于对传统村落的非物质文化遗产，如戏剧、舞蹈、曲艺、文学、美术等领域，以及物质文化遗产如历史遗址遗迹、特色建筑等进行深入挖掘、系统收集和精细整理。通过这些努力，部分文化遗产的保护工作得以实施，并取得了显著成果。然而，随着现代化与城镇化步伐的加快，广西传统村落的文化遗产正面临着前所未有的挑战。这些遗产所处的生态环境发生了急剧变化，传统的保护与传承机制遭到冲击，历史遗迹日益损坏，传统技艺因缺乏继承人而濒临灭绝，民族记忆逐渐模糊。此外，法律法规建设的滞后，以及商业化等因素的冲击，都在一定程度上加剧了文化遗产的流失速度。可见，广西传统村落文化遗产的丰富性和多样性正面临着巨大的威胁。为了更为全面地了解当前广西传统村落文化遗产的保护现况，据此提出更具针对性的集群化保护模式，本章通过文献资料和实地考察相结合的方法对其保护的现实成绩、存在问题及其产生原因等进行深入剖析。

第一节　广西传统村落文化遗产保护取得的成绩

一、文化遗产保护成效较为显著

近年来，广西各级政府部门及社会民间力量为抢救、保护与传承传统村落文化遗产做了大量卓有成效的工作，对许多濒临消失的文化遗产进行了及时的抢救与挖掘，并取得了一系列成果。主要体现在以下三个方面。

(一) 深入开展文化遗产保护工作

广西壮族自治区作为一个多民族共居的区域，各民族在漫长的历史演进中，构筑了众多具有鲜明民族特色的传统村落，并在这一独特的地理环境中孕育了异彩纷呈的文化遗产。然而，随着全球化趋势的加强和现代化进程的加速，广西的传统村落文化遗产正面临着前所未有的冲击与破坏。

为了有效地保护这些传统村落文化遗产，传承民族传统文化，并促进特色传统村落的持续发展，广西壮族自治区设立了多个专门的文化遗产保护机构与部门，为全区的文化遗产保护工作奠定了坚实的基础。例如，2018 年 11 月，广西壮族自治区文化和旅游厅正式成立，内设非物质文化遗产处、资源开发处、全域旅游促进处、文物保护与考古处、博物馆与文物安全处、革命文物处等 17 个职能机构。其中，非物质文化遗产处专注于非物质文化遗产的调查、记录、宣传、研究等工作，具体指导相关基础设施的建设以及非物质文化遗产的保护与传承；文物保护与考古处则负责国家、自治区文物保护单位申报以及历史文化名城（镇、村）、历史文化街区、传统村落中不可移动文物的保护管理工作。2021 年

7 月，经中国共产党广西壮族自治区委员会机构编制委员会办公室批准，广西文物局正式挂牌，主要负责全区文物、博物馆事业的发展，并指导协调文物资源的调查、管理与利用等工作。与此同时，广西各市、县亦相继成立了相应的文化遗产保护机构，负责本地区文化遗产的申报、评审及认定工作。这些机构的建立和完善，不仅推动了文化遗产保护工作的实施，也为传统村落文化遗产保护提供了有力的支持。

为了进一步提升广西历史文化名城名镇名村街区和历史建筑的保护、利用与管理水平，2019 年，广西住房和城乡建设厅发布了《关于征集广西历史文化保护与传承专家库人选的通知》，向社会广泛招募技术专家，组建历史文化保护与传承专家库，以支持广西各民族历史文化的保护与传承工作。此外，为了加强传统村落的保护，传承优秀文化遗产，合理利用传统村落资源，2020 年 12 月，钦州市人民代表大会常务委员会制定了《钦州市传统村落保护与利用条例》，对规划编制、保护管理、综合利用、法律责任等方面做出了明确规定。

广西还积极开展传统村落文化遗产的普查与整理工作，对文化遗产的起源、延续、发展、分布、保护与传承情况进行了全面的摸底。在此基础上，积极推进非物质文化遗产传承人的抢救性记录工作，如启动《国家级非物质文化遗产名录项目代表性传承人抢救记录工程》，实施传统稀有剧种剧目抢救性保护记录工程，开展传统村落保护与发展试点工作，这些措施均有效地促进了传统村落文化遗产的保护工作。2022 年，在文化和旅游部非物质文化遗产司公布的国家级非物质文化遗产代表性传承人记录工作支持项目验收结果中，"瑶族长鼓舞（黄泥鼓舞）"国家级非物质文化遗产代表性传承人盘振松的记录工作获得优秀，标志着广西在传统村落文化遗产保护方面的努力获得了显著成效。

（二）有序进行文化遗产申报工作

为系统性促进传统村落文化遗产的传承与发展，广西各级政府部门历经多年开展了全面而细致的调查与整理活动，并积极将各级各类文化遗产申报列入相关名录。自 2004 年中国成为《联合国文化遗产公约》的缔约国起，至 2023 年第45 届世界遗产大会止，中国共有 57 项遗产被列入《世界遗产名录》，其中广西的"左江花山岩画文化景观"就为其中之一。该岩画文化景观生动记录了壮族先民骆越人的社会生活，广泛分布于崇左市宁明县城中镇珠连村攀龙屯、江州区驮卢镇莲塘村花梨屯等传统村落，构成了这些村落文化遗产中独特而关键的一部分。

与此同时，在国家公布的全国重点文物保护单位名单中还包括了灵渠、江头村和长岗岭村古建筑群、全州燕窝楼、恭城古建筑群、湘江战役旧址、程阳永济桥、右江工农民主政府旧址、金田起义地址、富川马殷庙等多项广西传统村落物质文化遗产，反映出广西在传统村落文物保护方面的工作正稳步推进。为了有效保护非物质文化遗产，广西组织开展了一系列非物质文化遗产资源普查工作，全面掌握了全区非物质文化遗产资源的种类、数量、分布、生存环境及保护现状。据统计，广西传统村落的非物质文化遗产项目共计 512 项，其中有 62 项入选国家级非物质文化遗产名录，450 项列入自治区级非物质文化遗产名录，显示出广西对本地传统村落非物质文化遗产的挖掘、整理与保护工作给予了高度重视，并为传承提供了有力支持。

此外，为了贯彻非物质文化遗产的保护传承措施，广西还大力推进非物质文化遗产传承工作者的申报与认定。依据国家公布的五批国家级非物质文化遗产代表性项目代表性传承人名单和三批自治区级非物质文化遗产项目代表性传承人名单，统计结果如表 3 - 1 所示，广西传统村落的国家级非物质文化遗产传承人共有 46 名，占比为 21.80%；自治区级非物质文化遗产传承人 165 名，占比为 78.20%。广西传统村落非物质文化遗产及其传承人的普查与申报工作的有序进行，为文化遗产的系统性保护提供了坚实保障。

表 3 - 1   广西传统村落非物质文化遗产传承人数量

按级别划分	数量（名）	比例（%）
国家级	46	21.80
自治区级	165	78.20

（三）初步建立文化遗产保护机制

历史是由人民群众创造的，广西传统村落的文化遗产正是各民族先民劳动与智慧的结晶，其保护与传承工作必须坚持以人为本的核心原则。因此，确立保护责任人及传承人的职责，是确保文化遗产保护工作有序进行的必要条件。

在物质文化遗产保护方面，完善的文物保护责任机制不仅明确了文物保护责任人的职责，而且为文化遗产的保护提供了坚实的制度支撑。例如，国家相继出台了《中华人民共和国文物保护法》《国务院办公厅关于进一步加强文物安全工作的实施意见》等政策文件。特别是 2020 年 12 月，国家文物局发布的《文物博物馆单位文物安全直接责任人公告公示办法（试行）》，对文物安全直接责任人及其职责进行了明确规定。在国家级政策的引导下，广西各级政府部门也在逐步实施文物安全直接责任人公示制度，接受社会监督。例如，河池市东兰县对传统村落文物安全直接责任人进行了公示；扶绥县则通过在传统村落文物博物馆单位出入口等显眼位置设置公告公示牌，积极落实责任人公示制度。这些措施表明，广西传统村落的物质文化遗产已得到专门人员的负责保护，有助于文物的保存与安全。

对于非物质文化遗产的传承而言，一个健全的机制是保障其得以持续传承的关键。近年来，广西地方政府根据中央关于非物质文化遗产传承工作的指导精神，全面推进非物质文化遗产的保护与传承工作，结合地区实际，逐步建立和完善了非物质文化遗产传承机制，并取得了显著成效。例如，柳州市政府深入传统村落，开展民间文化艺人的普查与认定，对代表性传承人发放资助津贴，改善其生活状况。自2006年起，柳州市已成功举办多届"十佳民间艺人"评选活动，表彰了数十名优秀民间艺人，并建立了《传艺带徒承诺书》制度，鼓励开展形式多样的文化传承活动。目前，这些传承人已带徒超过百人，传承人数量呈现稳定增长趋势，显示出政府部门对传统村落非物质文化遗产传承人的扶持与培养给予了高度重视。此外，为了全面提升非物质文化遗产传承人的专业素质，为民族文化的传承发展提供专业人才支持，2020年6月16日，桂林龙胜县举办了瑶族服饰制作技艺培训班，由国家级和自治区级瑶族服饰代表性传承人亲自教学，吸引了来自龙脊镇、泗水乡、江底乡、三门镇等传统村落的黄瑶、盘瑶、花瑶三个分支的50多名瑶族同胞参加，从而使更多瑶族同胞掌握了瑶族服饰制作技艺。贺州市八步区则制定了《八步区民族间文化优秀传承人管理办法》，通过发放生活补贴、建设民族文化传承演艺场所、组织传承人开展文化遗产传授、演艺、展览等活动，进一步促进了传统村落这一特殊文化空间内非物质文化遗产的保护与传承，确保其持续发展。

二、文化遗产保护空间日益完善

文化空间是文化遗产赖以生存的文化生态环境，能够确保其在现代社会中获得传承与发展。目前，广西不仅加大传统村落的建设力度，而且对该区域的文化遗产生存空间给予了极大的关注，并取得了一定的成绩，具体体现在以下几点。

（一）加强传统村落数字博物馆建设

2017年，住房和城乡建设部办公厅颁布了《关于做好中国传统村落数字化博物馆优秀村落建馆工作的通知》，标志着中国传统村落数字博物馆建设项目的正式开启。2018 年 4 月，中国传统村落数字博物馆正式上线运营。在广西，包括南宁江南区江西镇杨美村、桂林市灵川县九屋镇江头村、灌阳县文市镇月岭村、灌阳县新街镇江口村、梧州市蒙山县长坪瑶族乡六坪村、钦州市灵山县佛子镇大芦村、贺州市钟山县燕塘镇玉坡村、钟山县清塘镇英家村英家街、钟山县公安镇荷塘村、富川瑶族自治县葛坡镇深坡村、富川瑶族自治县朝东镇秀水村、富川瑶族自治县朝东镇福溪村在内的 12 个传统村落已基本完成了数字博物馆的建设工作，并采用先进技术持续优化相关内容的展示方式。具体而言，这些村落通过"百科页面""360°全景漫游""三维数字互动"等多种形式，全面呈现了传统村落的概况、自然地理特征、传统建筑风貌、历史环境背景、生产生活场景以及民俗文化等丰富内容，从而吸引了众多专家学者和旅游爱好者的目光。与此同时，桂林市正在积极推进 40 个传统村落的电子档案、成果图集、航拍影像、导览数据库等数字化建设，为该地区传统村落文化遗产的数字化保护提供了坚实的支撑。综上所述，广西传统村落数字博物馆的建设不仅有效地再现了各项文化遗产，而且对于文化遗产的数字化保护与传承具有显著的意义。

（二）推进民族生态博物馆建设

生态博物馆，作为一种新型的博物馆形式，是以特定地理区域为基础，无固定边界的"开放式博物馆"。其核心理念在于维护、保存并展示自然与文化遗产的真实性、完整性和原生性，同时强调人与遗产之间的动态互动关系。与传统博物馆的空间限制不同，生态博物馆将保护视野扩展至文化遗产所在的整个区域，重视当地社区的深度参与，并追求文化遗产与生态环境、社会环境的和谐共生。传统村落，作为居民生活与发展的重要地理空间，不仅是文化遗产孕育的沃土，而且因其独特的自然地理特征和人文生态环境，天然具备了构建生态博物馆的优越条件。近年来，广西地区积极推动民族生态博物馆的建设，其目的在于强化传统文化的保护与传承工作。自 2004 年起，广西开启了以民族生态博物馆为主导的"1 + 10"民族文化生态博物馆项目。该项目旨在通过生态博物馆的建设，促进民族文化的保护与发展，实现文化与自然的和谐共处，为当地居民提供可持续发展的新路径。项目中的部分博物馆正是在传统村落内选址，如河池市南丹里湖瑶族乡怀里屯就建成了中国首座瑶族生态博物馆，既注重对传统村落原状的保护，又展示了瑶族百褶裙、黑色头巾、男子绑腿带、黄白线绣绑腿带等物质文化遗产以及白裤瑶服饰、白裤瑶铜鼓、婚礼、葬礼、砍牛送葬等非物质文化遗产；百色市靖西县新靖镇旧州街也建成了壮族生态博物馆，不仅有效地保护了旧州街的自然环境，而且保存了壮族刺绣、山歌艺术、民俗节庆等传统文化；三江侗族生态博物馆则辐射至独峒乡高定村、岜团村、林略村、唐朝村、八协村座龙屯等9个传统村落,集侗族的寨门、鼓楼、风雨桥、田园风光于一体,对侗族文化遗产进行了有效的宣传与保护;位于巫头、万尾、山心三个岛屿的桂南东兴京族三岛生态博物馆则收藏、保护、征集与展示了京族特有的民族服饰、特色饮食、海洋文化等。此外,桂林市龙胜各族自治县泗水乡周家村白面瑶寨、柳州市柳城县古砦仫佬族乡滩头屯、三江侗族自治县良口乡和里村欧阳屯等村落也在逐步推进博物馆、陈列馆、展览馆等文化场所的建设,进一步促使当地民众认识和了解本民族的文化遗产。可见,民族文化生态博物馆不仅为传统村落文化遗产的宣传和展示提供了良好的平台,而且促进了文化遗产保护与自然生态环境保护的协同发展。

(三) 重视文化生态保护区建设

文化遗产的系统性保护要关注生活系统和文化系统的共同性、整体性,尊重和包容差异性。客观现实要求文化遗产保护必须关注遗产与周围生态环境的相依关系,要对文化遗产实施区域性的整体保护策略,不仅要致力于单项文化遗产及其相关条件的保护,而且需要针对文化遗产及其所依赖的文化、社会、经济、自然环境等系统进行全面的保护。

为了进一步提升文化遗产保护的效果,2018年12月,文化和旅游部发布了《国家级文化生态保护区管理办法》,明确提出文化生态保护区规划应涵盖保护区域范围、重点区域,以及区域内的县级以上非物质文化遗产代表性项目、文物保护单位、相关实物和重要场所清单等要素。2021年8月,中共中央办公厅和国务院办公厅联合印发的《关于进一步加强非物质文化遗产保护工作的意见》强调了完善区域性整体保护制度的重要性,并提出了将非物质文化遗产及其孕育和发展的文化与自然生态环境进行整体保护的措施,突出了地域和民族特色,并持续推进文化生态保护区建设,落实地方政府的主体责任,同时促进文化生态保护区建设与国家文化公园建设的有效对接,以提升区域性整体保护的水平。

显然,国家已经将文化遗产保护纳入生态保护区建设与管理的框架之中。在国家政策的指导下,广西积极响应,推进文化生态保护区的建设,为传统村落文化遗产保护划定了明确的地理界线。目前,广西已成功建立了1个国家级文化生态保护实验区——铜鼓文化(河池)生态保护实验区,其保护范围覆盖河池市全境,主要针对集中分布、特色鲜明、形式和内涵保持完整的铜鼓习俗及其他非物质文化遗产代表性项目的文化生态实施区域性整体保护。该实验区的核心区域包括南丹县里湖瑶族乡王尚屯、八雅村巴哈屯等传统村落,重点保护的村落文化空间分为铜鼓习俗文化空间、蚂虫另节文化空间、壮族民歌（山歌）文化空间、表演艺术文化空间、传统工艺（技艺）文化空间等。此外，广西正在积极申报"壮族文化（百色）生态区"为国家级文化生态保护区，以打造壮族文化品牌。目前，广西已建立了5个自治区级文化生态保护区——苗族文化（融水）生态保护区、侗族文化（三江）生态保护区、瑶族（金秀）文化生态保护区、桂派戏曲曲艺（桂林）文化生态保护区、壮族歌圩文化（南宁）文化生态保护区，这些保护区已覆盖数十个传统村落，极大地促进了传统村落文化遗产的保护与传承。

（四） 加强非物质文化遗产传承基地建设

在当前阶段，广西正积极推进非物质文化遗产传承基地、展示中心及研究中心的建设，此举为传统村落非物质文化遗产的保护与传承提供了必要的场地和设施支持。据不完全统计，迄今为止，广西已成功建立了两个国家级非物质文化遗产生产性保护示范基地，分别为壮族织锦技艺生产性保护示范基地和钦州坭兴陶烧制技艺生产性保护示范基地。此外，广西还拥有96个自治区级的文化遗产研究中心、传习基地、传承基地以及生产性保护示范基地，涵盖了壮族医药研究中心、毛南族肥套展示中心、瑶族服饰贺州展示中心、壮剧传承基地、刘三姐歌谣传承基地、侗族木构建筑营造技艺传承基地、壮族三声部民族传承基地等一批具有重要影响力的非物质文化遗产传承场所。值得注意的是，部分传承基地位于传统村落内部，例如位于河池市南丹县里湖瑶族乡怀里屯的"瑶族服饰"传承基地，不仅集中展示了传统村落中丰富多彩的瑶族服饰，而且对于服饰的传承与发展作出了显著贡献。此外，众多传统村落还建立了包括文化遗产展示中心、民族文化活动中心、传习馆、文化广场、文化长廊等多种形式的传承场所和设施。这些场所和设施不仅有效宣传和弘扬了少数民族的传统文化，而且通过这些多样化的传承平台，培育了非物质文化遗产的传承人，从而为传统村落文化遗产的保护工作奠定了坚实的群众基础。

三、文化遗产保护方式逐步多样

随着社会经济的发展和科学技术的进步，广西传统村落文化遗产的保护与传承方式日渐多样化，既有传统的家族传承、师徒传承，又有现代化的教育传承、社会传承、生产性保护等多种形式。多样化的保护方式不仅有利于挖掘文化遗产的内涵与价值，而且有助于培养和壮大文化遗产的受众群体，促进其保护的可持续性。

（一）注重开展学校教育

实践证明，实现文化遗产保护的可持续发展，教育传承是有效的方式之一。学校不仅是文化的传播之地，也是文化遗产传承的重要阵地；而学生则是文化遗产保护与传承的未来与希望。自 2010 年起，教育部启动了一项旨在全国范围内的小学、初中和高中（包括职业高中）推广中华民族优秀传统文化的艺术传承学校项目。在此项目中，共有 449 所学校被选为首批全国中小学中华优秀文化传承艺术学校，广西有 15 所学校获此殊荣①。为了贯彻国家关于将文化遗产保护传承融入学校教育的方针，广西壮族自治区发布了《关于认定广西民族文化传承创新职业教育基地的通知》，其中，柳州市第二职业技术学校、恭城瑶族自治县民族职业教育中心等 10 所学校被认定为民族文化传承创新职业教育基地。

此外，广西各地市积极与高等院校携手，共同建立了少数民族文化遗产研究基地。例如，百色市与中国社会科学院、中国音乐学院、广西民族大学等高校合作，相继成立了"壮族嘹歌培训基地""壮剧传承研究基地"等，这些基地为专家学者提供了开展相关研究的平台，从而为文化遗产的保护与传承提供了重要的智力支持。与此同时，广西民族大学、广西大学、广西师范大学、桂林理工大学、贺州学院、桂林旅游学院等十余所高等院校也建立了高校博物馆，这些博物馆收藏了众多从当地传统村落征集的文物，为文化遗产的保护与展示提供了实体空间。以桂林理工大学南宁分校为例，该校于 2020 年建成桂南民俗博物馆，已初步建成传统农耕文化展区、壮族铜鼓文化展区、国家非遗坭兴陶艺展区、广西世居民族服饰展区、特色民族歌舞乐器展区以及供师生文化创作展示的文创作品展区等几个主题展区，展馆面积达到 350 平方米，为该校学生了解桂南传统村落文化遗产提供了专门的场所。

另外，一些传统村落小学已将文化遗产引入学校教育领域，注重培养学生的民族文化意识，激发学生参与文化遗产保护的热情，为文化遗产的保护与传承培养了后备力量。如百色市靖西县新靖镇旧州街小学就开办了壮绣技艺班，并邀请黄肖琴、朱德发等民族民间技艺传承人进行授课辅导；河池市南丹里湖瑶族乡怀

---

① 中华人民共和国教育部网站．教育部办公厅关于在中小学开展创建中华优秀文化艺术传承学校活动的通知［EB/OL］．（2010 - 07 - 13）［2023 - 12 - 02］．http：//www. moe. gov. cn/srcsite/A17/moe_794/moe_628/201007/t20100713_92854. html.

里屯的怀里小学根据学生的学习兴趣,将画裙、刺绣、打铜鼓、打陀螺等传统技艺引入课堂;桂林市龙胜各族自治县平等乡广南侗寨广南小学成立了由40名小学生组成的芦笙队,为该项文化遗产传承培养了继承者。可见,将文化遗产引入学校教育领域,不仅可以充分激发学生学习本民族传统文化的兴趣,继承民族传统文化的精髓,而且可使部分濒危的传统村落文化遗产在教育传承的推动下重获生机。

(二) 广泛开展社会活动

传统村落文化遗产是各民族集体智慧的结晶和民族历史的积淀,是民族精神和民族文化的重要标志之一,蕴含着各民族独特的生活方式、思维习惯、价值观念以及民间信仰。广西的传统村落拥有丰富多样的文化遗产资源,其中,民族节庆活动构成了一个不可分割的重要部分,而在这些节日中,文化遗产的展示与演绎尤其引人注目。以桂林市龙胜各族自治县平等乡广南村为例,该村每年农历正月初六都会举办一次原生态的鼓楼文化节。在这一天的活动中,内容之丰富令人瞩目,不仅包括自治区级非物质文化遗产如舞草龙和岩坪调的精彩展演,还涵盖了侗族大歌、芦笙踩堂、舞龙舞狮等多种民族歌舞表演。这些活动不仅增强了民众对文化遗产保护的意识,而且为遗产保护工作开辟了新的途径。在新冠疫情期间,全国各地积极探讨线上文化遗产保护的新模式,这一创新做法吸引了社会各界的广泛关注。例如,贺州市八步区便通过微信公众号这一平台线上推广贺州市中国传统村落的文物保护单位。通过这一渠道,向公众展示了这些传统村落的独特魅力以及文物保护的成就,吸引了大量观众在线浏览和转发,从而有效提升了文化遗产保护的公众参与度和影响力。

此外,广西还组织专业团队根据传统村落原有的故事、神话、传说等创编民族文化艺术精品,旨在推广民族文化并展现民族精神。例如,环江毛南族自治县的"肥套"节目在全国少数民族调演活动中,以原生态文化遗产保护为主题进行了展示,这一举措显著促进了毛南族文化遗产的保护与传承工作。此外,南宁市又相继推出了如《百鸟衣》《骆越先歌》《妮娅》《妈勒访天边》等一系列艺术作品,这些作品不仅在国内获得了认可,而且在国际舞台上也取得了显著成就。特别是《妈勒访天边》,该剧在美国的芝加哥、丹佛、洛杉矶以及法国的法兰克福等城市的主流剧场成功上演了20余场,极大地提升了广西传统村落文化遗产的国际知名度和影响力。通过这样的文化交流,有效地增强了民众对本土文化的自觉性和自信心。

（三）合理开展生产性保护

随着文化遗产保护观念和行动的深入，其生产性保护日益引起社会各界的广泛关注。2012 年 2 月，原文化部印发了《关于加强非物质文化遗产生产性保护的指导意见》，明确提出"非物质文化遗产生产性保护是指在具有生产性质的实践过程中，以保持非物质文化遗产的真实性、整体性和传承性为核心，以有效传承非物质文化遗产技艺为前提，借助生产、流通、销售等手段，将非物质文化遗产及其资源转化为文化产品的保护方式"。当前，广西已有两处国家级非物质文化遗产生产性保护基地，即广西靖西县壮锦厂的壮族织锦技艺和广西钦州坭兴陶艺有限公司的陶艺烧制技艺（钦州坭兴陶烧制技艺）。

由于广西传统村落文化遗产保护起步较晚和保护资金投入的不足，通过开发遗产具有的经济价值来弥补其保护资金不足的替代途径逐渐发展起来，其中最重要的方式之一就是旅游开发，经济发展相对滞后，但文化遗产资源丰富的传统村落对此有着更为迫切的需求。在当前的社会经济发展背景下，广西的一些传统村落正充分利用其丰厚的文化遗产资源，积极推进旅游业的可持续发展，并已取得了显著成效。这些村落因其文化及旅游资源的丰富性，以及自然景观与传统文化保护的良好状态，乡村民宿业发展势头强劲，旅游产品体系成熟且品质上乘，基础设施与公共服务设施日渐完善，对于促进就业和带动当地致富具有显著作用，被选为全国乡村旅游重点村。根据文化和旅游部、国家发展改革委的数据，截至 2022 年 12 月，已先后公布了四批全国乡村旅游重点村名录。在广西，共有 47 个村落荣列其中，其中就包括众多传统村落。如桂林市灌阳县新街乡江口村、贺州市昭平县黄姚镇、贺州市富川瑶族自治县朝东镇岑山村、桂林市恭城瑶族自治县莲花镇红岩村、柳州市融水苗族自治县香粉乡雨卜村卜令屯、三江侗族自治县程阳八寨（包括马鞍寨）、柳州市三江侗族自治县林溪乡平岩村等。这些村落的入选，不仅体现了广西传统村落文化遗产的保护成果，也标志着其在旅游业发展方面的显著成就。与此同时，部分传统村落依托当地相对成熟的景区景点对文化遗产进行了旅游开发，如龙胜县泗水乡周家村白面瑶寨、和平乡龙脊古壮寨、金竹壮寨、平安壮寨、黄洛瑶寨、平等乡广南侗寨、伟江乡布弄苗寨等村寨依托著名的龙脊梯田景区进行旅游开发，使文化遗产开发成为具有民族特色的旅游产品，进而实现文化遗产文化价值向经济价值的转化，为其保护与传承提供资金支持。

在市场经济快速发展的推动下，产业化开创了文化遗产生产性保护的新思路。文化遗产产业化作为一种经济活动模式，涉及将文化遗产相关的物质产品转化为产业化的商品和服务。这一过程主要涵盖了对文化遗产的各类物质表现形式

（包括但不限于与文化遗产相关的工具、器物、手工艺品，以及文化场所等）进行系统性的开发、生产和市场推广，旨在通过产业化手段，既保护和传承文化遗产，又实现其经济价值的最大化。广西传统村落文化遗产资源历史悠久、特色鲜明、类型多样，极具保护与开发利用价值，通过产业化开发可以深入挖掘文化遗产的价值与内涵，开发出独特的文化产品。在当前的社会经济发展背景下，部分传统村落已经开始探索将文化遗产资源转化为产业优势的路径。以百色市靖西县新靖镇旧州街为例，该地区凭借当地壮族传统的绣球制作技艺，成功地将这一文化遗产转化为产业发展的动力，进而发展成为全国知名的"绣球之乡"。据统计，靖西市目前年产绣球数量达到 50 万个，产值超过千万元，该产业的发展不仅带动了 5000 余人参与绣球制作，还实现了户户年均收入增加超过 10000 元的经济效益①。这一案例充分说明，传统村落文化遗产的生产性保护模式，不仅有效地实现了文化遗产从文化价值向经济价值的转化，而且对传统村落的整体建设与发展起到了积极的推动作用。这种模式为传统村落的可持续发展开辟了新的途径，实现了传统村落建设与文化遗产保护的互惠共生，为传统村落的长期繁荣与文化遗产的活态传承提供了有益的参考和示范。

四、文化遗产保护受到政府重视

在国家的大力推动下，广西各级地方政府逐渐意识到传统村落文化遗产在弘扬民族精神、传承民族文化等方面的重要作用，并积极开展了对传统村落文化遗产的保护工作，取得了显著的成果。主要体现在以下三个方面。

（一）逐步完善文化遗产保护传承政策

为了更有效地推动文化遗产的保护与传承工作，国家和地方政府逐步制定并实施了一系列相关政策。回溯至 2005 年，国务院办公厅发布了《关于加强我国文化遗产保护工作的意见》，确立了文化遗产保护的基本指导方针，即"保护为主、抢救第一、合理利用、传承发展"。1982 年和 2011 年，全国人民代表大会常务委员会分别通过了《中华人民共和国文物保护法》和《中华人民共和国非物质文化遗产法》，这两部法律的出台为继承和弘扬中华民族传统文化，以及保护与传承民族文化遗产提供了坚实的法律支持。2021 年 8 月，中共中央和国务院

---

① 广西壮族自治区农业农村厅网站. 靖西市：数商兴农，小绣球"绣"出庭院大经济［EB/OL］. (2023 - 07 - 20)［2023 - 12 - 05］. http：//nynct. gxzf. gov. cn/xwdt/cyfp/t18448084. shtml.

共同印发了《关于进一步加强非物质文化遗产保护工作的意见》，该文件强调了挖掘和利用非物质文化遗产资源的重要性，并提出了建设非物质文化遗产特色村镇、街区的目标，以提升乡土文化的内涵。此外，针对传统村落这一特殊文化生态空间内的文化遗产，国家也出台了相应的保护传承政策。2013年9月，住建部发布了《关于印发传统村落保护发展规划编制基本要求（试行）的通知》，明确了保护传统村落格局、风貌、公共空间和景观视廊的要求，并提出了非物质文化遗产的保护传承措施。2021年5月，文化和旅游部颁布的《"十四五"非物质文化遗产保护规划》进一步强调了加强中国传统村落非遗保护的重要性。

在国家政策的引领下，广西壮族自治区政府也相继出台了一系列地方性政策法规。2015年，广西壮族自治区人民政府制定并发布了《广西传统村落保护发展总体规划》，该规划根据区域传统村落的现状和特点，构建了保护发展分级分类体系，并提出了整体保护框架。2020年8月，广西壮族自治区人民政府印发了《关于促进乡村旅游高质量发展若干措施的通知》，旨在通过发展乡村旅游来促进传统村落的保护与发展。近年来，广西玉林、柳州、钦州等地也先后出台了《传统村落保护条例》，为传统村落的保护与利用提供了法律依据。2019年，富川瑶族自治县人民代表大会常务委员会通过了《富川瑶族自治县传统村落保护条例》，明确了对物质文化遗产和非物质文化遗产的保护、传承和合理利用的具体措施。综上所述，国家和地方政府颁布的一系列政策法规，既为传统村落及文化遗产的保护提供了有力的政策保障，又为文化遗产的保护与传承工作奠定了坚实的基础。

（二）加大文化遗产保护资金投入力度

对于传统村落文化遗产的保护与传承，政府不仅从政策层面强化了对该领域的支持，而且在资金投入上也呈现出持续增长的趋势。自2015年起，我国住房和城乡建设部、文化部、文物局、财政部等七个部门联合行动，将一批具有代表性的传统村落纳入中央财政支持计划。以2019年为例，广西壮族自治区有28个传统村落被纳入该计划，每个村落均获得了一次性300万元的中央财政资金。这些资金主要用于传统建筑和历史遗迹的保护性修缮、建筑的防灾减灾措施、环境综合治理，以及污水垃圾处理等基础设施和公共设施的建设。通过这些措施，有效地保护和改善了传统村落的文化遗产及其生存环境，从而促进了文化遗产的可持续传承。

而广西则按国家政策的有关部署，在2009～2014年共安排少数民族发展专项资金8000多万元，在全区69个传统村落实行村屯道路建设、特色民居改造、民族文化设施完善等，进一步改善了村寨居民的生产与生活条件，为文化遗产的保护创造了良好的生存空间。其中,南宁市是广西14个市中最早设立"少数民族文化发展资金"的城市,当地每年投入70万元用于文化传承示范基地、传统村落、传统体育文化主题年活动等重要项目的建设及修缮。另外,各级地方财政也积极支持本地传统村落建设,努力改善当地居民的人居环境,开展民族传统文化的保护与传承。以龙胜县白面瑶寨为例,自2011年以来,龙胜县政府将该村作为传统村落保护与发展项目实施试点,先后投入国家传统村落保护与开发项目资金100万元,整合旅游名村项目资金460万元,投入民族文化活动场地建设、古民居房屋改造、文化遗产保护等,不仅提高了居民的生活水平,还在一定程度上提升了居民参与文化遗产保护的积极性与主动性。又如在最近几年中,环江毛南族自治县民族宗教事务局通过资金整合,共计投入了671万元人民币,以下南乡中南村南昌屯为实施对象,对该地区的70栋民居建筑进行了立面改造①。此外,该局还致力于建设民族文化展示中心、铺设屯内石板道路、实施排污系统及河道综合整治等项目。这些综合性的建设和整治活动,不仅提升了当地的基础设施水平,而且为文化遗产的保护与传承创造了有利的外部条件,从而促进了当地民族文化的可持续发展。可见,国家和地方层面的资金投入为传统村落文化遗产的有效保护提供了强有力的资金支持,为其在新时代下的创新发展奠定了坚实的基础。

(三)积极探索文化遗产保护利用模式

在传统村落文化遗产保护领域,相关政府部门及传统文化保护机构采取了一种以问题为导向的方法论,通过创新机制和模式,致力于解决一系列挑战,包括自然损毁、人为破坏、居住适宜性以及活态传承等问题。以灵川县为例,江头村、迪塘村以及平乐县的榕津村在文化遗产保护实践中实施了由政府主导的土地调整策略。该策略涉及将有新建住房需求的农户重新安置至规划的新区,并由政府出资完善新区的基础设施。与此同时,农户与政府签订古民居保护协议,承担起保护古建筑的义务。这种做法有效地解决了村落中农户拆除旧房建设新房的问题,同时维护了村落的整体格局和民居建筑的完整性。在桂林市的龙脊村、旧县村和江口村以及玉林市的高山村和贺州市的秀水村、大田村、荷塘村等地,则采取了依托当地丰富的旅游文化资源,积极发展文化观光旅游等新兴产业。这一策略不仅促进了对文化遗产的保护,而且实现了文化遗产保护与旅游业高质量发展

---

① 当代广西网. 探访毛南族发祥地——环江下南乡南昌屯 [EB/OL]. (2024 – 05 – 23) [2024 – 07 – 18]. http://zys. liuzhou. gov. cn/shgg/t19700101_3465004. html.

的良性互动，为传统村落的可持续保护与发展开辟了新的路径。

此外，遵循国家相关政策的指导，广西传统村落的保护工作主要由城乡建设相关部门负责统一规划与行政审批。在建筑修复方面，必须遵循一套规范的申报流程，其审批过程严格依据建筑的历史价值、类型、功能等因素进行综合评估。随后，通过全国范围内的招标程序，选取具备专业资质的建筑文物保护修复公司来进行具体的修复工作。修复项目的数量和进度是根据不同的保护重点分阶段有序推进的。在建筑新建领域，政府出台了统一的规定，对传统村落内新建房屋的样式进行了明确要求，旨在实现新老建筑之间的和谐统一与风格延续。这一政策的实施旨在杜绝现代建筑风格对传统村落整体建筑协调性的负面影响，从而保障传统村落的文化遗产得到有效维护和传承。

第二节　广西传统村落文化遗产保护存在的问题

多年来，广西传统村落文化遗产保护在各级政府、相关部门及广大群众的共同努力下已取得了一定的成绩。然而，因现代化和城镇化进程的加快，广西传统村落文化遗产面临着前所未有的冲击和挑战，其保护发展仍存在诸多问题，主要体现在以下四个方面。

一、文化遗产保护工作重心失衡

从目前广西传统村落文化遗产的保护情况来看，存在着重心失衡的问题。当前，广西共有 657 个自治区级以上的传统村落，其中 280 个为中国传统村落。依据前文的统计分析，可以发现在区域分布上，广西各区域所拥有的传统村落数量呈现出显著的差异。具体而言，桂北和桂东地区的传统村落数量相对较多，而桂南、桂西以及桂中地区的传统村落数量则相对较少。通过对基础调查数据的深入分析，发现广西传统村落的地理分布呈现出从北至南、从东至西递减的趋势，整体上呈现出一种失衡的分布特征。具体来说，桂北地区涵盖了桂林和贺州，桂南地区则包括南宁、崇左、北海、钦州和防城港，桂西地区包括百色和河池，桂东地区则由玉林、贵港和梧州组成，而桂中地区则包括柳州和来宾。在那些传统村落数量较多的区域，文化遗产的挖掘、整理、保护与传承工作相对较为充分；相反，在传统村落数量较少的区域，由于对文化遗产保护的重视程度不足等多方面原因，保护成效并不显著，这些区域的文化遗产挖掘与保护工作仍存在较大的改进空间。可见，广西传统村落文化遗产保护在空间分布上仍呈现出明显的非均衡状态。

据调查得知，广西传统村落文化遗产可分为世界级、国家级、自治区级、市级、县级五个等级。然而，当前仅前三个级别的传统村落文化遗产受到国家和地方政府的高度重视，为其保护工作的开展提供了政策、资金、人力支持，而市级、县级文化遗产却并没有引起有关部门的高度关注，其保护仍面临着政策扶持力度不够、资金来源单一、专业人才匮乏等问题，影响着市、县级传统村落文化遗产抢救、保护等工作的开展。可见，广西传统村落文化遗产保护在级别上呈现不平衡的现象。

此外，通过对广西传统村落文化遗产的整理可知，广西现存的文化遗产数量众多，共有 639 项：包括古遗址、历史名镇名村等多种物质文化遗产和民间文学、传统音乐、传统舞蹈、传统戏剧、曲艺、传统体育、游艺与杂技、传统美术、传统技艺、传统医药、民俗等非物质文化遗产。但目前保护情况较好的主要是传统手工技艺类、民俗类、民间舞蹈类、民间音乐类等非物质文化遗产，在大多数传统村落基本上都可以欣赏到各民族独特的舞蹈、音乐、技艺等，而曲艺、美术等非物质文化遗产则相对较少。由此可见，广西传统村落文化遗产在类别上仍存在着保护不足及发展失衡问题。

二、文化遗产保护状况不容乐观

尽管在文化遗产保护方面已经取得了一定的进展，然而，在传统村落中非物质文化遗产的保护和传承现状仍令人担忧。这一现象主要体现在传承人的老龄化问题、传承人生活条件的相对困窘以及传承人才的缺乏。根据调查统计数据显示，在广西地区，国家级非物质文化遗产传承人共有 26 位，其中已有 2 位去世，而少数民族非物质文化遗产传承人仅剩 15 位，且普遍呈现出老龄化的趋势。这些传承人的年龄多在 55 岁至 82 岁之间，平均年龄高达 71 岁。以柳州市三江侗族自治县林溪乡冠洞村冠小屯为例，该村虽拥有 5 位柳州市首届文化遗产项目代表性传承人，但他们的平均年龄已超过 50 岁。随着资深艺人的相继离世，传统村落文化遗产保护面临着技艺失传的尴尬局面。此外，现存的非物质文化遗产传承人多数未接受过系统的文化教育，其读写能力较弱，这在无形中加剧了传统村落非物质文化遗产传承的难度。此外，非物质文化遗产传承人普遍处于较高龄阶段，主要经济来源依赖于传统手工艺品的制作与销售。然而，由于这些传统村落多位于偏远的山区，其经济发展、交通条件以及信息技术的应用均相对滞后。加之现代生活模式的转变和消费观念的更新，传统手工艺品的市场需求呈现逐渐萎缩的趋势，导致部分传承人不得不放弃原有技艺，转而寻求其他生计。尽管一些传统村落积极推动民族音乐、舞蹈、曲艺等表演艺术，为表演者带来了一定的收入，但此类收入普遍偏低。正如实地调查所了解到的，桂林市龙胜各族自治县和平乡黄洛瑶寨每日都会举行瑶族山歌、舞蹈及长发梳妆表演，分别在上午 10 时 30 分和下午 3 时 30 分各进行一场，每场表演持续约 40 分钟。表演者多为本村的年轻女性，目前表演团队共有 18 名成员。然而，每位成员参与一场表演仅能获得大约 20 元的报酬，这对于当地居民来说，难以将其作为稳定的生计来源。面对生活的压力，一些传承人不得不另辟蹊径。因此，愿意投身于文化遗产项目学习的人数日渐减少，非物质文化遗产的传承正面临着严重的断层危机。

进一步地，随着现代化和城镇化步伐的加快，广西传统村落的文化遗产不可避免地遭受了外来文化的强烈冲击。这一现象导致村落居民的世界观、人生观和价值观发生了显著转变。尤其是年轻一代，他们对外来文化表现出浓厚的兴趣，而将承载本民族传统文化的文化遗产视为"过时"或"土气"，因此缺乏参与文化遗产保护工作的积极性。这一态度导致了广西传统村落文化遗产保护面临着后继无人的窘境。尽管部分传统村落已经认识到文化遗产保护的重要性，并在中小学教育体系中引入了民族文化课程，同时聘请当地的文化遗产传承人担任兼职教师，以期通过教育传承文化遗产，但在实际操作过程中，这些措施仍面临诸多挑战。由于受到升学率和现行教育评价制度的压力，民族教材和课程的教育计划在执行过程中遭遇了不少障碍，这些困难在一定程度上影响了传统村落文化遗产教育传承的有效实施。因此，如何平衡教育体系中的文化遗产传承与主流教育目标，成为一个亟待解决的问题。

三、文化遗产开发利用不尽合理

广西的传统村落文化遗产构成了我国珍贵文化遗产的关键部分，它不仅是中华民族的宝贵财富，同时也是极具吸引力的文化资源。然而，当前对于传统村落文化遗产的开发与利用尚存在不合理之处。特别是非物质文化遗产在开发过程中，普遍面临着文化内涵缺失、过度商业化以及同质化等问题，制约了保护传承与创新发展。

在当前形势下，广西传统村落的旅游开发主要聚焦于民族风情文化的展现。

然而，部分村落对文化遗产的深层内涵认识不足，挖掘不够，导致在开发过程中往往倾向于采用陈旧的策略、满足于传统手段，并仅限于表面的交流互动，这样的做法难以吸引大量游客，不仅限制了文化遗产的广泛传播，也降低了公众对文化遗产的关注度。同时，在旅游开发过程中，一些传统村落未能将文化遗产与当地居民的文化价值观和生活方式紧密融合，从而催生了"伪民俗"现象。这些行为在一定程度上扭曲了文化遗产传承的真实性，不仅损害了村寨原有婚姻习俗的尊严和神圣感，伤害了居民的情感，而且对游客正确理解当地婚姻习俗形成了误导。如果这种现象持续下去，传承下来的文化遗产将面临被随意篡改和异化的风险。

广西的传统村落文化遗产资源丰富多样，且每个村落都有其独特的文化特色。然而，在文化遗产的实际开发过程中，一些传统村落过分强调文化遗产的经济效益，而忽略了其文化价值，导致文化遗产在利用过程中出现过度商业化现象。以柳州市三江侗族自治县林溪乡的马鞍屯为例，该村著名的程阳桥虽被列为全国重点文物保护单位，但目前却变成了当地居民销售商品的场所。在这些摊位上，工业制品充斥，而纯手工制品不仅数量稀少，而且质量也参差不齐。这种过度追求商品包装而忽视文化内涵的现象，令人担忧。此外，在商业利益的驱动下，一些传统村落的文化遗产开发项目出现了同质化的趋势且内容雷同。例如，在柳州市三江侗族自治县的林溪乡冠洞村冠小屯、马鞍屯，以及桂林市龙胜各族自治县的平等乡广南侗寨、平等侗寨等地，都推出了侗族的"百家宴"项目，并开展了侗族情歌、琵琶舞、芦笙舞、多耶舞等民族风情表演，以及参观侗族传统民居和建筑等活动。由于这些开发项目单一，产品缺乏创新和文化深度，往往难以给游客留下深刻的印象。这种趋势若持续下去，将不利于文化遗产的长期保护和可持续发展。

四、文化遗产保护宣传有待加强

广西传统村落多处于区位偏僻且地形复杂的区域，其交通与通信基础设施建设相对滞后，致使信息流通呈现相对封闭的状态，这在一定程度上对文化遗产的宣传与报道产生了制约作用。在当前形势下，针对广西传统村落文化遗产的保护与宣传，仍面临着一系列挑战，主要体现在以下几个方面。首先，宣传活动的常态性亟须提升；其次，宣传平台的建设刻不容缓；最后，宣传内容的多样性有待增强。这些问题共同作用，导致广西传统村落文化遗产的知名度和影响力普遍不高。

在现阶段，尽管广西部分传统村落在文化遗产宣传方面已有所加强，但这些宣传活动尚未建立起常态化的机制，因此宣传效果未能持久且深入地影响公众意识。具体而言，广西各民族拥有的节庆活动资源丰富，文化遗产的宣传工作往往集中于这些节庆时段，而在非节庆期间的宣传则显得不足。以柳州市三江侗族自治县独峒乡高定村为例，该村在正月、二月二、三月三、四月八、八月十五等民族节庆期间举办芦笙踩堂活动以推广文化遗产，但在其余时间段，对于非物质文化遗产的相关宣传和报道活动却寥寥无几。这一现象表明对广西传统村落文化遗产的宣传在时间安排上缺乏连续性。另外，广西传统村落文化遗产的日常宣传活动主要局限于鼓楼、广场、博物馆、陈列馆等特定场所，而在更广泛的地理空间内的宣传活动则相对较少。由此可以看出，广西传统村落文化遗产的宣传在地域分布上也呈现出一定的局限性。这种宣传策略的局限性不仅影响了文化遗产保护的深度和广度，也限制了文化遗产在更广泛社会层面的认知度和影响力。因此，有必要构建一个更为全面和持续的宣传活动体系，以促进广西传统村落文化遗产的传承与发展。

随着社会经济的不断增长和科技的持续进步，网络已经成为覆盖面最广、影响力最大的宣传媒介。针对广西传统村落文化遗产宣传平台的现状调查表明，受限于经济发展水平、资金投入等因素，仍有不少的传统村落尚未建立起完备的网络宣传体系。以柳州市三江侗族自治县林溪乡高友村为例，尽管该村已实现脱贫，但其经济发展水平仍然较低。从国家和地方政府获得的资金主要用于基础设施建设，如道路改造和村寨更新，而网络宣传平台的构建并未得到实质性推进。即便部分传统村落已经开始利用网络平台进行文化遗产的宣传和展示，但对于网络宣传工作的重视程度还是不够，加之专业技术人才的缺乏，导致这些平台的功能未能得到充分发挥。例如，在龙脊梯田景区的官方网站上，虽然对龙脊古壮寨、金竹壮寨、平安壮寨、黄洛瑶寨等传统村落的文化遗产进行了宣传介绍，但所展示的内容较为简略，且更新频率低，缺乏有效的推广和互动，使得官方网站在文化遗产宣传方面的潜力尚未得到有效挖掘。

此外，尽管广西传统村落的文化遗产资源丰富多样，但目前所开展的文化宣传内容却呈现出单一性。在文化遗产的级别分布上，那些被列为世界级、国家级和自治区级的文化遗产项目因其宣传机会较多，故而享有较高的社会知名度；相对而言，市、县级的文化遗产项目则较少获得展示机会，其社会影响力较弱，难以激发广泛的社会关注。就宣传内容的深度而言，当前对广西传统村落文化遗产的宣传主要集中于地方民歌、传统舞蹈、手工技艺等具体的文化表现形式，而对这些文化遗产背后所蕴含的深层次文化内涵和历史价值却缺乏深入且合理的挖掘与展现。这种宣传方式虽然能够呈现文化遗产的某些方面，但未能全面反映其丰富的历史、文化和精神价值，从而限制了文化遗产宣传教育的深度和广度。因此，未来的文化遗产宣传工作应当更加注重对文化内涵的阐释和历史价值的传递，以促进文化遗产的全面认知和传承。

第三节　广西传统村落文化遗产保护现存问题产生的原因

广西传统村落文化遗产的保护工作是一项复杂的系统性工程，其进程受到众多因素的综合影响与限制。尽管在文化遗产保护方面已取得了一定的进展，然而仍面临诸多挑战。这些问题的产生具有多种原因，主要表现在以下几个方面。

一、文化遗产原生态生存环境日渐改变

广西传统村落文化遗产的保护困境，直接诱因在于原生生存环境的显著变迁。一个相对稳定的生态环境对于保持文化遗产的原真性和完整性至关重要，这是维持文化遗产多样性的基础，也是实现文化遗产保护可持续性的关键。遗憾的是，当前广西的传统村落文化遗产正面临着经济全球化带来的强烈冲击，以及市场经济的严峻挑战。这些因素导致了文化遗产生存环境的剧烈变动，使得部分文化遗产在发展过程中逐渐衰落。因此，针对这些文化遗产的保护工作就显得尤为紧迫，以防其在快速变化的社会经济环境中进一步消逝。

在当今世界经济迅猛发展、科技进步以及全球统一市场形成的背景下，国际间的交流与合作日益频繁。然而，在国际市场的竞争格局中，以美国为首的西方经济强国不仅推行经济霸权，同时也呈现出文化霸权的趋势。这种西方强势文化的冲击，对中华传统文化的存续构成了前所未有的威胁。广西传统村落的文化遗产也未能幸免于外来文化的影响，尤其是当地青年人的世界观、人生观和价值观发生了显著的变化。他们对西方文化产品的兴趣日益浓厚，对本民族文化遗产的关注却逐渐减少，甚至出现了对本民族传统文化的否定态度，将其视为"老土"或"落伍"，从而导致保护意识日渐淡薄。传统村落原本构成了一个相对封闭、具有自身运行机制的共同体。在未受外界影响之前，村落居民的生活状态是朴素而宁静的。村落的民俗文化对村民具有强烈的凝聚作用，传统的乡土人情、民风习俗以及非正式制度在维系村落社会秩序中发挥着至关重要的作用。然而，随着工业文明和信息文明的不断渗透，传统村落的生存环境受到了侵蚀，原有的社会

平衡被打破，社会结构受到动摇，村落的发展路径被迫改变，文化的维系力量持续减弱。以南宁市江南区江西镇杨美村和桂林市灵川县长岗岭村为例，实地调查显示，当地传统民居的自然老化、损毁和倒塌现象普遍存在，现代建筑的介入不仅威胁到传统建筑的保护与发展，也破坏了文化遗产的原生环境和景观的整体协调。随着人口外流，土地作为村落文化遗产存续的基础正逐渐消解，城市文化的快速渗透改变了村民的生活方式，对传统村落文化造成了冲击。对村落的文化记忆，如今仅存于少数高龄老人的心中，而年轻一代对此知之甚少。在这种环境下，依靠口头传授和身体力行的传统村落非物质文化遗产正逐渐失去原有的传承人群，面临着无人继承的尴尬局面。

广西传统村落文化遗产的保护工作不仅受到全球环境变迁的影响，同时也承受了国内多种因素的复合作用。自中国实施改革开放政策以来，广西经济水平持续提升，城镇化步伐加速。在这一宏观背景下，传统村落的原有民居结构正逐渐被现代化的建筑所取代，当地居民的生活模式和文化娱乐形式也在经历着显著的变化，进而导致文化遗产的生存空间不断缩减。以灌阳县的唐家屯为例，该村依照"四纵四横"格局建造的古宅虽然仍保留着旧时的风貌，但村内的古建筑多已废弃，老屋普遍破败，急需修缮与维护。许多具有历史价值的文物已经所剩无几。近年来，部分居民开始拆除旧屋以建设新房，一些年久失修的民居甚至变成了危房，无人居住。乡土建筑和人文景观等原生态生存环境的破坏，不仅导致了物质文化遗产的损毁，也使得村落的非物质文化遗产严重流失。众多具有地域特色的民俗文化、传统戏曲和传统工艺等非物质文化遗产正面临着难以传承的困境。例如，阳朔福利古镇以其"中国画扇之乡"的美誉而闻名，但由于画扇生产的工业化趋势，该地区千百年来传承的手工艺正濒临灭绝。这种趋势表明，如果不采取有效措施，广西传统村落的文化遗产将面临更加严峻的生存挑战。

二、公众文化遗产保护意识有待加强

广西传统村落的文化遗产，作为多民族集体智慧与创造力的体现，其保护工作应当以广大民众为主体。然而现阶段，社会公众对于文化遗产保护与发展的关注度和参与度并未达到理想水平，所谓的"文化自觉"尚未在民众中普遍形成。我国学者费孝通先生认为，"文化自觉"是指生活在特定文化中的人们对其文化有着深刻的自我认识，理解其起源、形成过程、独特性以及发展趋向，既不意味着文化上的回归，也不倡导全面西化或其他文化的全面取代。随着全球经济一体化的加速，我国传统文化面临着外来文化的强烈冲击，这在一定程度上影响了民众的世界观、人生观和价值观。部分人群将外来文化视为时尚，而对本民族的优秀传统文化缺乏足够的重视，尚未建立起坚定的文化自信，因此在文化遗产保护方面的意识相对淡薄。在许多人的观念中，文化遗产保护似乎是政府、学者和艺术家的责任，而普通民众并不认为自己需要承担传承文化遗产的义务。根据中国青年报社会调查中心的一项覆盖全国 30 个省（自治区、直辖市）的文化遗产保护责任调查显示，高达74.5%的受访者认为文化遗产保护的主要责任应由政府承担，仅有12.5%的受访者认为个人应当承担文化遗产传承的主要责任。在传统村落中，对于文化遗产被遗忘或逐渐流失的现象，近半数的居民首选"公众保护意识不强"作为主要原因。这一调查结果揭示了公众在文化遗产保护意识上的缺失，以及缺乏文化遗产保护的积极性和主动性，这些问题无疑对文化遗产保护工作的深入开展造成了影响。

伴随社会经济的持续增长和城镇化步伐的加快，社会生产与生活方式经历了显著变迁，这对文化遗产的保护产生了深远的影响。特别是在现代文明的强烈冲击下，传统村落的居民普遍希望提升自身的物质生活水平，但对于文化遗产保护工作的必要性和迫切性却缺乏足够的认识，表现出文化自觉和文化自信的不足。此外，由于缺乏从事文化遗产保护的相关经验，当地在文化遗产保护方面遭遇了诸多挑战和困境。这些因素共同作用，使得传统村落文化遗产的保护工作面临着前所未有的考验。广西传统村落文化遗产的传承是一项涉及多方面、多层次的综合工程，要求政府、公众、企业以及社会各界人士的广泛参与和关注。尽管政府部门已经对文化遗产的保护与传承投入了相当程度的重视，但在激发当地居民参与热情方面仍存在不足，居民对于文化遗产传承的关注度和参与度尚未达到理想水平。以贺州市富川瑶族自治县葛坡镇深坡村为例，该村在传统村落的建设与维护过程中，重点倾向于生活生产基础设施的构建与优化，而对于村落文化遗产的展示与推广则显得不够充分，未能有效提升当地居民对文化遗产保护的重视程度。目前，积极参与文化遗产保护的人群主要为中老年人，他们参与的目的多出于休闲娱乐，并未将文化遗产保护上升为一种社会责任。与此同时，当地青年群体更倾向于现代化的娱乐方式，对于加入文化遗产保护的行列缺乏兴趣，这些现象导致了传统村落文化遗产保护工作面临人才断层的困境。

三、文化遗产保护与发展机制存在缺陷

广西传统村落文化遗产的保护与传承是一项既系统又复杂的工程，其成功推进依赖于政府、公众、企业、传承人以及社会组织等多方利益相关体的积极支持

和协作。具体而言，物质文化遗产作为有形的文化资产，其修缮、保护及宣传工作的有效实施需要政府与民众等各方面的共同努力和协作。相比之下，非物质文化遗产的传承则依赖于口耳相传和身教心传，其特点在于动态变化和世代相传，因此，其传承过程更为复杂且挑战重重。为确保传统村落这一特定地理区域内文化遗产的持续活力，必须构建一套有效的保护传承与发展机制。然而，当前广西传统村落文化遗产的保护传承与发展机制尚存在诸多不足，主要体现在以下几个方面：文化遗产保护管理利用机制不完善以及多方参与的协调机制尚未形成。这些问题的存在，无疑对文化遗产的长期保护和可持续发展构成了障碍。

一方面，文化遗产保护管理利用机制不完善。在探讨文化遗产保护管理的现状时，首先注意到的是相关利用机制的不足。目前，文化遗产资源保护的管理模式主要依赖于行政审批，而在事中与事后的监管层面则显得力不从心，亟须加强。同时，文化遗产的活化利用在创新力度和方法上都显得不足。由于多数传统村落在经济发展上相对滞后，无论是对物质文化遗产的修缮保护，还是在非物质文化遗产的活态传承方面都存在着显著的提升空间。但目前尚未构建起一个系统化、创新性、实用性兼备的文化遗产保护与发展的良性循环体系。以白崇禧故居、百柱庙、榜上村古建筑群等物质文化遗产的保护为例，其修缮工作需要在保持古建筑群原始风貌的基础上进行，这不仅要求对古建筑群的历史渊源进行深入解读和技术创新，还涉及现代建筑材料、技术与文化元素与古建筑群的和谐融合。只有在多方面相互协调统一的基础上，才能在保护古建筑群原有风貌的同时，延伸其文化内涵。对于三江农民画、灵山傩面具等传统美术类非物质文化遗产的发展，则需要顺应时代发展的需求，进行活态传承。这不仅要强化对后继传承人的培养，还需创新传承渠道，并有效推广与非遗相关的文创产品。从多角度、全方位对非遗项目进行保护、传承及推广，旨在保留原真文化内涵的同时，巧妙地通过文化的保护传承为传统村落居民带来精神和物质层面的持续提升，从而真正实现非物质文化遗产的活化利用。

另一方面，文化遗产保护的多元协调机制尚未系统构建。广西传统村落文化遗产的保护是一项复杂的系统工程，涉及政府机构、企业实体、文化传承人、社区居民、学术研究机构以及非政府组织等多个利益相关者。鉴于这些主体在参与文化遗产保护与发展过程中的动机、责任和使命各不相同，建立一个多元协调机制显得尤为重要。该机制旨在平衡各方的利益，以实现整体协调效应的最大化。尽管如此，当前广西传统村落文化遗产保护工作仍然主要依赖于政府的主导作用，而民众、企业和学术界等其他主体的参与在广度和深度上均显不足。各利益相关者之间缺乏有效的沟通与合作，无疑对文化遗产保护工作的顺利进行带来了不利影响。此外，传统村落的规划建设与文化遗产传承的协同发展机制尚未建立。在传统村落的保护实践中，往往过分侧重于对乡土建筑和历史景观的保护，而忽视了精神文化内涵的传承与发展。因此，迫切需要构建一套完善的制度体系，以确保传统村落在物质形态保护的同时，能够有效地传承和发扬其丰富的精神文化价值。

四、组织建设与人才管理制度有待健全

在文化遗产保护的工作流程中，建立健全基层保护组织架构，以及认定与管理代表性传承人，构成了确保文化遗产保护工作顺利实施的基础与先决条件。目前，广西传统村落文化遗产在基层保护组织的构建及传承人管理方面存在着制度缺陷，已成为制约其保护工作深入进行的关键因素之一。在广西的大多数地区，尚未建立起完善且健全的传统村落文化遗产基层保护组织，这无疑阻碍了文化遗产保护工作的有效推进。例如，在宾阳县古辣镇蔡村、阳朔县高田镇朗梓村等传统村落的文化遗产保护实践中，当前的保护工作主要由当地文物保护单位负责，通过划定保护范围、建设控制地带、设置标志说明，并逐步建立科学的记录档案，以有序地组织开展文物保护工作。而日常的保护管理工作则由当地文化行政管理部门及其下属的文物管理所、博物馆具体执行。实际上，一方面，由于传统村落文化遗产数量众多，而基层文化遗产保护行政机构不够完善，组织能力有限，与保护管理任务的需求严重不匹配。据《国务院关于文物工作和文物保护法实施情况的报告》显示，全国县级文物行政编制人员仅有 5000 余人，平均每县不足 2 人，形成了"小马拉大车"的现象，文物保护相关法律法规的实施普遍遭遇"软着陆"。另一方面，传统村落文化遗产保护与传承缺乏有效的奖惩机制，文化遗产保护与传承的资金投入不足，基层文保工作面临人手短缺和资金不足的双重困境，导致整体保护效果并不理想。因此，全面提升传统村落基层文化遗产保护机构与人才队伍的建设，构建完善的传统村落文化遗产保护机制，成为当前文化遗产保护与管理工作的重中之重。此外，各级地方政府在传统村落文化遗产保护组织及代表性传承人的常态化管理方面存在不足，表现为"重申报、轻管理"的现象，既未形成系统化的文化遗产保护组织及传承监督考核制度，也未建立完善的文化遗产保护组织及代表性传承人退出机制，这些都不利于传统村落文化遗产保护工作的健康和持续发展。

第四章

旅游发展对广西传统村落文化遗产
集群化保护的影响过程

　　广西传统村落拥有数量众多的文化遗产资源，蕴藏着丰富的历史信息和文化景观，是优秀传统文化的重要组成部分。传统村落文化遗产的性质及形态要求其保护工作要在遗产生成发展的环境中进行，在人民群众生产生活中进行，即实行活化保护。而旅游发展作为一种有效的生产性保护方式，能够对传统村落文化遗产的活化保护产生积极影响，也是实现传统村落文化遗产集群化保护的重要手段。本章基于程阳八寨侗族传统村落集群的实地调研，通过对当地居民的深度访谈和问卷调查，深入探讨了旅游发展对传统村落文化遗产集群化保护的影响，认为对传统村落文化遗产集群化保护的影响体现在产业、文化与环境等各个维度，相关研究结论既是对传统村落文化遗产集群化保护模式与发展路径的积极探索，也将对乡村振兴背景下传统村落文化遗产的保护和开发提供理论与实践上的参考借鉴。

第一节　研究区域概况

一、区位与自然条件

　　三江侗族自治县（以下简称三江县）位于广西壮族自治区北部，地处湘、桂、黔三省（区）交界地，东连龙胜各族自治县，西接贵州省从江县，北通湖南省通道侗族自治县、贵州省黎平县，南邻融水县。程阳八寨景区位于广西柳州三江县城的东北部，距离三江县城 19 千米。整个景区占地约 12.55 平方千米，共有 2235 户约 10000 余人，以侗族为主。程阳八寨的核心景区由马鞍寨、平寨、岩寨、平坦寨、程阳大寨、董寨、吉昌寨和平铺寨 8 个侗寨组成。程阳八寨共分为 3 个村民委员会，其中平岩村民委员会主要管辖马鞍寨、平寨、岩寨和平坦寨；程阳村民委员会主要管辖程阳大寨和董寨；平铺村民委员会主要管辖吉昌寨和平铺寨。

程阳八寨区域内地形以山地和丘陵为主，而平地相对稀少。该地区地形起伏，岭谷交错，沉积岩广泛分布，整体地势呈现出由北向南逐渐降低的特点，其中西南部地势最为低洼，形成了一个典型的 V 形河谷地形。程阳八寨位于低纬度地带，属于中亚热带季风性气候，且处于南岭湿润气候区。该地区多年平均气温在 17 至 19 摄氏度之间，其中 7 月为全年气温最高时段，而 1 月则是气温最低的时期。此外，该区域年降水量较为充沛，主要集中在春夏季的汛期，此时雨热同期，四季变化分明，为该地区的气候增添了鲜明的季节性。

程阳八寨是侗族传统村落集群的典型代表（见图 4-1），其中，平岩村入选第二批国家级传统村落名录，程阳村入选第二批自治区级传统村落名录。本书具体以程阳八寨为例探讨旅游发展对传统村落文化遗产集群化保护的影响过程。

二、文化遗产资源

程阳八寨具有丰富的物质文化遗产资源，以极具代表性的侗族特色建筑与设施为主，如风雨桥、鼓楼、民居、寨门、井亭、凉亭、青石板路、鼓楼坪、风水树、风水塘、戏台、吊脚楼、古井、古树、石雕、古庙等，程阳八寨的主要物质文化遗产及其特点如表 4-1 所示。这些物质文化遗产资源代表着侗族独特的聚落结构、建筑特色、空间形态及人文精神，因此，程阳八寨也被称为"中国民族建筑艺术之乡"。

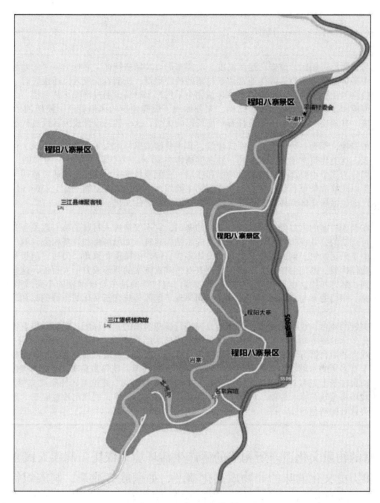

图4-1　程阳八寨景区

表4-1　　　　　　　　　　程阳八寨主要物质文化遗产

名称	特点
程阳风雨桥	程阳风雨桥,也称"永济桥",其建造历史可追溯至1916年,承载着深厚的建筑传统,被视为侗族木构建筑工艺的典范。该桥在建筑风格与结构设计上独树一帜,主体建筑材料为杉木,整座桥梁完全采用榫卯结构技术,无须借助任何钉子。风雨桥不仅外观优美、规模宏大,而且其结构由桥梁、走廊和亭台三部分巧妙结合而成,亭廊相连,横跨于清澈溪流之上,其重重叠叠的屋檐和连绵的阁楼仿佛一幅精美的画廊,展现出独特的民族风情和建筑韵味

名称	特点
鼓楼	与普通民居相比，鼓楼在建筑高度、功能布局以及风格特征上展现出显著的差异。作为侗寨中最为高耸的建筑，鼓楼通常位于村寨的核心地带，扮演着侗族人民迎接宾客、举行议事和集会等社会活动的关键角色。该建筑完全采用杉木材料，通过凿榫工艺衔接，无须借助钉子或榫卯，展现了精巧的建筑结构，充分体现了侗族建筑的风格特色。鼓楼的形态类似于宝塔，其顶层的显著特征是悬挂着一面长形的大鼓，这一独特设计成为其最具代表性的标志
吊脚楼	吊脚楼，作为一种典型的干栏式建筑，其主要结构以杉木为主，是侗族建筑文化中的杰出代表。这类建筑常依山傍水而建，其高度通常在 10 米左右，以三层结构为常见。吊脚楼的布局分为三个主要部分：底层、楼层和住层。在侗族村寨中，底层空间通常被用于饲养家禽家畜以及堆放柴草和其他杂物。而楼层则主要作为粮食的储存空间。最上层即住层，是侗族居民的生活居住区，体现了侗族人民的生活习惯和居住文化
寨门	在侗族村寨的入口处，坐落着象征性的寨门，它不仅是进入村寨的第一道关卡，也是一项不可或缺的公共设施。与侗族其他著名的木结构建筑，如风雨桥和鼓楼相似，寨门在建造过程中不采用铁钉。侗族各村寨的寨门设计多样，但均由屋顶、顶角、门柱、门板和门壁等基本构件构成。寨门前的地面上镶嵌着刻有双鱼戏水图案的圆形或方形大石板，这些石板不仅起到了装饰作用，也具有实用功能。连接寨门与村寨的是由石板铺就的小路或装饰性的花街路。寨门通常与风雨桥相互辉映，共同体现了侗族传统建筑文化的独特韵味和艺术魅力
戏台	侗族的戏台，也称为戏楼，是侗族人民进行侗戏演唱的专门场所，同时承担着侗戏及其他文化传承的重要功能。这种建筑采用吊脚楼式的木结构设计，其特点是前部敞开而后部封闭。戏台的后台部分设有干壁，并在两侧各留有一个边门。在戏台前部的额枋和檐板上，装饰着丰富多彩的木雕彩绘，图案包括龙凤呈祥、人物画像、花鸟虫鱼等，色彩斑斓，栩栩如生。前台柱子上刻有对联和诗词，而瓦脊中央的翘角上则有二龙抢宝、仙鹤灵立等形象的彩塑。戏楼将建筑艺术、彩绘、雕塑和诗词文化巧妙地融为一体，展现出玲珑剔透、别具一格、秀美典雅的特色

以丰富的物质文化遗产所构成的生产生活环境为依托，侗族人民创造出饱含民族特色和历史文化韵味的非物质文化遗产，如侗族打油茶、侗族织锦技艺、侗布制作技艺、侗族酸食制作技艺、侗族服饰制作技艺、侗族木构建筑营造技艺等，其中最为鲜明的是侗族民俗文化活动，如侗族二月二大歌节、侗年、侗族月也、侗族祭萨习俗等，故程阳八寨享有"中国百节之乡"的美誉。民俗活动形式多样、内涵丰富，是程阳八寨发展旅游业的重要文化资源（见表 4 - 2）。

表 4 - 2　　　　　　　　　程阳八寨主要非物质文化遗产

类型	名称	特点
民俗	多耶	"多耶"这一表达，在侗族语言中用作一种问候的形式，富含深远的象征意义，传递着祝福、好运、平安、健康以及长寿的美好祝愿。作为一种传统的民间艺术形式，多耶舞在侗族文化中占据着重要的地位，它不仅是一种舞蹈，更是侗族人民情感表达和文化传承的重要载体

续表

类型	名称	特点
民俗	二月二大歌节	农历二十四节气的"春分",也是民间传统节日"二月二",当地侗族、苗族、壮族等各族同胞欢聚一堂,放声高歌
	侗年	侗年,又被称作冬节或杨节,是侗族人民重要的传统节日。在节日期间,家庭通常会举行屠宰仪式,宰杀猪羊或鸡鸭,以准备丰盛的佳肴,并邀请亲朋好友共聚一堂,享受宴饮之乐。节日前一天,侗族人会精心准备豆腐、鱼虾等食材,使用酸水烹煮,经过一夜的自然冷却,这些食物便转化为独特的"冻菜"。在节日当天,侗族人会将这独特的"冻菜"用于祭祀祖先,以表达对先辈的敬仰和纪念
	月也	也称"为也""外嘿",在当地侗族的语境中,指的是一种集体性的游乡做客活动,又被俗称为"吃相思"。该习俗通常以村寨或同姓宗族为单位组织开展,主要发生在农业闲暇时期,即秋收之后的时段直至次年春耕忙碌之前。这种活动不仅是一种社交形式,也是传承和维系地方文化传统的重要途径
	祭萨习俗	"祭萨"习俗,是对侗族传说中的祖母神"萨岁"的敬奉,属于侗族宗教信仰中一项重要的祭祀活动。该仪式按照传统,于每年的农历正月初一至初七举行。在此期间,由村寨中年龄最长、辈分最高的长者严格按照既定的礼仪规程来主持祭祀,以表达对祖先神灵的敬仰和祈求福祉
	打油茶	在侗族的文化实践中,"打油茶"扮演着一种不可或缺的角色,它不仅是一种日常饮食习惯,而且不受时间的限制,无论清晨或夜晚,皆可进行制作。此外,以油茶款待来宾是侗族社会中的重要礼节,体现了侗族人民对客人的尊重和热情好客的传统习俗
	侗族款习俗	侗款,作为侗族社会特有的传统自治体系和社会管理机制,实质上是一种历史悠久的习惯法。该体系的核心构成包括款组织结构和款约规范,共同体现了侗族社会的组织特征,即融合了原始氏族农村公社和原始部落联盟的元素。侗款不仅维系着社会秩序,也反映了侗族文化的独特性和历史传承
	侗族花炮节	侗族的花炮节,作为侗乡最为盛大的节日之一,每年都吸引了来自周边数十里范围内的各族群众共同参与。在这一节日中,抢夺花炮的活动仅对男性开放,他们通常以家庭、宗族或村寨为单位组成队伍,同时也有跨村寨的自由组合。这一竞赛场面激烈而充满刺激,因其独特的竞技性和观赏性,常被喻为"东方的橄榄球"
	侗族百家宴	侗族的"百家宴",又称"合拢饭"或"长桌宴",是一种独特的饮食文化习俗,在三江地区拥有数百年的传承历史。在重要的节日庆典之际,侗族村民会携带自家酿制的酒水和精心准备的佳肴,在侗寨的鼓楼前或风雨桥的长廊上摆设盛大的宴席。参与者在品尝各家美味的同时,在欢声笑语中加深了相互间的情感联系,体现了侗族社区内的团结与和谐

类型	名称	特点
传统技艺	侗族银饰锻造技艺	侗族银饰的锻造工艺,作为三江侗族地区一项历史悠久的传统手工技艺,以其独特的工艺特色而著称。这一技艺所生产的银饰品种丰富,涵盖了多种装饰用途。具体而言,侗族银饰包括但不限于以下几类:头饰,如银花冠、银簪、银簪花和银钗;颈饰,如项圈和项链;首饰,包括手镯、钏和戒指;以及耳饰,如耳环等。这些银饰不仅是侗族人民日常生活中的装饰品,更是侗族文化传统和审美观念的重要体现
	侗族织锦技艺	侗族的织锦,作为一种深植于侗族人民日常生活中的实用物品,同时也承载着标识性和代表性的文化符号,在侗族服饰中占据着举足轻重的地位。这一传统手工艺的编织技术历经世代传承,至今仍保留着古朴的风貌。侗族织锦以其独有的纹样设计、精致的图案构造以及丰富的色彩搭配,不仅展现了功能性的特质,也体现了高度的艺术审美价值,体现了实用性与审美性的完美融合
	侗布制作技艺	侗族布料的制作工艺,作为侗族文化中的一颗璀璨明珠,通过一系列复杂而精细的工序,最终呈现出华美而秀丽的侗族服饰。这种自纺自染的侗布,深受侗族男女的喜爱,成为他们首选的衣料。侗族人民不仅将这种布料用于自身的穿着,而且在社交活动中将其作为赠予宾客的珍贵礼物,体现了侗族文化的独特魅力和深厚情感。侗布的制作技艺,不仅是物质生产的体现,更是侗族文化传承和社交礼仪的重要载体
	侗族酸食制作技艺	侗族的酸食制作工艺,作为一种独树一帜的传统手艺,不仅展现了侗族人民对食物的特殊处理方法,而且深刻体现了其文化的深厚内涵。在侗族社会中,酸食备受喜爱,几乎成为日常饮食中不可或缺的一部分,家家户户都有腌制酸食的习惯,这一现象在当地俗语"家不离酸"中得到生动体现。在诸如贵宾来访、亲人去世、举办酒宴、祭祀祖先等重要场合,酸鱼作为待客的佳肴,承载着侗族人民对传统礼仪的尊重和对客人的热情款待。侗族酸食的制作技艺,不仅是一种食品加工方法,更是一种文化象征和社交媒介
	侗族服饰制作技艺	侗族的服饰制作技艺,作为一种综合性的艺术形式,包含了从原材料的筹备到成衣制作的整个流程。该技艺所呈现的服饰风格古朴而独特,色彩搭配素净高雅,工艺精细卓越,充分体现了侗族的审美观念。侗族服饰不仅是侗族审美文化的重要表征,同时也是侗族历史演变和文化发展的物质载体,因其承载了丰富的历史信息和文化记忆,被誉为"穿在身上的史书",展现了侗族文化的深厚底蕴和独特魅力
	侗族木构建筑营造技艺	侗族的木构建筑营造技艺,作为三江县最具代表性的民族民间传统文化表现形式之一,展现了极高的工艺水平和艺术价值。该技艺的特点在于整个建筑结构完全采用榫卯连接,无须借助任何铁钉,却能构建出极为坚固的构造。这种建筑不仅在外观上呈现出独特的审美魅力,其精湛的工艺技术更是堪称绝技,体现了侗族人民在建筑领域的智慧和创造力。侗族木构建筑的营造技艺,不仅是对传统建筑艺术的传承,也是对侗族文化特色的深刻体现

续表

类型	名称	特点
传统美术	侗族刺绣	侗族刺绣艺术，作为一种精细的手工艺技术，涉及使用针线将多种色彩的丝线或棉线穿透织物表面，从而形成各式图案和纹样。这种工艺技法不仅是侗族文化的重要组成部分，而且在中国少数民族刺绣艺术领域中占据着显著的地位。侗族刺绣以其独特的图案设计和色彩搭配，展现了侗族人民对美的追求和创造力，为中国的传统刺绣艺术增添了丰富而独特的风貌
	三江农民画	三江侗族的农民画以其鲜明的主题和本土化的素材选择而闻名，这些画作生动地展现了侗族地区的建筑特色、丰富多彩的民俗文化以及和谐愉悦的生活氛围。它们不仅反映了侗族人民对家乡的深厚情感，而且承载着他们对美好生活的向往与憧憬。通过这些艺术作品，我们可以观察到侗族社会的生活面貌和价值观，是侗族文化传承和民间艺术创新的重要体现
传统戏剧	侗戏	侗戏，作为侗族独特的戏曲艺术形式，以其生动活泼的语言和形象生动的比喻而著称。这种戏曲艺术的语言表达与音乐紧密融合，节奏明朗，易于传唱，深受侗族民众的喜爱和推崇。侗戏的根深植于侗族的文化土壤之中，因此不仅洋溢着浓厚的侗族文化特色，而且在表现手法上将歌声与情感、舞蹈与戏剧完美结合，有效地唤起了侗族观众的情感共鸣。这种艺术形式的魅力在于其能够通过综合的表演手段，传递出侗族文化的精髓，从而在侗族社区中广受欢迎
传统音乐	侗族琵琶歌	侗族的琵琶歌，作为一种独特的自弹自唱说唱诗歌艺术形式，代表了侗族人民在弹奏琵琶的同时所演唱的抒情民歌和叙事长歌。这一艺术体裁是侗族人民在长期的生产劳动实践中创造的文化瑰宝，不仅体现了侗族的音乐才华，也承载了丰富的历史记忆和民族情感。琵琶歌作为侗族文化的重要组成部分，其价值在于融合了音乐、诗歌和叙事元素，展现了侗族人民对生活的理解和情感表达
	侗族牛腿琴歌	在侗族的音乐传统中，牛腿琴歌被侗语称为"嘎给"，其特点是以牛腿琴作为伴奏乐器。这种音乐形式主要涵盖了情歌和叙事歌，通常较为简短，旋律推进缓慢，音色温婉而悦耳。在演奏过程中，牛腿琴的伴奏与歌声常常形成简洁的支声性复调，营造出一种和谐而独特的听觉效果
	侗族大歌	侗族大歌，作为一种集体性的多声部民歌艺术，通常由至少三位歌者共同演绎。它不仅是一种音乐表现形式，更是一个多维度的文化载体，深刻反映了侗族的社会结构、婚恋习俗、文化传承以及精神世界。侗族大歌的研究价值跨越了社会史、思想史、教育史以及婚姻史等多个学术领域，为理解侗族文化的丰富性提供了重要的视角和途径

目前，依托着数量众多、形式各样、内涵丰富的文化遗产资源，程阳八寨拥有各类极具旅游吸引力的旅游资源（见表 4-3），自然和人文交相辉映，每年吸引着来自全国各地乃至海内外的游客前来参观和体验。

表 4-3　　　　　　　　　　　程阳八寨旅游资源

旅游资源		具体内容
建筑与设施景观		风雨桥、鼓楼、民居、寨门、井亭、凉亭、青石板路、鼓楼坪、风水树、风水塘
旅游商品	工艺品	建筑模型、纺织、刺绣、编织、染印、雕刻
	服饰	侗衣、侗裙、肚兜、头巾、童装、童帽、银头饰、银耳环、银项圈、手镯、银花、项链、草鞋、布鞋
	土特产	茶油、桐油、程阳酒、糯米、茶叶、木耳、香菇、冬笋、蜂蜜
人文活动	民俗节庆	抢花炮、赛芦笙、赶坡会、月也、打南瓜仗
	婚俗	行歌坐夜、闹房、跨扁担、穿草鞋、挑井水、贺公、钩亲
	歌舞戏	侗族大歌、琵琶歌、山歌、拦路歌、酒歌、芦笙舞、多耶舞、踩堂舞、讲古、嘎锦、琵琶弹唱、牛腿琴、古拉唱、侗戏、桂戏、彩调戏
	饮食	百家宴、程阳酒、酸鱼、酸肉、糯饭、油茶、蕨菜、熏肉
地文景观		青山、丘陵、村寨
水域风光		林溪河、山涧小溪、风雨桥、水车、稻田
生物景观		古榕、樟树、枫树、荷树、茶树、桃、李，野猪、野山羊、野鸡、野鸭、猕猴、斑鸠、画眉、大灵猫等
天象景观		四季分明、晨昏雾多、少量冰雪

资料来源：通过对国家级、自治区级文物保护单位名录及国家级、自治区级非遗名录、广西旅游资源分类普查表和三江侗族自治县地方志、史志资料的查阅以及对相关研究成果、书籍的梳理，在此基础上，结合在实地走访当地文体局等所获得的第一手资料，据此汇总整理。

三、旅游发展历程

　　三江侗族自治县是大柳州风情旅游圈、大桂林旅游圈、大侗族旅游圈的重要链接点，既是大侗族旅游圈的核心，又是柳州风情旅游圈的重点，还是大桂林旅游圈的延伸。程阳八寨作为三江侗乡的亮点所在，拥有良好的市场区位条件（见图 4-2）。

　　纵观程阳八寨景区 50 余年的发展历程，可将其分为三个阶段：

　　第一阶段：1963~1987 年，这是程阳八寨旅游开发工作的起步探索阶段。此阶段的发展主要是在政府的主导和组织下进行的，以程阳永济桥这一文物保护单位为基石，逐步探索旅游业的潜在发展路径。1963 年，程阳永济桥被正式列为自治区级重点文物保护单位；1982 年，其保护级别进一步提升，被列为全国重点文物保护单位。随着程阳永济桥的旅游开发价值日益受到地方政府部门的重视，1987 年，三江侗族自治县文化局作为该桥的保护责任单位，开始实施付费游览管理制度，并在程阳桥头设立了售票处。这一时期程阳八寨的旅游经济收入主要依赖于门票销售，而这些收入主要用于程阳永济桥的修缮与保护工作。因此，这一阶段标志着程阳八寨景区旅游发展的正式起步。

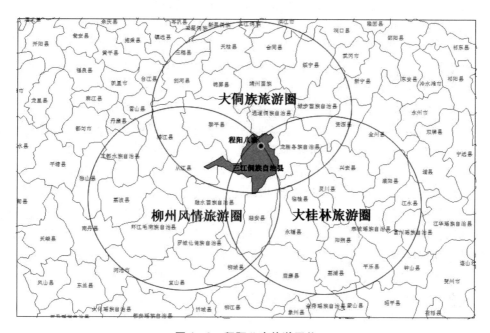

图 4-2　程阳八寨旅游区位

第二阶段：1988～2010 年，程阳八寨的旅游开发进入了快速发展的阶段。这一时期见证了国家及地方政府对民族传统文化和乡村旅游重视程度的提升，以及相应支持措施的加强。优质的旅游资源得到了有效的挖掘与发展，其中三江侗族自治县以程阳永济桥为核心，逐步发掘并整合了周边的自然景观与人文资源，形成了林溪—八江风景名胜区。该风景名胜区在 1988 年荣获第一批自治区级风景名胜区的称号。2006 年，三江县的侗族木构建筑营造技艺被列入第一批国家级非物质文化遗产名录。2010 年，程阳八寨景区成功晋升为国家 4A 级旅游景区。在这一关键发展阶段，为了推动程阳八寨旅游资源的市场化运作并提升景区旅游发展的专业化水平，三江县开始探索引入旅游企业参与景区经营管理的模式。程阳八寨景区的管理与运营逐步交由三江县旅游服务公司等旅游企业负责，从而开启了旅游发展的新篇章。这一转变标志着程阳八寨景区在旅游发展道路上迈出了坚实的步伐，进入了快速发展的轨道。

第三阶段：自 2011 年起至今，程阳八寨的旅游发展进入了成熟阶段，其发展工作逐步趋于完善。在这一阶段，提升程阳八寨景区的发展质量成为核心目标，通过多方面的共同努力，有效促进了景区发展的提质增效。2012 年，程阳八寨内的马鞍寨、平寨、岩寨被列入世界文化遗产预备名单，标志着其文化价值得到了国际认可。自 2015 年起，负责程阳八寨景区投资与开发管理的广西旅发集团三江通达旅游投资发展有限公司（以下简称三江通达公司）开始着手编制一系列规划，旨在将程阳八寨打造为国家 5A 级旅游景区。2024 年 2 月 6 日，这一目标得以实现，柳州市程阳八寨景区被正式评为国家 5A 级旅游景区。

在成熟发展阶段，程阳八寨除了注重提升景区发展质量外，还开始关注并满足多方利益相关者的需求，特别是当地居民参与旅游发展的利益诉求。逐渐形成政府、旅游企业、居民多方协作的发展模式，已经取得显著成效。2020 年，当地支持具备条件的村民创办农家乐、特色民宿、特色旅游商品销售门店、技艺体验工坊等，带动了 3000 多名群众创业和就业。此外，成立了 3 个侗族百家宴基地，并根据协议，将景区门票收入的 15% 作为村民资源补偿金进行分配。程阳八寨居民通过参与旅游发展，实现了生活水平的显著提升，对民族文化资源的认同感也随之增强。

在多项措施的综合作用下，程阳八寨的旅游产业规模和发展成效均已达到一定水平。2023 年，景区接待游客数量达到 93.2 万人次，旅游收入达到 1 亿元①。到了 2024 年春节黄金周，程阳八寨景区共接待游客 11.2 万人次，实现旅游收入 6000 万元，进一步证明了其在旅游领域的强劲发展势头②。

第二节　数据收集与整理

旅游发展对程阳八寨传统村落文化遗产的影响过程涉及内容较多，本书采用文献分析与实地调研相结合的方式收集各方面的信息和数据。笔者于 2022 年 3 ~ 5 月、2023 年 1 月分阶段前往程阳八寨进行实地调查，以切实了解旅游发展对当

---

① 新华网. 护住好风景 带来好"钱景"［EB/OL］.（2024 - 08 - 28）［2024 - 09 - 01］. http：//www. guangxi. xinhua. org/20240828/f0c805c2f269480185f1b481bb3050d0/c. html.

② 中共柳州市委政策研究室网站. 柳州市三江县打造"三个体系"探索民俗特色文旅融合发展新模式［EB/OL］.（2024 - 05 - 23）［2024 - 07 - 08］. http：//zys. liuzhou. gov. cn/shgg/t19700101_3465004. html.

地传统村落文化遗产集群化保护的影响。运用 SPSS、Excel 等软件对收集到的传统村落居民感知的调查问卷结果和当地政府提供的社会经济数据，以及中国传统村落档案资料数据等进行统计与分析处理。

第三节　影响过程分析

传统村落虽空间形态多元，文化遗产内涵各异，但同一区域的传统村落文化遗产如景观风貌、文化形象等具有一定的共性，旅游业的介入使地理位置相邻，具备构建共享交通体系条件的各村落能够通过政府或社会资本等平台统一进行联动开发，进而有效整合传统村落零散的文化遗产资源，推动其形成一个传统村落文化遗产集群系统，对外树立起统一的旅游品牌形象，而旅游发展也不断影响和推动了传统村落文化遗产的集群化保护进程。目前，旅游发展对程阳八寨文化遗产集群化保护的影响过程主要包括产业影响过程，即传统村落集群旅游文化产业的集群化过程；文化影响过程，即传统村落集群旅游文化景观及民俗文化演变趋势；环境影响过程，即传统村落集群系统文化遗产环境的提升与改善，其影响过程如图 4-3 所示。

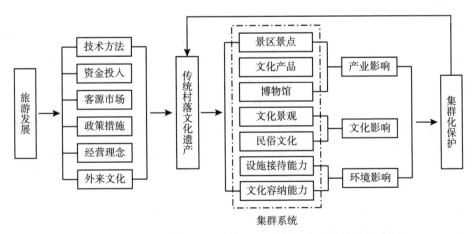

图 4-3　旅游发展对传统村落文化遗产集群化保护的影响过程

由图 4-3 可知，旅游发展对广西传统村落文化遗产集群化保护的影响过程是一个时空联系的整体，旅游发展所带来的各项资源如资金、客流、政策优惠、信息技术等促进了对传统村落文化遗产资源的有效整合，逐渐形成了一个集群系统。在旅游发展过程中，传统村落文化遗产集群系统实现了资源联动、交通联动、市场共享。而旅游发展进程也不断影响和推动着对传统村落文化遗产的集群化保护，其影响过程主要体现在传统村落旅游文化产业的集群化过程、传统村落集群旅游文化景观及民俗文化演变趋势、传统村落集群系统文化遗产环境提升与调整。其中，旅游文化产业的集群化过程可进一步细分为景区景点的建设和完善、民族文化产品的开发、民族文化博物馆的打造；旅游对传统村落集群文化的影响过程可细分为文化景观的改造与更新、民俗文化的传承与演变；而对集群系统文化遗产环境的影响可细分为设施接待能力以及文化习俗容纳能力的增强；最终实现旅游发展对传统村落文化遗产集群化保护。

一、产业影响过程

广西传统村落文化遗产的空间分布展现出显著的集群性特征。具体而言，位于三江县的程阳八寨文化遗产，由于其与侗族地域文化的紧密联系，在地理空间上也呈现出一种集中化的趋势。随着旅游业的不断发展，资金投入的增加、客源市场的扩大、政策支持的加强以及经营理念的更新都在一定程度上促进了程阳八寨侗族文化内部资源的紧密共生与协作。这种相互作用催生了旅游文化产业的集群效应，不仅显著提升了文化遗产资源的社会影响力，而且推动了文化遗产资源向旅游产业化的转型。此外，这种集群效应有助于维持并提升旅游文化产品的市场竞争力，确保了文化遗产在旅游领域的持续发展和价值实现。

（一）景区景点的建设与完善

传统村落景区作为旅游文化产业集群的核心要素，其静态展示效果为周边分散的民族文化资源提供了有效的整合平台。因此，打造标志性景区对于推动传统村落旅游文化产业集群的发展至关重要。程阳八寨，作为三江县的国家 5A 级景区，其旅游文化产品和服务设施的建设紧密围绕景区核心展开。程阳八寨不仅富含侗族文化遗产，而且是侗族文化和风情的集中展示地。游客在此不仅能欣赏到侗族木结构建筑的精华、传统歌舞和戏剧的独特魅力，还能深入体验侗族的生活习惯和风情。鉴于此，地方政府整合了周边的侗族特色文化资源，并加强了程阳八寨景区配套设施的建设与完善。2014 年，三江侗族自治县旅游局委托北京京师天成旅游规划设计咨询有限公司编制了《广西壮族自治区柳州市三江侗族自治县程阳八寨景区旅游总体规划》，旨在指导程阳八寨景区创建国家 5A 级旅游景区。2016 年，三江县政府与三江通达公司合作开展了三江侗族自治县程阳八寨景区及旅游配套服务设施提升工程的建设，包括对南大门服务区、休闲露营地、风雨酒店、国际大酒店、北大门服务区等项目的规划与建设，同时对现有景区设施进行了优化升级，涉及电力、通信等基础设施的完善，以及河道景观、雕塑、园灯等景观的美化。这些措施显著提升了程阳八寨景区的功能性服务设施建设，包括外部交通、交通标志、生态停车场，以及内部景区公路、步道、观景亭、景观照明和小景点等。这些要素的相互配套不仅增强了旅游接待能力，而且实现了自然景观与文化观光的和谐统一，凸显了程阳八寨景区景点的核心文化价值，增强了其文化特质，从而推动了程阳八寨旅游文化产业集群的全面发展。

（二）民族文化产品的开发

首先是民俗旅游产品的设计与开发。程阳八寨，作为侗族文化的摇篮，孕育了丰富而独特的民俗文化，这些文化特色主要通过各类民俗活动得以展现，具体内容详见表 4-4。这些民俗文化活动作为一种珍贵的精神遗产，不仅具有显著的旅游吸引力，而且为加速程阳八寨传统村落文化旅游产业集群的发展提供了强劲的动力。以"侗族月也节"为例，这是一种集体游乡做客的社交习俗，最初源于村寨或族姓之间的结盟，旨在增强群体生存的安全感、提升抵御外敌的能力以及劳动效率。随着社会的进步与发展，月也节逐渐转变为侗族人民进行对外交流交往的集体性社交活动。目前，这一节日已被开发为旅游产品，面向大众市场。每年 11 月，程阳八寨景区每周都会安排月也节活动，活动内容包括芦笙迎宾、侗族琵琶对唱、民俗歌舞表演、拦路迎宾、对歌进寨、侗族纺纱表演、侗族纺纱邂逅游行、侗族讲款和侗族耶歌对唱、侗族百家宴等。其中，百家宴作为侗族人民接待客人的最高礼仪，不仅是侗族和谐共处的重要象征，而且拥有数百年的历史。随着时间的推移和旅游业的发展，百家宴已成为重大节庆活动的必备环节，也是景区旅游产品的核心内容。被誉为"百节之乡"的程阳八寨，每月都举办富含侗族文化底蕴的主题民俗活动，为游客呈现一场场文旅盛宴。通过参与这些丰富多彩的民俗活动，游客能够真实地体验侗族的民族风情，从而彰显程阳八寨景区"千年侗寨，纯净程阳"的品牌形象。这些活动不仅撬动了旅游客源市场，而且带动了当地群众的经济增收，为程阳八寨的文化旅游产业注入了持续的发展活力。

表 4-4 　　　　　　　　　　　　程阳八寨民俗活动一览

时间	节庆活动	主要内容
1 月	侗族偷新娘	民俗活动、民族歌舞
2 月	侗族集体婚礼	民俗活动、民族歌舞
3 月	二月二侗族大歌节	民俗活动、民族歌舞
4 月	三月三侗族坡会节	月也活动、赛芦笙、打汤圆油茶
5 月	四月初八侗耕节	民俗歌舞、品尝侗族糍粑、百家宴
6 月	五月五端午粽粑节	吃粽粑、民俗活动
7 月	六月六侗戏节	侗戏表演
8 月	七月七油茶节	打油茶
9 月	八月十五侗族芦笙节	芦笙比赛
10 月	九月九重阳南瓜节	登山、篝火晚会
11 月	侗族"月也节"	赛芦笙、讲款、耶歌对唱
12 月	过侗年节	祭祀、民族歌舞

资料来源：笔者整理实地走访调研所获一手资料。

　　其次是文化旅游商品的设计与开发。程阳八寨的文化旅游商品以传统工艺和传统美食为主。其中，传统工艺主要有建筑工艺、侗锦、刺绣、编织、银饰、芦笙等；所开发出来的旅游商品主要体现为手工艺术品如原木工艺品、挑花、刺绣、彩绘、雕刻、剪纸、刻纸、藤编、竹编；银饰如颈圈、项链、手镯、耳环、戒指、银簪、银花；纺织品如侗棉、侗帕、侗布。程阳八寨传统工艺文化旅游商品就地取材，设计精美，价格合理，质量上乘，集实用性与纪念性于一体，凸显了少数民族文化特色，在一定程度上拓宽了侗族文化的传播渠道。而传统饮食主要是当地民俗节日系列饮食如侗果、炒米、油菜、甜藤粑、枕头粑、重阳粑、年节炖肉等，以及反映地方特色的野味系列食品、香型系列食品、腌制系列食品等。侗族村寨物产丰富，所开发出来的传统饮食旅游商品色美味香、鲜嫩可口，不仅受到全国各地食用者的称赞，也受到海外地区如欧美、日本和东南亚游客的青睐。当地居民还有效利用特色民俗活动如"二月二大歌节""花炮节"等推广和宣传旅游商品，不仅提高了当地旅游特色文化及商品的知名度，还扩大了旅游商品的市场份额。旅游市场对传统工艺、传统饮食、传统美术等文化旅游商品的需求，吸引了人才回流参与旅游商品的研发与设计，并在当地组建起生产加工团队和销售平台，经过持续经营，传统村落已形成稳定而成熟的旅游商品开发行业环境，极大地推动了传统村落旅游文化产业的集群化发展。

（三）民族文化博物馆的打造

民族文化博物馆，作为一项关键且具有显著吸引力的旅游资源，扮演着至关重要的角色，不仅是侗族村寨向游客展示其民族文化和历史记忆的重要平台，同时也深刻体现了该地区旅游文化的内涵。这一机构的存在，不仅增强了游客对侗族历史和文化的认识，而且提升了旅游体验的深度和广度，从而在旅游活动中发挥着不可替代的作用。

为了迎合旅游市场的需求，程阳八寨景区已成功建立了中国最大的侗画博物馆和三江侗族民俗工艺馆。中国侗画博物馆收藏了超过 500 件的侗族画作，其空间布局包括室内陈列展览区、技艺体验区、旅游商品展销区，以及室外的花海村寨写生区，旨在为游客提供全面而深入的侗画民间艺术体验。该博物馆的设计充分考虑了游客的参与感和沉浸感，成为侗画艺术展示的殿堂。

位于平岩村岩寨屯的三江侗族民俗工艺馆，占地面积 218 平方米，建筑面积达到 1350 平方米，其中展厅面积达到 436 平方米。馆内设有两个陈列展厅和 15 个展柜，藏品总数达到 144 件（套）。展览内容包括木结构建筑技艺的代表作、侗布织造的完整流程分解展示、侗族服饰、刺绣作品以及传统劳作工具，全面展现了三江县悠久的历史文化、独特的民族特色和丰富的民族资源。这些展品为游客深入理解三江侗族文化提供了宝贵的窗口。这些民族文化博物馆的建立，不仅有效促进了程阳八寨文化遗产的挖掘、整理与保护，而且为研究侗族文化遗产提供了新的平台。此外，它们也成为推动文化富民的新标志和促进旅游发展的新亮点，为程阳八寨的文化旅游产业注入了新的活力。

二、文化影响过程

文化遗产是传统村落文化旅游的核心资源，也是传播当地民族优秀传统文化的重要载体，两者相互支撑、彼此影响，共同促进文化旅游的持续发展以及传统文化的传承与发展。因此，程阳八寨传统村落旅游发展对侗族传统村落文化遗产产生了深远影响，主要体现在对文化景观的改造与更新以及民俗文化的传承与演变。

（一）文化景观的改造与更新

程阳八寨的人文景观特色鲜明，其木质建筑文化尤为显著，构成了一种具有显著竞争优势的旅游资源。这些侗族传统木结构建筑不仅展现了独特的工艺技术和审美价值，而且承载了丰富的历史和文化意义，为旅游市场提供了独特的吸引力。因此，旅游发展所推动的侗族村寨传统民居文化景观的更新及其内部各类建筑部件的修复与改造已成为传统村落文化遗产集群化保护的核心和重点。具体而言，文化景观的改造与更新主要是由旅游规划单位与政府等根据村落实际状况，将文化景观空间打造成相关部门和旅游者所构想的空间形态。例如，作为景区重要组成部分的平岩村，从旅游开发之初在村寨内进行的简单商业化开发与建设，到创建国家5A级景区以及申报世界文化遗产时期的大拆大治，均为还原侗族村寨文化景观的原真性。旅游开发前，传统村落内的古民居饱经岁月侵袭，部分已严重老化；随着旅游业的发展，地方政府积极引导居民对村落内部环境进行了系统的整治与更新。在这一过程中，重点对村寨内的侗族特色建筑景观，如鼓楼、寨门、戏台、风雨桥等进行了修缮和维护。此外，在传统村落的水电基础设施布局、排污系统安装、公共物品的外观设计等方面均严格按照相关规划标准执行。对于村寨内已建成的、风格与村落风貌设计规划不相符的建筑物和构筑物，采取了逐步改造或迁移的措施。为了推进传统村落的危房改造，实施了"三举措"策略，包括"三清三拆"行动和拆旧复垦工作，这些措施进一步促进了侗族传统民居建筑景观的修复、改造和更新。在村落古建筑修缮方面采取诸如"收旧料，老木材变废为宝"和"保旧宅，古建筑重焕新颜"等创新做法。在一系列保护措施的推动下，程阳八寨传统村落的民居建筑文化景观得到了显著改善，侗族建筑景观的风貌得以更为完整地保留。

总体而言，侗族村寨的内部景观空间经历了从原始布局到现代化布局，再回归传统的演变过程；而外部景观空间则经历了从传统乡村聚落到现代楼房的逐步替代，最终回归到传统聚落空间的重新塑造。村寨逐步转变为一个具有整体规划性和较高观赏性的景区空间。旅游业的发展显著促进了地方政府和当地居民对程阳八寨传统民居建筑文化景观集群的修复与改造，不仅深入挖掘了侗族村寨民居建筑的文化内涵，提升了其作为旅游资源的吸引力，而且实现了传统村落旅游业开发与文化遗产集群化保护的良性互动，为传统村落的可持续发展奠定了坚实的基础。

（二）民俗文化的传承与演变

侗族文化代际"口耳相传"的传承方式使其具有一定的脆弱性，容易流逝和变异，内外部环境的变化会使得原本脆弱的民俗文化更加岌岌可危。旅游开发作为一种外部力量，能够在一定程度上推动程阳八寨侗族民俗文化的传承与演变，进而影响对村落文化遗产的集群化保护。旅游开发的科学合理性对于民俗文化的传承与保护起到了积极作用，这一作用主要体现在以下两个层面：

首先，旅游开发促进了侗族传统民俗文化的复兴。通过旅游业的发展，一些与现代生活节奏或社会发展不完全适应的民俗文化得以重新发现和利用，不仅为当地带来了显著的经济效益，而且激发了民俗文化自身的生命力，确保了其持续性。以程阳八寨的"百家宴"为例，这一活动因其原真性和体验性而受到游客的广泛欢迎。在"百家宴"上，游客能够深入体验侗族的饮食习俗和传统歌舞，感受丰富多彩的民族风情。2006年，岩寨新鼓楼的建成和鼓楼坪的修缮为"百家宴"的旅游开发提供了适宜的场所。为了扩大"百家宴"的规模并营造良好的经营环境，程阳八寨景区对各个村寨的"百家宴"项目进行了整合和规划，实现了企业化的经营和管理。通过这种方式，各村寨以团队形式与企业签约，参与"百家宴"的接待服务，企业则负责月底的分红结算。随着"百家宴"文化内涵的不断挖掘，该项目也从默默无闻发展为受到中央电视台新闻联播、新华社、中新社等国家级主流媒体广泛关注和报道的旅游产品，其知名度和美誉度显著提升，吸引了大量游客前来体验，村民的收入也因此逐年增长。民俗文化与旅游的融合不仅展现了传统村落民俗文化的经济价值，而且激励了乡村社区居民积极参与传统民俗文化的保护。

其次，旅游开发提升了侗族居民对本民族传统文化的认同感。在程阳八寨传统村落文化遗产的旅游开发过程中，将村落中独特性强、发展潜力大的民族文化遗产资源转化为具有市场价值的旅游产品，并通过市场化手段，将侗族村寨的文化优势转化为经济优势。这一过程改变了当地侗族居民对本土文化价值的看法，促使他们自觉地参与到本民族文化内涵的挖掘和展现之中，从而增强了对本民族传统文化的认同感和自豪感。为有效衡量旅游发展过程中当地居民对本民族传统文化认同感的变化，笔者对程阳八寨传统村落居民发放问卷进行调查，结果如表4-5所示。

表4-5　　　　　　　　　　居民问卷调查结果

项目	同意（%）	非常同意（%）
认为旅游发展后民俗活动有所增加	34	57
旅游发展后，对当地民俗的文化内涵理解有所加深	39	55
现代服饰比本民族传统服饰好看	15	10
很愿意学习本民族音乐、舞蹈、技艺等	51	48

项目	同意（%）	非常同意（%）
现代建筑比本民族建筑好	14	8
旅游开发有利于民俗文化保护	48	50
为自己是侗族人而感到骄傲	44	51

资料来源：笔者根据问卷调查整理。

调查结果显示，程阳八寨的文化遗产旅游开发显著提升了当地侗族传统民俗的文化价值，将其转化为极具吸引力的旅游资源，并促进了民俗文化资源向经济价值的转化。此外，这一过程还增强了当地居民对自身民族文化的认同感。随着村落旅游发展带来的经济效益不断增长，许多曾在外地务工的村民纷纷返回家乡，寻求就业和创业机会，他们对文化遗产保护与传承的态度也发生了积极的变化。不同年龄段的居民群体，无论是青少年还是中老年人，普遍表现出对本土民族文化的强烈认同感和自豪感。例如，在程阳八寨参与"百家宴"表演的队伍中，年龄跨度从十几岁到六十多岁不等，每个村寨每年大约举办四五十次相关活动。尽管参与表演辛苦，但队员们表示享受与来自各地的游客共享美食的氛围，这不仅让游客深刻体验了侗族的饮食文化，还加强了邻里之间的互动和交流。显然，旅游业的蓬勃发展使程阳八寨的居民更深入地理解了本地民俗文化的内涵，并激励他们更加积极地参与到对民族传统文化的保护工作中。

三、环境影响过程

旅游环境主要包括当地的政治、经济、文化、社会、设施、生态环境，程阳八寨传统村落文化遗产开发能否实现可持续性与传统村落文化遗产集群系统的旅游环境息息相关。传统村落文化遗产旅游环境是旅游业的载体，而旅游业发展也在不断地塑造、调整传统村落文化遗产集群化保护的环境，可见，两者彼此联系，相互促进。本书主要从设施接待能力和文化民俗容纳能力两个方面来探讨旅游发展对传统村落文化遗产集群化保护环境的影响。

（一）设施接待能力

就当地设施接待能力的影响而言，首先，政府为提升旅游发展质量，对程阳八寨的接待环境优化给予了高度重视。近年来，三江县致力于加快乡村全面振兴的步伐，旨在为乡村居民营造宜居宜业的美丽村落。三江县政府坚持以乡村规划为发展蓝图，大力推进村落基础设施的改造与提升，包括完善供电网络、通信基础设施，以及提升村落公共服务水平。在这一方针指导下，程阳八寨实施了主要街巷的修缮与平整工程，对村内排水沟进行了统一规划与全硬化处理，有效改善了房前屋后的环境问题，并对村级公共服务基础设施进行了改造。此外，旅游标识的重新设置和村级综合服务中心的建立，进一步提升了村落的整体形象。林溪镇通过"三举措"策略，稳步推进农村危房改造、"三清三拆"行动和拆旧复垦工作，其中包括将不可拆除的旧房和宅基地转变为村集体所有，并开发为民宿，以促进乡村旅游和民宿经济的发展。同时，对某些与当地文化遗产内涵和环境特色不协调的旅游开发项目进行了调整和拆除。

其次，企业的参与对于程阳八寨景区接待设施的改造工作起到了关键作用。三江通达公司自2014年底成立以来，主要负责程阳八寨景区的管理与发展。企业的介入为公共基础设施和旅游服务设施的建设提供了更为坚实的资金支持、专业人才和周密规划。在三江通达公司的开发与管理下，程阳八寨的南部、中部和北部三大核心服务区相继建成，露营场地、星级住宿等配套设施日益完善，使得程阳八寨成为一个配套设施齐全的国家5A级景区。

目前，程阳八寨景区已呈现出多方合力共建的局面。在政府的引导和企业的带动下，传统村落居民积极参与到基础设施的改造与修缮中，共同维护民居的传统特色和自然和谐的村屯风貌。通过这些措施，侗族传统村落的整体面貌发生了显著变化，基础设施和公共设施建设不断完善，旅游接待能力显著增强。这不仅为游客提供了更丰富的传统文化体验，也优化了当地居民的生活环境。

（二）文化习俗容纳能力

旅游业的兴起对当地文化习俗的容纳能力产生了显著影响。随着村落旅游业的持续发展，不同文化背景的游客大量涌入带来了多样化的外界新鲜事物和文化形态。这种外来文化与村落本土文化的接触和碰撞，无形中影响了当地居民的文化表达方式。当地居民对外来文化的态度经历了从最初的主动抵制，到后来的迎合，直至逐渐认可和接纳的过程。这一转变不仅体现了当地居民视野的逐步拓宽，也映射了他们对文化多样性的包容和理解。在针对当地村落居民的调查中，普遍反映出一个观点：尽管游客引入的一些思想文化和价值观对当地造成了一定的冲击，但并未激发居民的抵触情绪。相反，他们表现出对先进文化观念的吸纳能力，这不仅为当地传统文化的创新提供了新的视角，也促进了侗族传统文化的进一步繁荣发展。这种文化的融合与更新，为传统文化的生存与发展开辟了更广阔的空间。

此外，旅游业带来的知名度和经济收益，不仅增强了民族凝聚力，也提升了本地居民的待客热情和友好度。部分居民表示，与来自不同地区的游客交往是一种宝贵的经历。在双方的互动中，居民们感受到游客对当地民俗的尊重和热爱，这对他们而言是一种愉悦的体验。文化视野的拓宽，使传统村落的居民在心理上做好了更全面的准备，从而在旅游发展的过程中能够采取更为主动的态度，抓住更多的发展机遇。

第五章

旅游发展对广西传统村落文化遗产集群化保护的驱动机理

广西壮族自治区位于中国的西南部，是一个多民族聚居的地区，主要包括汉族、壮族、瑶族、侗族、苗族等 12 个世居民族。在这些民族漫长的历史演进中，建立了众多形态各异、风格独特、数量众多的传统村落，这些村落不仅体现了各民族的文化特色，也成为中国多元文化遗产的重要组成部分。如前所述，广西拥有中国传统村落 5 批共计 280 项，而自治区级传统村落共计 3 批 657 项，数量众多的传统村落留存着丰厚的文化遗产。根据前文统计结果可知，广西传统村落文化遗产数量达到 639 项，其中物质文化遗产 127 项，非物质文化遗产 512 项。近年来，随着现代化、工业化和城镇化的持续推进，广西传统村落遭到前所未有的冲击，部分珍贵的文化遗产遭到严重破坏，文化遗产的保护与发展成为社会各界亟待解决的重要问题。为有效破解这一难题，需要从整体观念出发，根据广西传统村落的特点，探索文化遗产的集群化保护路径，通过资源互补、设施共建、文化共享等发挥传统村落文化遗产的综合效益。旅游产业属于综合性产业，涉及住宿、餐饮、交通、游览、购物、娱乐等诸多环节，是人们为挖掘、改善和提高旅游资源吸引力而从事的资源开发和建设活动，在整合地域资源、传承民族文化、拉动经济发展等方面具有重要作用。实践证明，旅游发展是传统村落文化遗产集群化保护的重要途径。然而，现有研究多集中在旅游发展对传统村落文化遗产集群化保护的必要性及意义方面，缺少中观层面旅游发展对传统村落文化遗产集群化保护驱动因素的探讨，其驱动机理也尚不明晰，理论发展滞后于现实需要。鉴于此，本章以旅游发展对广西传统村落文化遗产集群化保护的驱动机理作为研究对象,通过辨析旅游发展对广西传统村落文化遗产集群化保护的驱动因素,探讨传统村落文化遗产集群化保护的动力系统,揭示并有效化解传统村落文化遗产集群化保护瓶颈制约,以期为促进民族地区旅游业的高质量发展与传统村落文化遗产集群化保护提供参考借鉴。

第一节　旅游发展对广西传统村落文化遗产集群化保护驱动因素的确定

当前有关旅游发展对传统村落文化遗产集群化保护驱动因素方面的研究较少,因此本书在参考和借鉴国内外相关研究成果的基础上,经过理论遴选、专家咨询和专家问卷多轮分析,最终确定了旅游发展对传统村落文化遗产集群化保护的驱动因素。

一、第一轮驱动因素的确定

随着国家对传统村落文化遗产保护重视程度的不断提升,学术界对于该领域的研究成果日益丰富,为探究旅游发展对广西传统村落文化遗产集群化保护的驱动因素奠定了坚实的理论基础。本书围绕传统村落文化遗产保护的影响及其驱动因素主题对现有相关文献进行系统的梳理和分析,尤其重点关注具有代表性的文献,以期为广西传统村落文化遗产保护的实践提供理论指导和参考。代表性文献如表 5-1 所示。

表 5-1　学术界关于旅游发展对传统村落文化遗产保护驱动因素的研究成果整理

作者	研究视角	具体因素
王宏刚（2006）	偏远古村落文化遗产保护的动力机制研究	中央政府及各地方政府的文化部门;研究本土文化的学术界;旅游管理部门;文化产业投资者及经营者;当地民众;当地文艺创作与演出等社会团体
陈小春（2016）	传统村落旅游发展的驱动力研究	村落景观;本土文化;民风乡俗;居民情感;居民;基层组织;社区的利益诉求;客观需求;主观需求;传统村落的考察、记录、研究、管理、开发;传统村落的普查、评估、宣传、激励、协调

续表

作者	研究视角	具体因素
付亚楠（2017）	文化遗产型旅游地演化进程及驱动机制研究	资源禀赋；经济支撑力；市场推广力；政府调控力；特殊事件；环境；社会发展；区位交通；科学技术；资金投入；基础设施建设；政策支持；管理体制；节庆活动、国际盛事；金融危机；自然灾害；病毒入侵
郭晋媛（2019）	山西传统村落旅游开发动力机制研究	政策制定；法律保障；综合统筹；学术界；行业协会组织；社会志愿者；游客；民俗群体；企业；村民

　　在参考和借鉴上述研究成果的基础上，结合旅游发展对广西传统村落文化遗产保护的实际，在综合性、系统性、可操作性等原则的指导下，开展第一轮驱动因素的甄选。同时，为了确保驱动因素的科学性，笔者还邀请了四川大学、云南大学、贵州大学、西南民族大学、桂林理工大学、南宁师范大学、桂林旅游学院长期致力于文化遗产保护、文化旅游研究、民族经济发展等研究领域的 14 名高校专家学者开展专题小组讨论，最终选取了 26 项旅游发展对广西传统村落文化遗产集群化保护的驱动因素，构成第一轮驱动因素 X，如表 5-2 所示。

表 5-2　旅游发展对广西传统村落文化遗产集群化保护的第一轮驱动因素 X

序号	驱动因素	序号	驱动因素
1	区域经济发展	14	居民生活质量
2	传统村落文化保护需要	15	资金投入
3	乡村旅游持续推进	16	外界关注度
4	旅游精准扶贫	17	消费观念的转变
5	学术资源	18	文化繁荣发展
6	旅游市场需求	19	学校教育
7	传统村落文化遗产资源	20	旅游服务设施
8	大专院校	21	遗产保护机构
9	外来文化的冲击	22	人才队伍
10	文化遗产的创新变革能力	23	旅游政策与法规
11	社区居民的参与和支持	24	传统村落文化遗产的价值
12	文化遗产知名度	25	媒体传播
13	旅行社	26	民间组织

虽然经过理论遴选和专家讨论得到旅游发展对传统村落文化遗产集群化保护的第一轮驱动因素 X 能够较为集中地反映各位专家学者的意见和建议，但所选取因素的主观色彩相对较强，且各因素之间有重复，其系统性、逻辑性仍有待增强。因此，有必要运用专家问卷法对其进行进一步修正，以丰富和完善旅游发展对广西传统村落文化遗产集群化保护的驱动因素，提高驱动因素选取的科学性、合理性。

二、第二轮驱动因素的确定

通过将第一轮驱动因素 X 设计成专家调查问卷（见附录2），邀请29名专家作为调查对象，其中除参与专题讨论确定第一轮驱动因素的 14 名专家以外，还有来自广西民族大学、广西大学、中央民族大学、云南大学、中南民族大学，以及广西区内相关政府部门、科研机构的 15 名专家学者。调查问卷共分为两个部分，第一部分运用李克特量表法，将各驱动因素的重要程度分为"重要""较重要""一般""较不重要""不重要"五个程度，并分别赋予 9、7、5、3、1 分；请专家根据科学性、综合性、系统性和可操作性等原则以及自己的知识和经验对第一轮的 26 项驱动因素进行重要性打分。第二部分则请专家就所甄选的第一轮驱动因素提出还需修改的具体建议，以开放的形式进行填写。本轮共发放专家问卷 29 份，回收有效问卷 26 份，有效回收率为 89.66%。

运用 SPSS 20.0 对调查结果进行数据处理，得到各驱动因素的均值、标准差与变异系数。其中，各驱动因素得分的均值表示专家意见的重要程度，即"意见集中度"，均值越高，表明专家认为该驱动因素越重要；标准差表示专家意见的离散程度，标准系数越大，表明专家意见的离散程度越大；变异系数是标准差和均值的比值，表示专家意见的协调程度，即"意见协调度"，变异系数越大，则表明专家意见的协调性越低，存在分歧越大。

假设 X_{ij} 表示第 i 个专家对第 j 个指标的打分，共有 n 个专家：

$$M_j = \frac{1}{n} \sum_{i=1}^{n} X_n \qquad (5.1)$$

$$S_j = \sqrt{\frac{1}{n-1} \sum_{i=1}^{n} (X_{ij} - M_j)^2} \qquad (5.2)$$

$$V_j = S_j / M_j \qquad (5.3)$$

式中，V_j 越小，j 指标的专家意见协调度越高；M_j 表示 n 个专家对 j 指标评分的均值；S_j 表示 n 个专家对 j 指标评分的标准差；V_j 表示全部专家对 j 指标评价的变异系数。

现将专家调查结果进行数据处理，对第一轮驱动因素的"意见集中度"和"意见协调度"进行筛选，结果如表5-3所示。

表5-3　旅游发展对广西传统村落文化遗产集群化保护第一轮驱动因素的专家打分情况

序号	驱动因素	M_i	V_j	序号	驱动因素	M_i	V_j
1	区域经济发展	8.454	0.156	14	居民生活质量	5.895	0.159
2	传统村落文化保护需要	8.177	0.189	15	资金投入	7.197	0.187
3	乡村旅游持续推进	7.195	0.165	16	外界关注度	5.495	0.089
4	旅游精准扶贫	7.897	0.154	17	消费观念的转变	5.392	0.187
5	学术资源	7.985	0.054	18	文化繁荣发展	6.125	0.136
6	旅游市场需求	6.192	0.158	19	学校教育	4.494	0.115
7	传统村落文化遗产资源	7.494	0.189	20	旅游服务设施	7.984	0.346
8	大专院校	7.491	0.147	21	遗产保护机构	6.892	0.169
9	外来文化的冲击	7.197	0.368	22	人才队伍	7.184	0.149
10	文化遗产的创新变革能力	7.894	0.184	23	旅游政策与法规	8.111	0.169
11	社区居民的参与和支持	7.196	0.414	24	传统村落文化遗产的价值	6.152	0.288
12	文化遗产知名度	5.567	0.358	25	媒体传播	6.011	0.148
13	旅行社	8.184	0.335	26	民间组织	7.193	0.256

由表5-3可知，在26项驱动因素中，超过半数驱动因素的均值大于6，而变异系数普遍小于2，表明专家对绝大多数驱动因素的认可度较高。以 $M_i \geqslant 6$ 为基准，保留专家认可程度较高的21项驱动因素，结合"外来文化的冲击""社区居民的参与和支持""旅行社""旅游服务设施""传统村落文化遗产的价值"5项专家意见分歧较大的驱动因素，对第一轮驱动因素作出以下调整：

（1）剔除"文化遗产知名度""居民生活质量""外界关注度""消费观念的转变""学校教育"5项意见集中度较低的驱动因素，保留剩余的21项驱动因素。

（2）综合专家的修改建议，将变异系数较大的驱动因素进行调整。部分专家指出，传统村落文化遗产具有诸多价值，如艺术审美价值、科技价值、历史价值等，但在旅游发展的过程中，传统村落文化遗产的价值主要体现为旅游价值，它是传统村落文化遗产旅游开发的基础和前提，是文化遗产由旅游资源转化为旅游客体的重要依据，为突出旅游发展对传统村落文化遗产的保护作用，可将"传统村落文化遗产的价值"改为"传统村落文化遗产的旅游价值"。

（3）对于"旅游服务设施"这一驱动因素，专家认为，传统村落文化遗产旅游发展不仅依托于旅游接待、旅游购物等服务设施，而且对当地旅游交通、通信、水电等设施的建设提出了新的要求，旅游基础设施和旅游服务设施的改进也会间接影响传统村落文化遗产的集群化保护，因此，可将"旅游服务设施"改为"旅游设施"，以尽可能涵盖当地旅游基础设施和旅游服务设施。

（4）对于"旅行社"这一驱动因素，专家认为，在旅游发展过程中，旅行社是连接旅游供给和旅游需求的重要纽带，在整个旅游过程中发挥着中介作用。旅行社所提供的中介服务固然必不可少，但是在实际旅游发展过程中，旅游交通、旅游饭店以及旅游景区等旅游企业所提供的服务也是旅游者顺利开展旅游活动的必要条件，它们与旅行社一起共同组成连接旅游目的地和旅游客源的重要中介机构，因此，可将"旅行社"改为"旅游企业"，以更全面地表述支撑旅游发展的中介机构。

（5）有专家认为，在旅游业发展过程中，传统村落文化遗产会不可避免地遭受外来文化的冲击，如何最大限度地减少外来文化的冲击，虽与当地政府部门、旅游企业的作为密切相关，但更需要当地社区居民的文化自觉与自信，而这些则体现为对旅游发展以及文化遗产保护的参与程度，社区居民的参与和支持表明其对自身传统文化的自信心和自豪感的增强，故为提高驱动因素的代表性和精简性，将"外来文化的冲击"以及"社区居民的参与和支持"合并为"社区居民文化自觉与自信"。

（6）为进一步提升驱动因素的全面性，参考专家意见，增加"文旅产业蓬勃发展""传统村落保护工程推进""文化遗产信息网站"三项驱动因素。

综合以上对第一轮驱动因素的增删与修改，最终确定旅游发展对广西传统村落文化遗产集群化保护驱动因素，如表5-4所示。

表5-4　旅游发展对广西传统村落文化遗产集群化保护的第二轮驱动因素

序号	驱动因素	序号	驱动因素
1	区域经济发展	4	旅游精准扶贫
2	传统村落文化保护需要	5	学术资源
3	乡村旅游持续推进	6	旅游市场需求

序号	驱动因素	序号	驱动因素
7	传统村落文化遗产资源	16	人才队伍
8	大专院校	17	旅游政策与法规
9	社区居民文化自觉与自信	18	传统村落文化遗产的旅游价值
10	文化遗产的创新变革能力	19	媒体传播
11	文旅产业蓬勃发展	20	民间组织
12	文化繁荣发展	21	文化遗产信息网站
13	资金投入	22	旅游企业
14	旅游设施	23	传统村落保护工程推进
15	遗产保护机构		

第二节　旅游发展对广西传统村落文化遗产集群化保护的动力系统分析

　　系统是由若干相互联系、相互作用的要素组成的综合体。目前，旅游发展对广西传统村落文化遗产集群化保护受到经济发展水平、传统村落文化保护、文化遗产的价值与功能、科技进步与创新、文化遗产信息系统等多方面因素的影响，这些因素按照一定的关联性组成一个个子系统，各子系统之间相互联系、相互作用，共同构成旅游发展对广西传统村落文化遗产集群化保护的动力系统。

　　根据系统动力学、"推—拉"等理论，结合上述经过两轮筛选所确定的驱动因素，按照各驱动因素的功能与特点，将驱动旅游发展对广西传统村落文化遗产集群化保护的动力系统归纳为推力、拉力、支持力和中介力四种力量。其中，推力是旅游发展对广西传统村落文化遗产集群化保护起推动作用的因素，包括"区域经济发展""传统村落文化保护需要""旅游精准扶贫""乡村旅游持续推进""旅游市场需求""文旅产业蓬勃发展"；拉力是旅游发展吸引广西传统村落文化遗产集群化保护的因素，涉及"传统村落文化遗产资源""社区居民文化自觉与自信""文化遗产的创新变革能力""文化遗产的旅游价值""传统村落保护工程推进""文化繁荣发展"；支持力是在旅游发展促进广西传统村落文化遗产集群化保护过程中起辅助支撑作用的因素，包括"旅游设施""人才队伍""旅游政策与法规""学术资源""资金投入""遗产保护机构";中介力则是将旅游发展对广西传统村落文化遗产集群化保护的推力和拉力联系起来的因素,在两者之间起着媒介桥梁的作用,包括"旅游企业""民间组织""媒体传播""高等院校""文化遗产信息网站"。据此,构建出由推力系统、拉力系统、支持系统和中介系统组成的旅游发展对广西传统村落文化遗产集群化保护的互动型动力系统,如图 5-1 所示。

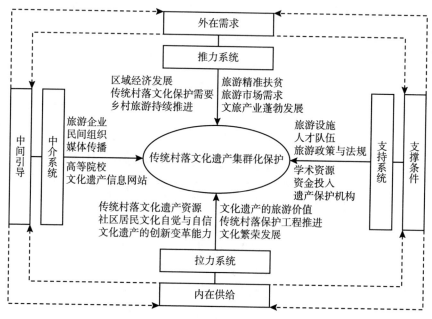

图 5-1　旅游发展对广西传统村落文化遗产集群化保护的动力系统

由图 5-1 可知,在探讨旅游发展对广西传统村落文化遗产集群化保护的动力机制时,可以将其划分为四个相互关联的子系统。首先,推力系统代表了旅游发展对传统村落文化遗产集群化保护的外部促进力量,它源自旅游业自身的发展需求和对文化遗产价值的认识。其次,拉力系统构成了旅游发展过程中内部驱动传统村落文化遗产集群化保护的核心力量,通过一系列驱动因素的综合效应,促进了对文化遗产的系统化保护与发展。再次,支持系统为旅游发展与文化遗产保护之间的良性互动提供了必要的支撑与保障,确保了两者之间的协调与可持续性。最后,中介系统扮演着连接推力系统与拉力系统的桥梁角色,在两者之间发挥着关键的传导作用。

进一步地，这些子系统又可以细分为多个相互作用和影响的元素，它们在旅游发展的过程中共同作用，推动了广西传统村落文化遗产的集群化保护。这些元素统称为驱动因素，它们按照特定的关联性组成四个子系统，并相互交织作用。各系统之间的相互作用和影响，共同促进了旅游发展对广西传统村落文化遗产集群化保护的全面推动。

一、推力系统

推力系统是在旅游发展过程中推动广西传统村落文化遗产集群化保护的外在助推力，包括"区域经济发展""旅游市场需求""文旅产业蓬勃发展""乡村旅游持续推进""旅游精准扶贫""传统村落文化保护需要"六个方面，具体分析如下。

（一）区域经济发展

区域经济发展是旅游产业发展的基础，也是广西传统村落文化遗产集群化保护的前提条件和关键因素。区域经济发展直接影响着传统村落居民的收入水平、文化旅游消费水平、遗产保护的支持力度以及政府部门对传统村落文化遗产集群化保护的关注度等。当前，区域经济发展这一驱动因素在旅游发展过程中对广西传统村落文化遗产集群化保护的推动作用主要体现在以下两个方面：

一方面，伴随广西区域经济的持续增长，当地居民的收入水平稳步提升，加之闲暇时间的逐渐增多，对于文化旅游的消费需求也随之增强。这一经济和社会背景下的居民对于参与传统村落文化遗产体验旅游的意愿更为强烈。在旅游业的推进过程中，游客对传统村落文化遗产的价值认知逐渐深化，这不仅提升了其参与文化遗产保护的主动性和积极性，也为广西传统村落文化遗产集群化保护构建了坚实的群众基础。这种由内而外的参与和支持，为文化遗产的保护工作提供了广泛的社会动力。

另一方面，无论是传统村落的物质文化遗产保护还是非物质文化遗产的传承，均需依赖大量的资金投入。在经济快速发展的背景下，地方财政收入的持续增加，为旅游业的高质量发展、传统村落的保护，以及文化遗产的集群化保护提供了坚实的资金保障，从而确保了相关保护工作的顺利进行。观察近年来广西区域经济的发展态势，据广西统计年鉴等相关统计数据资料显示，2022 年该地区的生产总值达到 26300.87 亿元，同比增长 2.9%，其中旅游收入占比达到

24.40%；一般公共预算收入为 1687.72 亿元，较上年下降了 6.2%。到了 2023 年，广西的生产总值进一步提升至 27202.39 亿元，同比增长了 4.1%，旅游收入在总收入中的占比上升至 33.86%；一般公共预算收入增至 1783.80 亿元，同比增长了 5.7%①。这些数据清晰地显示出广西的经济发展水平和旅游收入呈现逐年增长的趋势，这为传统村落的保护提供了强有力的支持。特别是旅游收入在总收入中所占比重的逐年提高凸显了旅游业在广西国民经济中日益重要的地位，为传统村落文化遗产集群化保护创造了有利的经济环境。

（二）旅游市场需求

在经济的迅猛增长和物质生活水平持续提升的背景下，公众对于精神文化层面的需求日益增长，市场对于多样化、高质量的文化旅游产品与服务提出了更高的要求。与此同时，消费者的旅游观念也经历了显著的转变，从传统的观光游览逐步转向更为深入的文化体验和文化休闲方式。根据 2023 年的中国统计数据，全国居民人均消费支出达到 26796 元，其中教育文化娱乐支出为 2904 元，占比达到 10.8%②。此外，根据中国科学院财经战略研究院、中国社会科学院旅游研究中心与社会科学文献出版社共同发布的《旅游绿皮书：2023—2024 年中国旅游发展分析与预测》，指出 2023 年我国家庭人均旅游花费为 4984 元，旅游消费的增长主要集中在住宿和餐饮方面③。具体到广西，根据 2023 年广西壮族自治区国民经济和社会发展统计公报显示，2023 年全区居民人均消费支出为 19749 元。此外，据统计，2023 年我国休闲农业旅游营业收入达 8400 亿元④。可见，包括广西在内的全国居民不仅拥有文化旅游需求，而且已经形成了实际文化旅游消费的浓郁氛围。

作为农耕文化的典型代表，广西传统村落文化遗产极具保护与开发价值，尤其在旅游市场需求的推动下，不仅更多的文化遗产得到挖掘整理和开发利用，还能促进遗产旅游价值的利用与实现，通过文化遗产旅游市场满足群众精神层面的

---

① 根据历年《广西统计年鉴》数据计算。

② 国家统计局网站. 2023 年居民收入和消费支出情况［EB/OL］.（2024 - 01 - 17）［2024 - 06 - 27］. https：//www.stats.gov.cn/sj/zxfb/202401/t20240116_1946622.html.

③ 李文姬. 绿皮书：去年我国家庭人均旅游花费 4984 元［EB/OL］.（2024 - 01 - 31）［2024 - 06 - 27］. https：//www.thepaper.cn/newsDetail_forward_26207760.

④ 国家统计局网站. 农业发展阔步前行 现代农业谱写新篇——新中国 75 年经济社会发展成就系列报告之二［EB/OL］.（2024 - 09 - 10）［2024 - 09 - 17］. https：//www.stats.gov.cn/zt_18555/ztfx/xzg75njjshfzcj/202409/t20240911_1956385.html.

需求。同时，在旅游发展过程中，旅游者对传统村落文化遗产的认识和了解也在逐步加深，这进一步推动了广西传统村落文化遗产的集群化保护。截至 2023 年，广西传统村落文化遗产旅游发展有了较为完善的政策环境支持，发展前景广阔，比如《广西壮族自治区国民经济和社会发展第十四个五年规划和 2035 年远景目标纲要》《广西支持县域经济高质量发展的若干政策》《广西"十四五"文化和旅游发展规划》中都明确提到支持文化旅游发展，完善文旅产业保障体系，优化文化旅游发展全域空间格局，推进文旅产业的高质量发展。

（三）文旅产业蓬勃发展

近年来，广西积极促进文化与旅游产业的深度融合，文旅产业已成为推动地区经济社会发展的新动力。通过实施"建设大项目、打造大品牌、形成大产业"的发展策略，广西将重大旅游项目建设置于更为显著的位置，不断深化漓江、龙脊梯田等文化旅游品牌的塑造，从而开创了文旅产业快速发展的新格局。为了进一步繁荣文旅产业，广西壮族自治区政府精心编制了全区文旅产业中长期发展规划，并将其纳入"十四五"规划的重要篇章，力求打造精品文旅产业规划。此外，广西还对文旅产业发展所需的建设用地进行了优化调整，引进了众多实力雄厚、带动性强、辐射效应显著的投资品牌，以建设具有明显竞争优势和代表性的文旅产业示范基地。同时，推动旅游资源要素的整合，引导资金、人才、科技、信息等生产要素向文旅产业倾斜，并加大对该产业发展所需的资金补偿，建立了专门服务于文旅产业发展的金融经营机构。例如，柳州三江侗族自治县和融水苗族自治县的文旅市场发展迅速，在 2020 年广西（柳州）文化旅游产业投资合作洽谈会暨重大项目的签约仪式上，这两个县获得了充裕的投资，促成了 40 多个文旅项目的落地。显然，广西对文化旅游发展的重视程度在不断提升，致力于实现全区文旅产业的同步发展，打造文化旅游产业的繁荣景象。

广西传统村落文化遗产，作为该区域农耕文化的典范，不仅是文化产业发展的重要基石，也是旅游产业发展的依托。由此可见，广西传统村落文化遗产构成了当地文旅产业蓬勃发展的基础资源。在长期的历史演进中，广西传统村落已积累了可观的文化遗产，包括有形的物质文化遗产和无形的文化遗产，这些遗产蕴含着丰富的历史和文化价值，展现了鲜明的民族特色。在文旅产业繁荣的背景下，广西传统村落文化遗产旅游将迎来新的发展机遇。同时，随着旅游发展和当地居民共同意识的提升，对传统村落文化遗产保护的重视日益增强，这种保护意识的增强进一步推动了传统村落文化遗产的集群化保护工作。

（四）乡村旅游持续推进

乡村旅游，作为旅游行业的一个关键分支，对于挖掘和利用乡村文化资源、维护乡村民俗传统，以及促进乡村经济增长等方面发挥着至关重要的作用。根据2018年文化和旅游部发布的《关于促进乡村旅游可持续发展的指导意见》，明确强调了"加强对乡村生态环境和特色风貌的保护，深度挖掘乡村传统文化和乡土风情，强化乡村文物和文化遗产的保护与传承，积极开发具有特色、差异化和多样性的旅游产品，以推动乡村旅游精品化发展"。这一政策的出台，为全国乡村旅游规模的扩大提供了有力的支持。在此背景下，广西地方政府也相继出台了相关的政策措施。例如，2020年7月，广西发布了《关于促进乡村旅游高质量发展若干措施》，提出"加快乡村旅游业态的融合发展，依托文化遗产开发研学旅游产品，推动乡村研学旅游目的地建设；加强乡村旅游品牌建设；丰富乡村旅游的文化内涵，深入挖掘民族文化、传统文化、民俗文化等特色文化；强化乡村文化遗产的保护与传承，鼓励传统村落发展乡村旅游"的具体措施。在政策的推动下，广西乡村旅游得以快速发展。2023年广西全区乡村旅游接待人数2.50亿人次，同比增长85.5%；实现乡村旅游收入约2265.07亿元，同比增长78.3%[①]。乡村旅游的直接和间接就业人数也持续上升。当前，乡村旅游已成为推动传统村落文化遗产集群化保护的重要手段。广西传统村落，作为民族传统文化的重要载体，融合了自然风光、道德传统、民风民俗等元素，具有深厚的文化底蕴，保护和开发价值显著。在乡村旅游的持续推动下，传统村落文化遗产以其丰富的文化内涵、鲜明的民族特色和独特的地域特征日益受到乡村旅游者的青睐。

在当前乡村旅游不断深化的背景下，广西传统村落文化遗产的旅游开发不仅能够产生显著的经济收益，而且能够有效地回馈文化遗产的保护、传承以及创新发展的过程，从而为文化遗产的集群化保护提供坚实的资金保障。以三江程阳八寨景区为例，根据2024年春节黄金周期间的统计数据，该景区共计接待游客11.2万人次，实现了6000万元的旅游收入，与去年同期相比，游客接待量和旅游收入分别增长了87%和85%。景区运营公司每年专项拨款52万元，用于民族文化遗产的保护与传承，促进了非物质文化遗产与旅游业的融合发展[②]。在笔者

---

① 广西壮族自治区文化和旅游厅. 广西：乡村旅游已成为促进农民增收的有效途径 [EB/OL].（2024 - 04 - 29）[2024 - 06 - 27]. http：//wlt. gxzf. gov. cn/zwdt/mtsy/t18361219. shtml.

② 广西壮族自治区文化和旅游厅2024年春节假期广西文化和旅游市场情况 [EB/OL].[2024 - 02 - 17]. http：//wls. gxzf. cn/2fxxgk/fdzdgknr/sjfb/jlrw/scyxqk/t17974352. html.

对程阳八寨的调查中发现,三江通达公司近年来对景区的改造投资已累计达到3.8亿元,为当地村寨文化遗产的集群化保护打下了牢固的经济基础。

(五) 旅游精准扶贫

在关键的转型期,即从脱贫攻坚过渡到乡村振兴的过程中,乡村旅游在激活村落内部发展动力、巩固和拓展脱贫成果方面发挥了显著作用。它在缩小区域发展差距、推动区域经济高质量发展、实施精准扶贫战略等方面具有深远意义,所产生的经济、社会和环境效益与精准扶贫的目标高度契合。因此,乡村旅游与精准扶贫、乡村振兴之间存在着紧密的耦合关系。

广西传统村落,作为民族文化的重要载体,不仅数量众多,而且历史悠久、文化资源丰富,尤其是文化遗产,成为其重要的旅游资源。然而,受制于历史发展、地理区位、经济发展等因素,广西传统村落的发展步伐缓慢,贫困问题相对突出。随着旅游扶贫工作的深入,传统村落文化遗产旅游强调通过文化旅游产业的发展,为当地居民创造旅游接待就业岗位,提升贫困人口的就业技能,拓宽居民收入来源,从而持续改善贫困状况。以河池市巴马瑶族自治县和百色市田阳区五村镇巴某村的旅游扶贫案例为例,两者均被选入2021年文化和旅游部编制的《体验脱贫成就·助力乡村振兴全国乡村旅游扶贫示范案例》。

在此背景下,越来越多的贫困户开始重视村落内的传统文化,并参与到文化遗产旅游发展中。例如,龙堡村的部分贫困户参与了彩调、桂剧、桂林渔鼓等非物质文化遗产的保护与传承。由此可见,旅游精准扶贫的实施不仅促进了广西传统村落旅游的高质量发展,而且激励了贫困群众参与文化遗产保护,为文化遗产的集群化保护奠定了坚实的群众基础。

(六) 传统村落文化保护需要

广西的传统村落文化遗产,构成了中华民族优秀传统文化的一个核心要素,其源自民众的生产与生活实践,是民众集体智慧与创造力的体现。这些遗产不仅记录了丰富的历史与文化,而且映射了当地居民的生产模式、日常习俗、民间信仰和价值观。我国政府长期以来对传统村落文化遗产的保护给予了极大的关注。具体而言,2014年,住房和城乡建设部联合文化部、国家文物局、财政部共同发布了《关于切实加强中国传统村落保护的指导意见》,该文件强调了文化遗产的保护、村落传统选址与格局的维护、自然与田园景观的整体空间形态与环境,以及全面保护文物古迹、历史建筑和传统民居等。此外,文件还着重提出了对传统建筑集中连片区的修复，以及对古路桥涵垣、古井塘树藤等历史环境要素的保护，同时强调了非物质文化遗产及其相关实物和场所的保护。2019 年 9 月，住房和城乡建设部发布了《关于加强贫困地区传统村落保护工作的通知》，该通知明确指出在贫困地区传统村落的保护利用、活态传承与创新发展的过程中，应科学处理这些关系，坚持以保护为首要任务，以民生为根本，合理利用文化资源，推动旅游经济的发展，以支持脱贫攻坚工作。这些政策和措施充分体现了国家对传统村落文化遗产保护的重视。在这样的政策背景之下，旅游业的发展已经成为促进广西传统村落文化遗产集群化保护的一个重要手段。通过旅游业的发展，不仅能够有效地保护和传承这些文化遗产，还能够为当地经济社会的可持续发展提供动力。

综合以上几点论述可知，"区域经济发展""传统村落文化保护需要""旅游精准扶贫""乡村旅游持续推进""旅游市场需求""文旅产业蓬勃发展"等要素，在旅游发展过程中共同推动了传统村落文化遗产的集群化保护，这些要素紧密相连且相互影响，彼此作用，共同构成了旅游发展对广西传统村落文化遗产集群化保护的推力系统。由这六个要素组成的推力系统作用机制可以概括为如图 5－2 所示。

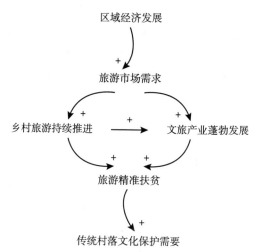

图 5－2　旅游发展对广西传统村落文化遗产集群化保护的推力系统

旅游发展对广西传统村落文化遗产集群化保护推力系统各要素之间的作用机制如图 5－2 所示。随着广西区域经济的快速发展，文化旅游消费需求日渐旺盛，不仅推动了乡村旅游的持续健康发展，而且促进了文旅产业的蓬勃发展，两者均可以推进旅游精准扶贫工作的开展，在带动贫困人口脱贫致富的同时，满足传统村落文化保护的需要，并最终推动广西传统村落文化遗产的集群化保护。由此可见，上述六个要素之间彼此影响、相互作用，共同形成了推力系统，推动着旅游发展进程中广西传统村落文化遗产的集群化保护。

二、拉力系统

拉力系统是在旅游发展过程中拉动广西传统村落文化遗产集群化保护内在驱动因素所构成的子系统，主要包括"传统村落保护工程推进""传统村落文化遗产资源""文化遗产的旅游价值""文化遗产的创新变革能力""社区居民文化自觉与自信""文化繁荣发展"六个方面。具体分析如下。

（一）传统村落保护工程推进

自 2012 年起，我国住房和城乡建设部联合原文化部、国家文物局、财政部等相关部门，共同建立了中国传统村落保护名录制度，标志着传统村落保护工程的正式启动。随后，在 2017 年，国务院办公厅颁布了《关于实施中华优秀传统文化传承发展工程的意见》，该文件明确提出了加强文化遗产保护与传承的重要性，并着重强调了推进中国传统村落保护工程的必要性。文件中提出了对传统村落民居及其各类文物进行保护的具体措施，并倡导进一步完善非物质文化遗产的保护体系，以确保这些珍贵的文化遗产得到有效的保存与传承。2021 年国务院颁布了《中华优秀传统文化传承发展工程"十四五"重点项目规划》，提出政府部门要抓住国家乡村振兴战略的机遇，投入大量资金保证传统村落保护工程顺利开展，重点推进一部分具有民族特色和保护状况较好的传统村落。伴随着传统村落保护工程的持续推进，村落文化遗产也得到了有效挖掘和保护传承。与此同时，广西传统村落正基于对文化遗产的积极保护，不断促进遗产资源的开发利用与旅游活化传承，旨在通过资源的开发与利用，进一步推动遗产的保护传承与创新发展。此举不仅显著改善了当地居民的生存条件，提升了生活质量，而且有助于维护乡村的文化脉络，从而激发了传统村落内在的发展动力与活力。以广西贺州市富川瑶族自治县朝东镇秀水村为例，该村依托其独特的瑶族文化资源，发展了以民族文化风情为主题的旅游产业。秀水村深入挖掘瑶族文化的核心价值，通过创新的方式发展旅游业态集群，具体措施包括全面修缮和保护传统建筑，提供具有民族特色的住宿餐饮，创新演艺形式，以及打造如蝴蝶歌、长鼓舞等民族演艺项目。此外,该村还建设了瑶族油茶文化体验馆,通过这些多元化的旅游项目,有效带动了当地居民的经济增长,助力他们走向富裕之路。由此可见,传统村落保护工程站在全局性的高度对村落文化遗产进行整体谋划、全局打造,不仅有利于广西传统村落文化遗产的集群化保护,使区域内文化资源得到进一步整合,而且通过资源互补、设施共建、文化共享充分发挥传统村落文化遗产的综合效益。当前在传统村落保护工程持续推进的过程中,旅游产业也将发挥更为积极的作用,助推广西传统村落文化遗产的集群化保护。

(二)传统村落文化遗产资源

2019 年,依据《住房城乡建设部办公厅关于做好第五批中国传统村落调查推荐工作的通知》的要求,住房和城乡建设部正式对外公布了第五批中国传统村落名录。该名录共计收录了 2666 个村落,其中包括广西壮族自治区南宁市江南区江西镇安平村那马坡、柳州市融安县大将镇龙妙村龙妙屯等 119 个村落。这些传统村落主要分布在桂林、柳州、玉林、贺州、来宾等地区。至此,广西壮族自治区共有 280 个村落被列入中国传统村落名录,覆盖了广西的 14 个地级市①。可见,广西传统村落数量较多,覆盖面积广泛。

与此同时,广西传统村落还拥有丰富的文化遗产资源。根据前文统计结果可知,广西传统村落文化遗产项目达到 639 项,其中物质文化遗产 127 项,非物质文化遗产 512 项。这些文化遗产项目不仅数量庞大、种类繁多,而且对游客具有显著的吸引力。对这些遗产进行旅游开发,一方面能够丰富传统村落的旅游产品线,更有效地满足游客体验式旅游的需求;另一方面,也能够激发当地居民对文化遗产保护的意识,促使他们主动参与到传统村落文化遗产的集群化保护工作中。以广西河池市环江毛南族自治县下南乡中南村南昌屯为例,该地作为毛南族的发祥地,拥有深厚的民族文化底蕴,其传统古建筑及其他历史遗迹得以完整保存。尤为突出的是毛南族分龙节,这一节日不仅承载着毛南族人民对美好生活的向往,还展现了丰富的民族特色。在分龙节期间,除了举行寓意着对美好生活期盼的祭祀活动外,还安排了特色竹编技艺、傩面雕刻等传统技艺的展示与体验,以及同顶、同背等富有民族特色的传统体育活动。这些活动营造了浓厚的节庆氛围,每年都吸引了众多国内外游客前来参与和体验,使分龙节成为外界了解毛南族生产生活和民俗文化的关键窗口。通过发展民族文化旅游业,不仅加强村落居

---

① 广西壮族自治区住房和城乡建设厅网站.广西 119 个村落入选第五批中国传统村落名录 [EB/OL]. (2019–06–24) [2024–08–27]. http://zjt.gxzf.gov.cn/xyxx/t1563770.shtml.

民的民族凝聚力，也有效唤起了民众的民族认同感和归属感，增强了当地居民的民族文化自信。这种自信心的提升，使得居民以更加饱满的热情参与到与分龙节相关的各项民俗活动的保护与传承工作中。从而有力地推动了分龙节的持续传承与发展。由此可见，广西传统村落文化遗产资源是吸引旅游业发展的重要因素，而旅游业的发展又反过来促进了文化遗产的集群化保护。

（三）文化遗产的旅游价值

文化遗产对于塑造乡村旅游价值和吸引游客方面具有核心作用。广西传统村落文化遗产底蕴深厚、内涵丰富、特色鲜明，作为独具魅力的文化资源，具有旅游产品开发的优势，旅游开发价值较高。广西传统村落文化遗产资源旅游价值的充分利用，主要体现在挖掘遗产的文化内涵，最大限度地拓展、延伸遗产的价值，使游客更好地了解文化遗产的发展历程，提高游客的文化品位，深化游客对传统村落文化遗产资源旅游价值的认识，从而推动广西传统村落集群化保护进程。例如，广西柳州市三江县冠洞村就依托其独特的侗族戏台、吊脚楼、伏龙、风雨桥等，特色的百家宴、侗族大歌、芦笙舞、侗戏、多耶，以及土王节、花炮节等丰富多彩的节庆活动吸引了众多旅游者前来游览，通过挖掘这些遗产的旅游价值，不仅带动了旅游业的发展，而且也有效促进了对遗产的保护。如今，仅冠洞村冠小屯的"百家宴"就可年均接待游客达 3 万多人次，旅游收入可达 120 万元。旅游者在品尝百家宴的过程中也了解到侗族独特的饮食文化、迎宾送客仪式、服饰文化、民族工艺等，进而加深了对侗族传统文化的认知；村落中的青年居民负责表演和做饭，老年人负责擦桌、扫地，每场百家宴办下来，无论老幼都可以获得一定的收入。在实地调查中笔者了解到，近年来冠洞村通过旅游发展已累计脱贫 96 户 394 人。由此可见，当地居民已经将丰富的文化遗产转化为旅游经济资源，将民族文化优势转化为产业优势，通过发展特色文化旅游业，有力推动了村落经济发展，为村民致富提供了强劲动力。此外，为增强冠洞村的旅游竞争力，实现优势互补，防止恶性竞争，村寨之间通过商定实施差异化发展，协同推进文化遗产的集群化保护。冠洞村下辖的冠大屯主要侧重于侗族大歌的旅游开发，冠小屯则多集中在百家宴的旅游项目开发，竹寨则更多的是茶叶种植及采茶体验。由此可见，文化遗产的旅游价值是推动文化遗产集群化保护的重要因素。

（四）文化遗产的创新变革能力

广西传统村落文化遗产的创新变革能力可被理解为该文化遗产对外部环境与

市场需求所展现的适应性和创新性。伴随着社会经济的持续发展和时代的不断演进，我国的文化生态环境经历了显著的变化。在这一过程中，广西传统村落文化遗产作为中华民族优秀传统文化的一个重要组成部分，正面临着全球化与现代化进程中的严峻挑战。这种挑战不仅对其存续状况构成了威胁，也引发了对其未来发展的深切忧虑。因此，对于广西传统村落文化遗产的创新变革能力的研究就显得尤为迫切和重要，以保障这些珍贵文化遗产在新时代背景下的可持续发展。

实践证明，通过旅游发展的方式推进广西传统村落文化遗产集群化保护是实现其创造性转化与创新性发展的重要途径。为了更好地适应全球化和现代化发展需求，更有效地对文化遗产进行集群化保护，广西传统村落文化遗产需要依托旅游发展的方式，对自身进行创新变革。以桂林市传统村落莫家村为例，随着时代的发展，支撑该村文化遗产生存的客观条件已不复存在。近年来，莫家村文化传承发展有了新的方向。该村以祠堂文化为核心，古村落风情旅游为主导产业，建设生态宜居宜业传统村落，并通过传统文化遗产与其他产业的融合发展来推动农工商贸文旅产业融合创新发展，更好地提升其传统文化的创新变革能力，使得莫家村的发展赶上时代发展趋势。由此可见，广西传统村落文化遗产的旅游开发不仅适应了现代社会的发展需要，而且也激发了自身的活力，有效促进其保护传承与创新发展。

尽管广西传统村落在旅游开发方面取得了一定的进展，但仍有一些文化遗产项目对创新持保守态度，固守着一种所谓坚持传统的思维定式。这种思维方式未能顺应现代环境的变化和旅游市场的需求，导致这些宝贵的文化遗产面临濒危的边缘。以广西河池市环江毛南族自治县下南乡中南村南昌屯为例，尽管该地区成功开发了分龙节、花竹帽编织、傩面雕刻、同顶、同背等富有民族特色的传统文化旅游体验项目，但国家级非物质文化遗产——毛南族肥套却未被纳入旅游开发的范畴。毛南族肥套依旧沿袭着传统的家族传承和师徒传承模式，在社会发展和人们价值观念转变的背景下，其保护与传承面临着重大挑战，举步维艰。因此，如何平衡传统保护与创新发展的关系，成为毛南族肥套乃至整个广西传统村落文化遗产保护工作中的一个关键议题。

（五）社区居民的文化自觉与自信

在广西传统村落文化遗产集群化保护与旅游发展的语境中，村落社区居民扮演着核心主体的角色。居民的文化自觉与文化自信构成了推动文化遗产集群化保护及旅游发展的内在驱动力。唯有提升居民的文化自觉与文化自信，方能激励他们满怀热情地投入到传统村落文化遗产的保护工作中去。然而，在全球化浪潮的冲击下，中国传统文化面临着诸多挑战，尤其是年轻一代对于传统村落文化遗产的认知不足，对本土文化价值的理解亦显浅薄。因此，培育和强化村落社区居民的文化自觉与文化自信，成为促进广西传统村落文化遗产集群化保护的关键所在。这一过程不仅涉及文化传承的延续性，也关乎村落可持续发展的长远利益。在近年来的发展进程中，部分濒临消亡的传统村落文化遗产借助于民族旅游与乡村旅游的兴起，实现了自身的复兴，并展现出强劲的发展活力。这一现象不仅提升了当地居民对传统文化的自我认知与自豪感，而且为传统村落文化遗产的集群化保护提供了有利条件。以程阳八寨为例，岩寨鼓楼的重建便是旅游发展背景下的产物，由村落居民共同集资筹建，其竣工后不仅成为一处吸引游客的景点，也成为社区文化的象征。同样地，一些侗族大歌的传统曲目也在旅游业的推动下得到了挖掘和整理，重新进入公众视野，并转化为旅游演艺项目，为传统文化的传承注入了新的活力。据此可见，旅游业的健康发展能够显著提升社区居民的文化自觉与自信，进而激励他们积极参与到文化遗产集群化保护的行动中去。

（六）文化繁荣发展

广西传统村落文化遗产承载着厚重的历史信息和民族文化，体现着当地居民的生产方式、生活习惯、民间信仰、价值观念，是中华传统文化的重要组成部分。在近年来的国家政策导向中，文化繁荣与发展受到了前所未有的重视。2017年，习近平总书记在党的十九大上发表了重要讲话，强调"要坚定文化自信，推动社会主义文化繁荣发展"，为我国文化发展指明了方向。2021年3月发布的《中华人民共和国国民经济与社会发展第十四个五年规划和2035年愿景目标纲要》中，明确提出"以社会主义核心价值观引领文化建设，围绕举旗帜、聚民心、育新人、兴文化、展形象的使命任务，促进满足人民文化需求与增强人民精神力量相统一，推进社会主义文化强国建设"的战略目标。至2022年10月，中国共产党第二十次全国代表大会的报告进一步强调了"全面建设社会主义现代化国家，必须坚持中国特色社会主义文化发展道路，增强文化自信，围绕举旗帜、聚民心、育新人、兴文化、展形象建设社会主义文化强国，发展面向现代化、面向世界、面向未来的，民族的科学的大众的社会主义文化，激发全民族文化创新创造活力，增强实现中华民族伟大复兴的精神力量"的重要性。这些政策表述清晰地展现了国家对文化繁荣发展及社会主义文化强国建设的高度重视。文化繁荣与文化强国建设的核心在于满足人民群众的精神文化需求，同时追求他国民众对文化价值的认同，以提升本国文化的国际影响力、号召力和感染力。广西传统村落文化遗产，作为我国优秀传统文化的重要组成部分，通过旅游开发的途径实现创造性转化与创新性发展，不仅是文化保护与传承的必然使命，也是实现文化强国建设的必然要求。这一过程不仅关乎文化遗产的保护，还关乎国家文化软实力的提升和文化自信的增强。

由此可见，"传统村落文化遗产资源""社区居民文化自觉与自信""文化遗产的创新变革能力""文化遗产的旅游价值""传统村落保护工程推进""文化繁荣发展"这六大要素，在旅游发展过程中共同拉动了传统村落文化遗产的集群化保护，它们彼此影响，相互作用，共同构成了旅游发展对广西传统村落文化遗产集群化保护的拉力系统，由这六个要素组成的拉力系统的作用机制如图 5-3 所示。

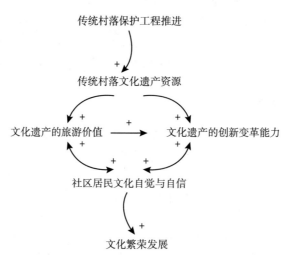

图 5-3　旅游发展对广西传统村落文化遗产集群化保护的拉力系统

如图 5-3 所示，在旅游发展对广西传统村落文化遗产集群化保护的影响机制中，传统村落保护工程的持续实施发挥了关键作用。这一过程不仅促进了文化遗产资源的深入挖掘与系统整理，而且通过旅游开发的途径实现了文化遗产的旅游价值转化。与此同时，旅游发展也提升了文化遗产的创新变革能力。这两个方面相辅相成，共同促进了社区居民文化自觉与自信的增强，进而激发当地居民以更为积极主动的姿态投身到文化遗产集群化保护的实践中。在此过程中，不仅推动了文化的繁荣发展，也为文化遗产集群化保护构建了坚实的群众基础，从而为文化遗产的可持续保护与发展提供了有力的社会支持。

三、支持系统

支持系统是支撑旅游发展过程中广西传统村落文化遗产集群化保护的环境系统，在两者之间起着重要的辅助作用，包括"旅游政策与法规""遗产保护机构""资金投入""旅游设施""人才队伍""学术资源"等环境因素，具体分析如下。

（一）旅游政策与法规

在广西传统村落文化遗产旅游开发利用的过程中，健全的旅游政策法规扮演了至关重要的角色，为旅游发展的方向和模式提供了明确的指导。这些政策法规不仅梳理并规范了旅游活动中各利益相关方的权利与义务，而且为旅游业的顺畅运作奠定了坚实的法律基础。特别是那些与文化保护相关的条款，为文化遗产集群化保护提供了明确的方向。2018 年，由文化和旅游部、国家发展和改革委员会、工业和信息化部等十七个部门联合发布的《关于促进乡村旅游可持续发展的指导意见》，明确强调了在保护的基础上，对文物古迹、传统村落、民族村寨等资源的有效利用，并将其融入乡村旅游产品开发中。2021 年 4 月，文化和旅游部发布的《"十四五"文化和旅游发展规划》也重申了保护优先的原则，并提出了推进文化遗产资源的调查与系统性保护，以及在保护中求发展、在发展中实现保护的策略。这些政策法规的出台，标志着传统村落文化遗产保护政策体系逐步完善，为广西传统村落文化遗产集群化保护提供了强有力的支持。在国家级政策的引导下，广西各地市在制定与旅游发展相关的规划和政策法规时，均不同程度地纳入了传统村落及文化遗产保护的内容，从而为区域内的文化遗产集群化保护提供了具体的行动指南。例如，2019 年 12 月，桂林市第五届人民代表大会常务委员会第二十五次会议通过的《桂林市漓江风景名胜区管理条例》，明确规定了保护漓江风景名胜区内传统村落的条款。2020 年 6 月，防城港市第六届人大常委会第三十四次会议通过的《防城港市京族文化保护条例》，旨在强化京族文化的系统性保护，促进民族团结与社会经济发展，并特别提出了保护京族传统村落等文化生态区域的要求。

综上所述，这些政策法规的制定与实施，不仅体现了对传统村落文化遗产保护的重视，也为广西传统村落文化遗产的集群化保护提供了坚实的政策保障和方向指引。

（二）遗产保护机构

遗产保护机构，作为国家和地方政府为文化遗产保护而专门设立的行政实体，扮演着至关重要的角色。这些机构通过提供政策支持、人力资源和财政资助，为文化遗产的集群化保护奠定了坚实的基础。在旅游业的推进过程中，广西传统村落文化遗产的集群化保护尤其依赖这些专业遗产保护机构的支持。无论是文化遗产的保护、管理还是申报、开发等环节，都不可避免地需要文化遗产保护机构的积极参与。

依据前文的论述，广西文化和旅游厅以及文物局的相继成立，为传统村落文化遗产的保护与利用提供了必要的组织架构。继此之后，广西各市、县也陆续成立了文化与旅游行政管理部门，并在其下设立了专门的遗产保护机构。例如，2019 年 3 月，南宁市文化广电和旅游局的正式成立标志着该市在非物质文化遗产和不可移动文物保护管理方面迈出了重要一步。该局下设的非物质文化遗产科负责相关遗产的调查、记录、保护、保存、宣传和传播工作；而文物保护与考古科则承担着组织指导、实施历史文化名城（镇、村）、历史文化街区、传统村落中不可移动文物保护管理工作的职责。

由此可见，广西各级文化和旅游部门通过设立相应的文化遗产保护机构，为传统村落文化遗产的集群化保护提供了有力的组织保障。这些机构的建立和完善，不仅确保了文化遗产保护工作的连续性和专业性，也为广西传统村落文化遗产的可持续发展提供了坚实的后盾。

（三）资金投入

受历史演进和地理环境等客观条件的限制，广西传统村落在经济发展方面呈现出相对滞后的态势，其基础设施建设的完善程度尚显不足，尤其是交通设施的落后在一定程度上阻碍了传统村落文化遗产集群化保护及旅游发展的步伐。针对传统建筑的维护利用、历史环境的修复、卫生基础设施的改善以及公共环境和旅游设施的整治，均需投入巨额资金予以支持。

近年来，政府部门对传统村落文化遗产集群化保护的支持力度不断加强。以资金支持为例，自 2014 年起，中央财政开始按照每村平均 300 万元的资助标准对中国传统村落的保护提供财政援助。截至 2016 年底，广西共有 89 个中国传统村落获得了中央财政补助，总额达到 2.67 亿元[1]。在这一资金的有力支持下，村

---

[1] 当代广西网．广西 15 个传统村落获中央补助 4500 万元［EB/OL］（2016 – 06 – 20）［2024 – 08 – 27］. https：//old. gxcic. net/News/shownews. aspx？id = 188569.

落中的传统建筑保护修缮、基础设施完善等关键项目得以顺利推进，为传统村落文化遗产的保护与发展奠定了坚实的基础。此外，在自治区层面，为了有效实施区内传统村落的保护工作并推动村落的整体规范化发展，自治区政府采取了每村10 万元的补助标准，聘请专业规划机构与专家团队为大约 150 个传统村落编制和制定详尽的村庄规划。此举旨在确保这些村落的历史文化价值得到妥善维护，同时促进村落在尊重传统特色的基础上实现有序发展。通过这种规划性的干预，为传统村落的长期保护和可持续发展提供科学的指导和坚实的政策支持①。2017年，广西壮族自治区共有 15 个传统村落成功获得中央财政补助，总额达到 4500万元。2018 年，广西的 10 个传统村落再次获得中央财政支持，此次资助金额为3000 万元②。到了 2019 年，随着第三批中央财政支持的中国传统村落名单的公布，广西有 28 个传统村落被纳入支持范围，共计获得 8400 万元的中央补助资金③。自 2022 年起，广西壮族自治区积极筹集了 2.6 亿元，针对 11 个县（区）开展了广西传统村落集中连片保护示范建设项目，旨在增强传统村落的生机与活力，并激发文化遗产的内在活力④。国家和广西地方政府的资金持续投入，为传统村落文化遗产的集群化保护提供了坚实的财政保障，从而确保了这一文化遗产保护工作的持续性和有效性。

此外，抢救与保护传统村落文化遗产构成了一项复杂的系统工程，不仅依赖于政府的财政拨款，更需通过综合性的开发利用策略来实现。在这一过程中，旅游开发被视为一种极为有效的手段。广西传统村落文化遗产的旅游发展，有效地将遗产的资源优势转化为经济优势。开发者通过深入挖掘遗产的文化内涵，将其打造为具有吸引力的旅游产品，不仅满足了旅游者的需求，同时也实现了可观的经济收益，从而为文化遗产的集群化保护提供了必要的资金支持。以百色市靖西县新靖镇旧州街为例，当地居民成功地将绣球、壮锦等民族工艺品转化为市场化的旅游商品。2021 年旧州街锦绣旅游公司管理的旧州景区，其管理款项总额一部分用于周边村落居民分红，另一部分则用于古建筑的维护、绣球技艺的传承以及基础设施的完善等。这一案例清晰地表明，广西传统村落文化遗产的旅游开

①　张垒，许大为. 广西 69 个传统村落获中央补助 2 亿元 [EB/OL]. (2015 – 07 – 17) [2024 – 08 – 27]. https：//m. cnr. cn/news/20150717/t20150717_519240154_tt. html.

②　骆万丽. 广西 10 个传统村落获中央财政支持 [EB/OL]. (2018 – 05 – 15) [2024 – 08 – 27]. https：//dnr. gxzf. gov. cn/xwzx/gnzx/t16072571. shtml.

③　搜狐网站. 每村 300 万元！广西 28 个村落获中央财政支持 [EB/OL]. (2019 – 07 – 17) [2024 – 08 – 27]. https：//www. sohu. com/a/329744960_99959951.

④　骆万丽. 我区创新推动传统村落保护和活化利用 让传统村落"留得下""活起来" [N]. 广西日报，2023 – 12 – 06（9）.

发，为其集群化保护提供了坚实的物质基础，并促进了文化遗产保护与社区经济发展的良性循环。

（四）旅游设施

在旅游研究领域，旅游设施被定义为了保障游客旅游活动的顺畅进行，由旅游目的地提供的一系列硬件设施和设备的集合，涵盖了旅游基础设施和旅游服务设施两大类别。这些设施的完善不仅为传统村落文化遗产的集群化保护提供了实体支撑，而且有助于营造一个有利于文化遗产保护的氛围和环境。此外，还为年轻一代创造了就业机会，吸引了外出务工人员和本地青年就近就业，从而为文化遗产的集群化保护奠定坚实的社区基础。

旅游基础设施，包括但不限于道路交通、邮电通信、供水供电、防灾减灾、园林绿化、环境保护和卫生设施等，是旅游活动顺利进行的基础。特别是道路交通设施，直接决定了传统村落的可进入性，是影响游客能否顺利抵达的关键因素，同时也对广西传统村落文化遗产集群化保护工作的推进产生重要影响。邮电通信设施在旅游业的发展中同样不可或缺，其便捷性确保了传统村落与外界的顺畅联系。以三江县为例，近年来，该县致力于提升程阳八寨景区的旅游服务接待能力和服务质量，重点支持了该景区旅游基础设施的建设与完善，包括修建景区停车场、划分不同功能的停车区域、美化景区内部风貌、修建旅游风景步道、设置特色旅游标识、建设侗族文化博物馆等。这些措施不仅提升了景区的旅游服务水平，也促进了文化遗产项目的保护与发展。在贺州市富川瑶族自治县葛坡镇深坡村，通过整合各类资金超过 2600 万元，实施了多项基础设施建设工程，包括硬化村道、新建机耕道、铺设河岸石板路等。遵循"修旧如旧"的原则，该村进行了古村风貌改造，修复了一批古建筑，并打造了千亩油菜花观光基地以及一系列观光旅游基础设施①。这些举措不仅满足了游客的需求，提升了社区居民的满意度，而且为文化遗产集群化保护打下了坚实的基础。

旅游服务设施，旨在为旅游者提供全面的服务支持，包括餐饮、住宿、娱乐、购物等多元化服务设施。这些设施对于传统村落文化体验旅游、传统节庆活动的举办以及传统文化的传承均发挥着不可或缺的作用。据统计，截至 2021 年底，广西已成功创建国家级休闲农业与乡村旅游示范县 14 个、示范点 22 个、中

---

① 富川瑶族自治县民宗局、葛坡镇人民政府. 富川瑶族自治县葛坡镇深坡村：党旗领航同筑梦 民族团结谱新篇［EB/OL］.（2023 - 12 - 13）［2024 - 08 - 27］. http：//mzw. gxzf. gov. cn/gzyw/sxxx/t17609307. shtml.

国美丽休闲乡村 57 个，全国巾帼示范农家乐 2 家；同时，还设立了广西休闲农业与乡村旅游示范点 313 家，"金绣球"农家乐示范点 193 个，自治区级以上森林康养基地 39 个，广西五星级森林人家 9 家、四星级森林人家 62 家，并培育了田园综合体 7 个（其中国家级 1 个、自治区级 6 个），体育旅游示范基地 14 个、体育旅游精品赛事 31 个。在推进国家 5A 级旅游景区的创建过程中，程阳八寨的侗族居民将现代建筑改造为传统的侗族民居，此举不仅满足了游客的住宿需求，而且有效实现了村落传统建筑风格的统一。2019 年，随着侗族特色饮食文化——百家宴的知名度不断提升，岩寨屯的村民吴爱牵头成立了"百家宴"旅游有限公司，数十名侗族妇女积极参与，为游客提供综合性的旅游接待服务。在接待活动中，村民们扮演"厨娘 + 歌娘 + 绣娘"的角色，丰富了旅游体验。随着三江民族文化旅游的快速发展，吸引了众多游客前来参观，当地村民通过参与旅游接待活动实现了收入增加，同时对保护和传承本地文化遗产的意识也显著提升。

综上所述，旅游服务设施的完善不仅为游客提供了高质量的服务体验，而且为传统村落文化遗产的保护与传承创造了有利条件，从而促进了文化遗产保护与旅游发展的良性互动。

（五）人才队伍

广西传统村落文化遗产集群化保护的有效实施依赖于专业人才的支持。特别是这一过程需要一批兼具文化遗产保护知识以及旅游服务、管理和营销技能的高素质复合型人才。此类人才的规模和质量，对于促进广西传统村落文化遗产的保护工作，确保其集群化保护的持续活力，具有深远的影响。

然而，就目前情况而言，广西在旅游管理专业高层次人才培养方面存在一定的局限性。具体来说，截至 2023 年 6 月，仅有广西大学、桂林理工大学、广西师范大学、广西民族大学、南宁师范大学 5 所院校开设旅游管理专业硕士学位研究生（MTA）课程。而在学术型研究生教育层面，提供旅游管理专业的院校也仅有桂林理工大学、广西大学、广西师范大学三所。截至 2023 年 6 月，在广西的 91 所本专科院校中，开设旅游管理专业的院校有 27 所，但设置有文化遗产保护、休闲农业与乡村旅游等课程的院校数量较少，且这些课程多以选修课形式存在。

从上述数据中可以看出，广西在旅游人才培养方面偏重于导游类和运营管理类人才的培养，而在文化遗产保护和文化创意人才方面的培养则相对不足。针对这一现状，未来的人才培养策略应当更加注重对广西传统村落文化遗产保护所需专业人才的培育。这包括但不限于加强相关专业的课程设置、提升实践教育质量、促进跨学科的交流与合作以及建立更为完善的人才培养体系，以确保广西传统村落文化遗产集群化保护的长远发展。

（六）学术资源

学术资源的丰富性不仅映射出国家对传统村落研究领域的重视程度，而且为传统村落文化遗产的保护提供了坚实的理论与实证基础。这些资源不仅有助于丰富少数民族传统村落文化遗产集群化保护及文化遗产旅游发展的理论框架，还能为广西传统村落文化遗产在旅游发展背景下的集群化保护提供方法论上的指导。

本书通过对 2015～2023 年间国家社科基金年度一般项目和青年项目的立项名单进行了详细统计（具体数据见表 5－5），筛选出 30 项与"传统村落""文化遗产""旅游发展"等主题紧密相关的课题。然而，研究发现将旅游发展与传统村落文化遗产集群化保护相结合的研究相对较少，特别是关于旅游发展对广西传统村落文化遗产集群化保护影响过程及驱动机制的研究尚未涉及。

表 5－5　2015～2023 关于旅游发展对传统村落文化遗产集群化保护的国家级项目名单

年份	国家一般社科和青年项目立项名单
2015	"基于互联网众筹模式的传统村落保护与旅游开发协同研究""西部少数民族传统村落档案管理与利用研究"
2016	"网络嵌入、社区重构与传统村落旅游创新演化研究""民族地区旅游精准扶贫与传统村落复兴的协同路径""传统村落的集体记忆建构与乡村价值传承保护机制"
2017	"图们江地区朝鲜族传统村落文化遗产保护研究""中国传统村落的现代转型与空间生产研究""城镇化进程中少数民族传统村落景观同质化风险及对策研究"
2018	"乡村振兴战略中传统村落文化的活化发展研究""新时代西南地区传统村落文化的活态传承与创新发展研究""传统村落动态保护机制及活化路径研究""乡村振兴背景下畲族传统村落的保护与发展路径研究""传统村落的内涵式发展与路径研究"
2019	"乡村振兴战略下侗族传统村落的保护与文化传承研究""涉台传统村落原乡文化景观保持与提升研究""鄂西少数民族传统村落文化景观保护研究"
2020	"西南少数民族传统村落旅游文化空间生产与社会治理研究""传统村落空间再生与乡村伦理文化重构的社会学研究""文化生态学视角下岭南水乡传统村落保护研究"
2021	"滇黔桂传统村落文化振兴与乡村旅游高质量发展耦合机制研究""粤北壮族传统村落风貌保护与文化传承研究""传统村落文化景观脆弱性及适应性管理研究""新发展阶段传统村落文化补偿的理论逻辑与实践路径研究""乡村建设行动中传统村落地方营造与保护机制研究"

年份	国家一般社科和青年项目立项名单
2022	"文旅融合激活传统村落遗产教育功能的机理与模式研究""中国传统村落建筑伦理精神及其活化理路研究""新时代中国传统村落数字化保护与传承研究"
2023	"地方建构视角下传统村落空间渐进式活化机理与实践路径研究""青藏高原东缘民族地区传统村落文化互嵌与空间融合机制研究""武陵山区传统村落创新发展研究"

由此可见，在旅游发展对传统村落文化遗产集群化保护的研究领域，实现"学术先行"的理念仍需进一步强化。未来的研究应当加大对这一领域的投入，以期为旅游发展推动广西传统村落文化遗产集群化保护提供更为深入的理论支撑和智力保障。

综上所述，"旅游设施""人才队伍""旅游政策与法规""学术资源""资金投入""遗产保护机构"构成了旅游发展对广西传统村落文化遗产集群化保护的支持系统，其作用机制如图 5-4 所示。

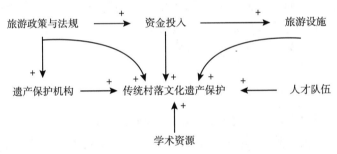

图 5-4　旅游发展对广西传统村落文化遗产集群化保护的支持系统

如图 5-4 所示，旅游发展对广西传统村落文化遗产集群化保护支持系统的各个构成要素之间存在着复杂的作用机制。该系统涵盖了旅游政策与法规、资金投入、旅游设施、遗产保护机构、专业人才队伍以及学术资源等多个方面，共同构成了对广西传统村落文化遗产集群化保护的多元化支持体系。在旅游政策与法规的指导下，对广西传统村落文化遗产集群化保护的资金投入呈现出持续增长的趋势，旅游设施的不断完善也为文化遗产的保护提供了物质基础。此外，政策的引导作用还体现在遗产保护机构的逐步健全上，这些机构为传统村落文化遗产的集群化保护提供了坚实的组织保障。进一步观察可见，随着政策的引导和资金的支持，专业人才队伍的建设和学术资源的积累也在不断加强，这些因素相互作用，共同推动了传统村落文化遗产集群化保护工作的有效实施。因此，旅游发展不仅为广西传统村落文化遗产的保护提供了经济动力，而且在政策、组织、人才和知识等多个层面形成了综合性的支持体系。

四、中介系统

在探讨旅游发展对广西传统村落文化遗产集群化保护的影响机制中，中介系统扮演着至关重要的角色，充当了推力系统和拉力系统之间的桥梁与纽带。首先，中介系统通过其宣传功能，有效地提升了传统村落文化遗产的知名度和影响力，吸引了公众的广泛关注和参与，这为文化遗产的集群化保护奠定了坚实的群众基础。其次，广西传统村落的居民通过中介组织的引导加深了对文化遗产价值的认识，增强了文化自觉和自信，进而自发地参与到文化遗产集群化保护的实践中，从而丰富了文化遗产保护的力量。

中介系统的构成要素包括旅游企业、民间组织、媒体传播、高等教育机构以及信息网站五个方面。这些要素协同作用，共同促进了文化遗产保护信息的传播、社区参与度的提升以及文化遗产价值的再认识，为广西传统村落文化遗产集群化保护的可持续发展提供了有力支持。

（一）旅游企业

在经济学视角下，企业被定义为以追求利润为根本目标，通过整合多种生产要素，向市场提供商品或服务的经济体。在广西传统村落文化遗产集群化保护的历史进程中，政府引导和国家财政支持起到了主导作用。然而，鉴于广西地区传统村落文化遗产的庞大规模和多样性，单纯依赖政府的支持和资金投入，难以确保这一保护工作的持续性和有效性。在此背景下，旅游开发成为促进文化遗产保护的关键途径之一。为了实现广西传统村落文化遗产集群化保护的可持续发展，迫切需要激发旅游企业在这一过程中的积极作用。将传统村落文化遗产转化为具有市场吸引力的旅游产品，不仅能够为文化遗产保护注入新的经济动力，而且能够在实际生产活动中实现对这些珍贵遗产的保护。这种模式旨在通过保护活动推动经济发展，同时利用经济发展成果进一步促进文化遗产的保护，从而形成一个保护与发展的良性循环。

在文化遗产保护与旅游发展的交汇领域，旅游企业扮演着至关重要的角色。它不仅能够敏锐地洞察市场需求，有效地将传统村落的文化遗产资源转化为具有商业价值的文化产品,从而实现经济效益的最大化;同时,企业通过开发行为吸引的民间资本,可以投入到传统村落文化遗产的保护与发展中,并通过市场的宣传推广活动提升文化遗产的公众知名度,激发民众对文化遗产保护的兴趣和参与。总体而言,旅游企业通过资本投入、保护性开发以及宣传教育等多元化手段,致力于最大限度地维护传统村落的文化遗产。以三江通达公司为例,自公司成立以来,一直专注于程阳八寨景区的经营与发展。在近年的实践中,公司不仅专注于传统民居的改造、修缮和维护工作,还开发了侗画博物馆、三江侗族民俗工艺馆等一系列旅游项目,致力于侗族绘画和传统工艺的保护与传承,有效地增强了文化遗产自身的可持续发展能力。

由此可见,旅游企业在推动传统村落文化遗产集群化保护的过程中,不仅提供了物质和资金的支持,而且在促进文化遗产价值认知、提升保护意识以及实现文化遗产与现代旅游市场接轨等方面,发挥了不可或缺的作用。

(二) 民间组织

民间组织,作为一种独立于政府机关和商业实体之外的非营利性社会团体,通常汇聚了一批具有专业知识和技能的专家、学者、技术人员及管理人才。在旅游发展的背景下,传统村落文化遗产的集群化保护构成了一项复杂而系统的工程,该工程的顺利推进不仅依赖于政府的引导与支持,还需民间组织的积极参与和贡献。广西的传统村落文化遗产,其根源深植于民间,展现出显著的"草根性"和"普及性"。在旅游业的持续发展中,民间组织能够客观评估旅游开发的利弊,提出建设性的意见和建议,从而有效地调和旅游开发与文化遗产权益保护之间的潜在冲突。因此,民间组织在传统村落文化遗产集群化保护的过程中扮演了至关重要的桥梁和纽带角色,促进了文化遗产保护与旅游发展的和谐共生。

在当前阶段,若干民间组织已经开始投身于传统村落文化遗产的保护与利用工作。例如,广西桂学研究会汇聚了众多专注于传统村落研究的专家,致力于探索传统村落的开发与利用策略。同样地,桂林市成立的桂林古村文化研究会和南越民俗民居文化研究院也相继启动了与传统村落文化遗产相关的学术研究,其研究成果对于传统村落的保护工作具有显著的价值。民间组织在政府与村民之间扮演着桥梁的角色,对于传统村落文化遗产的可持续发展起到了不可或缺的作用。因此,政府应当积极出台相关政策,大力支持民间组织的发展,确保它们在传统村落文化遗产的保护与利用过程中能够发挥出独特的影响力。民间组织的活跃参与,不仅增强了民众对文化遗产保护的自信与自觉,而且激发了保护工作的内在动力。然而,目前在广西致力于传统村落文化遗产保护的民间组织在数量和规模上仍然有限，其社会影响力相对较弱，对传统村落文化遗产保护的作用尚未得到充分发挥。鉴于此，未来社会各界应当更加关注并支持传统村落文化遗产保护民间组织的建设与发展，以确保这些珍贵文化遗产得到有效保护和传承。

（三）媒体传播

媒体作为一种信息传播的渠道，涵盖了传统的报纸、杂志、广播、电视和以互联网为核心的新型媒体平台。媒体的传播功能不仅能够引发社会关注，还能宣扬正义力量。在当前的传播环境中，媒体传播分为大众媒体传播和新媒体传播两大类，其中新媒体传播形式多样，覆盖范围广泛。在旅游业的推进过程中，新闻媒体对于传统村落文化遗产集群化保护的宣传通常起到积极的推动作用，提升了公众对广西传统村落文化遗产的认识，增强了文化遗产的知名度和声誉，为文化遗产的保护与发展营造了有利的社会文化环境。此外，通过媒体资源的有效利用，可以深入洞察旅游消费者的需求，从而设计出既展现民族特色又符合市场需求的旅游产品。这样的产品不仅促进了广西传统村落文化遗产从资源优势向经济优势的转化，还创造了显著的经济效益。因此，媒体传播在旅游发展和广西传统村落文化遗产集群化保护之间扮演了至关重要的桥梁和纽带角色，对于促进文化遗产保护与旅游产业的协同发展具有深远的意义。

在当前的旅游发展背景下，各种媒体平台已逐渐加大对广西传统村落文化遗产集群化保护的宣传与报道力度。例如，广西玉林市采取的"三板斧"策略对鹏峒村的治理，以及南宁西乡塘区坛洛镇的坛洛老街、江南区江西镇的安平村那马坡等地的传统村落文化遗产开发与利用问题，受到《玉林日报》《南宁日报》等多家媒体的高度关注与广泛报道，显著提升了社会各界对于广西传统村落文化遗产集群化保护的认识和重视。

随着互联网技术的不断进步和普及，关于广西传统村落文化遗产保护的相关信息也在微信公众号、微博、搜索引擎、社交网络、论坛等新媒体平台上得到了有效的宣传和推广，这不仅激发了旅游者的文化消费需求，而且对传统村落文化遗产的保护工作起到了积极的推动作用。例如，在携程旅行网上，三江县程阳八寨的木构建筑、服装饰品、歌舞文化、生活习俗等相关旅游产品受到了旅游者的一致好评。这些积极的评价不仅吸引了更多旅游者前往体验，而且扩大了传统村落文化遗产的知名度和影响力，成为推进其集群化保护的关键措施之一。

（四）高等院校

随着旅游业的迅猛发展，高等教育机构日益关注传统村落文化遗产的保护问题。这些学府不仅是专业人才的聚集地，为传统村落文化遗产的保护提供了重要的智力资源，同时也成为文化遗产传承的重要平台，从而丰富了文化遗产保护的方法和途径。将传统村落文化遗产的保护理念融入学校教育体系，使得学校成为文化遗产保护与利用的关键领域。通过教育手段，学校不仅培养了青年一代对传统优秀文化的热爱，增强了学生的民族文化认同感，而且发挥了大专院校在传统优秀文化教育传承中的重要作用。此外，这些高等院校还为广西传统村落文化遗产的保护工作培养和输送了大量的专业人才，为文化遗产的长期保护和可持续发展提供了坚实的人力资源保障。

在近年来的教育实践中，广西地区的一些高等院校已经开始将文化遗产保护的相关内容整合进旅游专业的教学体系中，从而为传统村落文化遗产的集群化保护提供了专业人才的支撑。以桂林理工大学南宁分校为例，该校旅游管理专业不仅增设了专注于乡村旅游和民族文化遗产保护的课程，而且定期安排学生前往程阳八寨、兴坪渔村等传统村落进行实地实习和实践调查。这些活动不仅有效地提升了学生对传统村落文化遗产的兴趣和探究欲望，而且为学生提供了将理论知识应用于实践的机会。通过这种教育模式，高等院校的旅游管理及相关专业在促进旅游业的可持续发展与传统村落文化遗产集群化保护之间构建了一座重要的桥梁。这不仅有助于培养具备专业知识和实践能力的人才，而且促进了文化遗产保护意识的普及和深化，为广西传统村落的长期保护和活化利用奠定了坚实的基础。

（五）信息网站

旅游业的蓬勃发展为外界对文化遗产信息的获取需求提供了动力，信息网站作为一种有效的传播工具，能够提供关于传统村落文化遗产的详细介绍、保护现状以及旅游开发进展等方面的信息。随着互联网技术的广泛应用和用户数量的剧增，信息网站的规模和数量也在不断增长，这加速了传统村落文化遗产保护状况的传播速度，并扩大了传播范围，为社会各阶层深入理解和探索文化遗产集群化保护提供了坚实的平台基础。

目前，广西已经建立了若干涉及文化遗产保护的专门网站。例如，广西文化和旅游厅的官方网站在"公共服务"栏目下提供了非物质文化遗产名录、全国重点文物保护单位名录、旅行社名录等查询服务。然而，值得注意的是，目前尚无专门针对广西文化遗产尤其是传统村落文化遗产的综合性信息网站，且现有的旅游网站中关于传统村落文化遗产的信息量相对有限，广西传统村落中的各级文化遗产项目尚未得到全面而系统的在线展示。鉴于此，构建一个专门的广西传统村落文化遗产保护栏目，无论是在官方网站还是旅游网站上，都显得尤为必要。这样的举措不仅能够提升传统村落文化遗产的知名度和影响力，而且有助于促进文化遗产保护意识的普及，为文化遗产的长期保护和可持续发展提供信息支持。

本书的中介系统由"旅游企业""民间组织""媒体传播""高等院校""文化遗产信息网站"五大因素组成，这五大因素所构成的中介系统的作用机制，如图 5-5 所示。

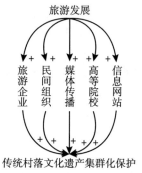

图 5-5　旅游发展对广西传统村落文化遗产集群化保护的中介系统

根据图 5-5 所示，中介系统在旅游发展与广西传统村落文化遗产集群化保护之间扮演了至关重要的桥梁角色。该系统通过旅游企业、民间组织、媒体传播、高等院校以及信息网站等多元渠道，将旅游业的增长与传统村落文化遗产的保护工作紧密相连。中介系统的功能表现在两个主要方面：

一方面，该系统将广西传统村落文化遗产的相关信息及产品推向市场，从而提升其知名度和影响力。这不仅吸引了更多的旅游企业和民间组织参与到文化遗产的保护工作中，而且还促进了与新闻媒体、高等院校的合作，为文化遗产保护提供了必要的技术和人才支持。

另一方面，中介系统也承担着将旅游消费者的需求反馈至传统村落的旅游企业、民间组织及高等院校等主体的任务。这种反馈机制使得相关组织能够根据市场需求不断调整和优化文化遗产的保护策略，进而推动传统村落文化遗产集群化保护工作的持续发展。通过这种双向互动，中介系统不仅加强了文化遗产保护与旅游市场之间的联系，而且为传统村落的可持续发展提供了有力的支持。

第三节　旅游发展对广西传统村落文化遗产 集群化保护的驱动机理模型

　　旅游发展对广西传统村落文化遗产集群化保护的驱动是一个动态变化过程，它由推力、拉力、中介、支持四个子系统组成，各子系统内的驱动因素发挥各自的作用，共同驱动传统村落文化遗产的集群化保护，其外在表现如图 5 - 6 所示。

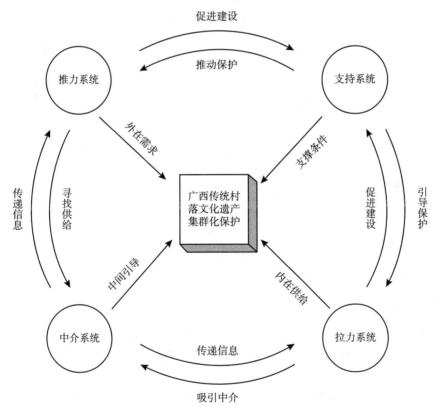

图 5 - 6　旅游发展对广西传统村落文化遗产集群化保护的驱动机理模型

　　根据图 5 - 6 的分析结果，可以观察到在旅游发展对广西传统村落文化遗产集群化保护的多个驱动子系统中，推力系统和拉力系统扮演了核心角色。在这两个系统中，推力系统尤为关键，发挥着引领作用，而两者的高效协同是确保整体保护机制有效性的基础和先决条件。推力系统代表了旅游发展对传统村落文化遗产集群化保护的驱动需求。这一系统着重于旅游发展对文化遗产保护的外部需求，包含的各个驱动因素不仅确立了集群化保护的必要性，而且为其实施提供了有利的条件。这些因素共同作用，促进了拉力系统的形成与有效运作。另外，拉力系统构成了旅游发展对传统村落文化遗产集群化保护的供给机制，强调了旅游发展对文化遗产保护的内在动力。正是旅游业的增长需求推动了传统村落保护项目的持续进展，使得文化遗产资源及其价值得到了深入挖掘和展现。此外，这一过程还增强了社区居民对文化遗产的认识和自豪感，为集群化保护提供了坚实的内在支持。综上所述，推力系统和拉力系统之间的相互作用是传统村落文化遗产集群化保护驱动机制有效运作的关键。这两个系统的协同作用不仅促进了文化遗产保护与旅游发展之间的良性互动，而且为传统村落的长期保护和可持续发展提供了动力。

在旅游发展对传统村落文化遗产集群化保护的过程中，支持系统扮演了至关重要的角色，为推力系统和拉力系统提供了双向的促进作用。从支持系统的视角来看，旅游设施、人才队伍、旅游政策与法规、学术资源、资金投入、遗产保护机构六个方面的支持条件不仅促进了旅游发展对传统村落文化遗产集群化保护的外在需求，而且激发了其内在动力。这些条件为保护工作提供了明确的指导方向和有利的环境。转而从推拉系统的角度分析，推拉系统的形成与效能增强催生了支持系统的构建与发展。在广西旅游发展的当前阶段，推拉系统已趋于成熟，功能完备，因此，传统村落文化遗产的保护迫切需要有效的中间支撑条件作为强大的辅助。通过完善旅游基础设施、引进和培养专业人才以及多元化的资金投入，将有助于推拉系统作用的充分发挥，从而确保在旅游发展的过程中传统村落文化遗产集群化保护工作的顺畅进行。

在旅游发展与传统村落文化遗产集群化保护之间的互动过程中，中介系统扮演了至关重要的角色，它不仅作为桥梁和纽带，而且对推力与拉力系统产生了双向影响。从中介系统的角度出发，由旅游企业、民间组织、媒体传播、高等院校以及文化遗产信息网站等构成的中介组织，为传统村落文化遗产集群化保护提供了必要的信息支持，既满足了外在需求，也补充了内在供给。这些中介组织确保了信息在各个系统间的顺畅流通，加强了系统间的沟通与协调，有效减少了信息不对称带来的问题，从而促进了保护主体之间关系的紧密与和谐。从推拉系统的视角来看，推拉系统的作用促进了中介系统的完善和功能发挥。拉力系统通过增强传统村落文化遗产资源的吸引力，引导中介系统的参与和介入，最大化地发挥其宣传和推广的作用。同时，推力系统依赖于中介系统来寻找资源供给，例如，通过旅游企业、媒体传播和民间组织等渠道来了解传统村落文化遗产的价值与功能。显而易见，中介系统在推力与拉力系统之间承担了关键的沟通和桥梁作用。作为有效的信息传递者，它在旅游发展的过程中不断得到强化，功能也日益凸显，成为旅游发展驱动传统村落文化遗产集群化保护机制中不可或缺的组成部分。

第六章

旅游发展背景下广西传统村落文化遗产
集群化保护模式

　　广西传统村落不仅承载着中华农耕文化的精髓，而且是其具象化的象征，同时构成了文化遗产集群化保护的关键领域。伴随着传统村落文化遗产旅游的迅猛发展，一系列问题逐渐显现，包括文化内涵挖掘不足、旅游发展模式单一化、同质化竞争的加剧等。因此，探索如何有效地实现广西传统村落文化遗产的集群化保护，以推动旅游产业的优质发展，已成为社会各界共同关注的焦点，并亟待寻求解决方案。

　　尽管如此，目前学术界对于传统村落文化遗产的研究尚处于初级阶段，对于集群化保护的研究相对较少，尤其是关于旅游发展如何促进传统村落文化遗产集群化保护的研究更是鲜有涉及。针对这一研究空白，本章旨在探讨旅游发展背景下广西传统村落文化遗产集群化保护模式的构建。在确立了旅游发展背景下广西传统村落文化遗产集群化保护的目标与原则之后，根据不同的文化内涵保护形式、空间开发阶段、资源整合策略以及不同利益相关者的类型，分别构建相应的保护模式，为民族地区传统村落文化遗产的创造性转化与创新性发展以及旅游产业业高质量发展的互动共赢提供理论依据和实践指导。

第一节　旅游发展背景下广西传统村落
文化遗产集群化保护目标

　　实践证明，通过旅游发展的方式推进广西传统村落文化遗产的集群化保护是新时代背景下实现其保护传承与创新发展的有效途径。然而，当前在旅游发展过程中，广西部分传统村落出现了"现代化、绿地化、公园化"等乱象，村落内的文化遗产被盲目开发，文化遗产的原生环境遭到不同程度的破坏。因此，为发挥旅游发展的积极作用，推进传统村落文化遗产的集群化保护就需要有明确的目标。在旅游发展的背景下，广西传统村落文化遗产集群化保护应当树立起"盘活传统村落文化遗产，实现活态传承；活化传统村落文化，赋能乡村振兴；保护传统村落原始风貌，打造生态群落"等目标。

一、盘活传统村落文化遗产，实现活态传承

在近年来的社会变迁中，乡村现代化与城镇化的迅猛发展对广西传统村落造成了广泛而深远的影响。这些村落文化遗产所依托的环境发生了显著变化，导致部分珍贵的文化遗产逐渐衰落。在此背景下，激活传统村落的文化遗产，确保其活态传承，已成为旅游发展背景下广西传统村落文化遗产集群化保护的核心目标。广西传统村落文化遗产，既是当地不可或缺的文化资源，同时也是极具吸引力的旅游资源。通过旅游资源普查、旅游产品创新、旅游路线规划以及旅游体验的营造等多元化手段，可以有效激活这些文化遗产资源。这样的做法不仅能够推动当地旅游产业的提质增效，提升居民的经济收益，而且有助于恢复传统村落的历史风貌。在遵循"修旧如旧"的保护理念下，借助旅游发展的途径推动文化遗产的集群化保护，不仅确保了文化遗产的存续，也实现了其价值的合理利用。这种模式将文化资源优势转化为经济优势，有效缓解了传统村落的"空心化"现象，并吸引了众多专业人才回归乡村。通过打造宜居宜业的美丽乡村，实现了从静态保护到活态传承的转变，保留了传统村落的文化底蕴，延续了村民对故乡的"乡愁"，为传统村落文化遗产的可持续发展奠定了坚实基础。

二、活化传统村落文化，赋能乡村振兴

习近平总书记指出，乡村振兴的战略不仅需要物质形态的塑造，更需要精神文化的铸魂，他强调，只有构建以社会主义先进文化为核心的乡村文化体系，才能实现乡村振兴的真正目标。在经济社会持续发展和居民物质生活水平普遍提升的背景下，公众对于休闲、康养等精神文化需求不断增长。鉴于此，我们在深入分析传统村落文化遗产的独特性和地域特色的基础上，致力于挖掘文化遗产的历

史故事和情感内涵，通过融入活态体验和动态表演，推动文化创新的进程。此举旨在利用传统村落的文化遗产，撬动乡村文化与旅游产业的互动发展，促进山水湖林与旅游、文化、康养等产业的深度融合，从而培育一系列既繁荣传统村落又富裕当地农民的新兴业态。此外，政府部门还应当着力完善传统村落的旅游规划，并将其纳入地区发展的整体规划之中，确保与村庄规划的有机衔接，以创造显著的社会经济效益。通过这些措施，传统村落不仅能成为乡村振兴的"聚宝盆"，也能成为农民增收的"摇钱树"，最终实现传统村落文化遗产资源对乡村振兴的赋能作用。

三、保护传统村落原始风貌，打造生态群落

传统村落，作为中华民族农耕文明的精髓和乡土中国的"活化石"，承载着无比珍贵的文化遗产。然而，近年来，这些村落正面临着建设性破坏、传统建筑的自然衰败以及生态环境污染等多重挑战，导致许多珍贵的文化遗产濒临消失的边缘。为了实现传统村落文化遗产的活化利用，必须在保持村落原有整体结构形态、建筑风貌以及自然与人文景观等独特文化空间形态的基础上，采取旅游发展的策略。通过将村庄规划与旅游规划巧妙融合，不仅能够打造旅游亮点，还能完善传统村落的景观风貌保护建设。此种方式不仅能够提升居民对自身文化的自觉与自信，还能增强传统村落的内生发展动力，激活文化遗产的自我更新能力，从而促进优秀传统文化的传承。同时，在旅游发展的过程中，必须注重对传统村落所依赖的原生环境的保护，并对已受损的次生环境进行修复。实现这一目标，不仅有助于推动传统村落的生态振兴，还为文化遗产的集群化保护创造了有利的生存环境，最终促进广西传统村落人与自然关系的和谐共生。

第二节 旅游发展背景下广西传统村落文化遗产集群化保护模式构建的原则

广西传统村落文化遗产汇聚了多民族集体智慧与创造力的精华，构成了中华民族优秀传统文化的重要组成部分。目前，这些传统村落文化遗产所处的原生环境经历了显著变迁，众多文化遗产因难以适应周边环境的迅速变化而遭遇生存与传承的双重危机。为了达成活态传承文化遗产、振兴传统文化以及保护村落风貌

的三重目标，必须对传统村落文化遗产实施全面且科学的保护工作，并妥善处理文化遗产集群化保护与旅游发展之间的关系。这种综合性的保护方法，不仅有助于解决传统村落文化遗产集群化保护过程中面临的诸多问题，而且能够促进旅游发展与文化遗产保护之间的良性互动，从而更有效地实现广西传统村落文化遗产的可持续保护与发展。通过这种互动，可以确保文化遗产在现代社会中得到妥善保存，同时为当地经济和社会发展注入新的活力。

一、原真性和活态性相结合的原则

广西传统村落文化遗产的价值根植于真实性，一旦失去这一核心特质，其文化价值与功能也将随之消失。鉴于此，集群化保护广西传统村落文化遗产应坚决贯彻原真性原则，确保传统村落的整体风貌得到妥善维护。在此基础上，集群化保护的核心在于促进文化遗产的活态传承，这涵盖了物质文化遗产与非物质文化遗产两大领域。物质文化遗产作为历史的见证，对于外界理解和认识一个国家或民族的历史与文化具有重要意义。然而，若仅将其作为静态展品陈列于博物馆，其深层的文化内涵将难以得到充分挖掘。因此，借助旅游发展的手段，实现物质文化遗产的创造性转化与创新性发展，将其转化为富含传统文化元素的旅游商品和纪念品，不仅能够创造经济效益，也能为集群化保护提供必要的资金支持。非物质文化遗产源自民众的日常生产生活实践，是区域民众在衣、食、住、行等方面文化特征的体现，具有显著的活态性。若仅限于文化陈列，则失去了其作为生产和生活实践的本质属性。旅游作为一种综合性的生活体验，涉及吃、住、行、游、购、娱等多个方面，并与非物质文化遗产的衣、食、住、行紧密相连。因此，通过旅游活化非物质文化遗产，成为新时代背景下实现其活态传承的关键途径。因此，在旅游发展的过程中，广西传统村落文化遗产的集群化保护应严格遵循原真性与活态性相结合的原则，以实现文化遗产的有效保护和传承。

二、保护优先和适度开发相结合的原则

鉴于传统村落文化遗产所具有的公共权属、稀缺价值以及不可再生性，在保护与开发的过程中必须恪守保护优先与适度开发相结合的基本原则。保护工作的核心目标在于维护好文化遗产的原真性与完整性。自21世纪起，国际社会始终秉承"保护优先"的基本原则，我国政府也明确提出了文化遗产保护的方针，无

论是文物古迹的保护还是非物质文化遗产的维护，均遵循"保护为主，抢救第一，合理利用"的指导原则。据此，旅游发展背景下广西传统村落文化遗产集群化保护更应恪守"保护为主、保护优先"的原则。在传统村落的微改造与微更新实践中，应综合考虑村落的环境承载能力、资源禀赋以及遗产旅游开发的适宜性，对当地的文化遗产资源进行科学合理的利用与开发。因此，在旅游发展背景下，广西传统村落文化遗产的集群化保护应当遵循"保护优先、适度开发"的原则。唯有如此，方能确保传统村落文化遗产真实性、完整性的保护与传承，进而实现广西传统村落文化遗产的永久保存与永续利用。

三、传承性和创新性相结合的原则

在当前形势下，广西传统村落文化遗产正遭遇多重挑战，包括传承人老龄化、后继人才缺乏以及创新动力不足等问题，导致部分文化遗产濒临"文化遗憾"的边缘。文化的价值唯有在被拥有者认识和重视之时，方能得到有效的传播与继承。因此，在保护与开发过程中必须深入挖掘传统村落文化遗产的深层价值，积极探索其在当代社会中的实际意义，并在保护与传承的基础上对其进行创新性地转化。通过开发一系列反映文化底蕴和遗产特色的文创产品，旨在推动传统村落文化遗产的创新性发展，使其与现代文化相互融合，更好地满足现代社会对文化的需求。此外，还应加大对传统村落文化遗产的政策支持力度，提升社会对文化保护的自觉性，激励和支撑社会各界全方位地参与传统村落文化遗产的保护与传承工作。通过吸纳新的文化创新力量，营造一种老艺人愿意传授、年轻一代愿意学习的积极氛围，从而为传统村落文化遗产的活态传承注入持久活力。

四、政府主导和多方参与相结合的原则

广西传统村落文化遗产作为一种集体性的文化形态，其集群化保护工作涉及众多利益相关者。为确保旅游发展背景下文化遗产的有效保护，必须坚持以政府为引领、多方主体共同参与的方针，充分调动各方的智慧和力量，形成保护传统村落文化遗产的强大合力。这些文化遗产源自民众，由民众传承并服务于民众，因此，当地居民应积极投身于文化遗产集群化保护的过程中，为村落的发展贡献力量。地方政府在规划和推进传统村落的保护工作时，应广泛吸纳民众的意见和

建议，科学制定规划方案。通过具体的项目和业态发展吸引人才，打造符合本地历史文化特色的发展主题。同时，政府应积极动员包括旅游企业、游客、专家学者、新闻媒体、文化遗产传承人、教育机构等在内的多元化群体，共同参与到传统村落文化遗产的管理与保护工作中。这些主体应自觉地进行"文化再生产"，利用传统村落文化遗产，共同接受传统文化的滋养，以实现文化遗产的可持续发展和传承。

第三节　旅游发展背景下广西传统村落文化遗产集群化保护模式构建

一、传统村落文化遗产集群化保护模式构建的理论基础

（一）产业集群理论

"产业集群"（Industrial Cluster）这一概念最初由美国学者迈克尔·波特（Michael E. Porter）在 20 世纪 90 年代出版的《国家竞争优势》（Competitive Advantage of Nations）一书中提出。波特在该书中阐述，产业集群是指在特定产业的规模扩张过程中，与之紧密相关的企业群体以及相应的中介组织倾向于在拥有某些要素优势的地理区域内集中。这种集中带来了企业之间以及企业与中介组织间的协同效应，进而形成了一种强大且持续的竞争优势。何龙芬对产业集群的定义进行了进一步的阐释，认为产业集群是由位于某一特定地理区域内、相互关联的企业主体和相关中介组织构成的集合体。其显著特征在于成员之间存在着明显的竞争与合作关系，且在空间布局上呈现出高度的集中性。可见，产业集群是众多不同类型的产业在空间及分工上的集聚与合作而形成特定范围内的产业融合共同体，各产业之间既彼此独立又相互联系，共同形成产业集群。焦志明认为，产业集群具有多种特性，其中，对于传统村落文化遗产来说，文化是其鲜明的标准，创意是其集聚的核心，不同产业因创新发展而逐渐联结构成产业的集聚重心；而产业集群的纽带即产业链，具有较强的产业凝聚力并呈现出动态组织的产业融合形式。广西传统村落文化遗产作为民族地区独特的地域性、典型性、传承

性文化，具有显著的凝聚力、粘合力，使文化产业的"锁定效应"和"自我强化效应"逐渐增强。美国学者曾根据产业发展历程将产业集群分为马歇尔式、中心—辐射式、卫星式和国家力量依赖式。不同学者对产业集群有各自的解读，但基本具有以下特征：一是具有空间集聚规律，即产业集群在空间分布上具有一定的区域集聚特点；二是在产业间具有关联性，这种关联性既可以是平等合作关系，也可以是核心与辅助关系等；三是产业集群能充分调动区域范围内的各类资源，使资源配置效用最大化，促进产业的不断转型升级。

本书认为，在旅游发展的背景下，广西传统村落文化遗产的集群化保护主要依赖于旅游开发的手段，通过文化再生产、流通和销售等多种途径激活文化遗产的活力，进而促进其保护、传承与创新的协同发展。据此，产业集群理论为广西传统村落文化遗产的集群化保护提供了有力的理论支撑。针对广西众多具有独特特色和高价值传统村落文化遗产，采用产业集群理论进行深入指导，有助于优化资源配置，整合区域发展要素，充分发挥不同类型文化遗产的功能特性，进而构建规模化的保护与发展效应。进一步地，传统村落文化遗产的保护与发展与其所在的地域环境紧密相关。产业集群理论的引入不仅促进了传统村落文化遗产旅游产业集群的形成与发展，而且推动了文化遗产旅游产品生产与销售的一体化进程。此外，将产业集群理论应用于传统村落文化遗产的集群化保护实践中，能够有效发挥旅游产业的乘数效应，带动村落特色种养业、农产品加工业、餐饮、交通、电子商务等相关产业的发展，加速传统村落旅游与文化在业态、产品、市场和服务等方面的深度融合。通过这种融合，不仅推动了传统村落文化旅游产品的多样化与高质量发展，而且构建了一个强大的文化遗产产业发展支撑体系，从而显著提升了文化产业的整体竞争力。

（二）文化再生产理论

术语"再生产"（Reproduction）最初在生物学领域得到应用，用以描述生物体通过繁殖产生后代的过程。随后，该概念被社会学者采纳并扩展，以涵盖社会结构、文化实践和经济关系的复制、延续和重新制造。在社会学语境中，再生产不仅仅是简单的重复，同样也包含了变革和创新的潜力。马克思在其理论中提出，再生产不仅仅是巩固和复制既有社会秩序的优势，更是一个通过变革来实现社会发展连续性的过程。换句话说，再生产在维持社会稳定的同时，也为社会的进步提供了可能性和途径。马克思的社会再生产理论在文化研究领域的拓展，催生了文化再生产理论的形成。在 20 世纪 70 年代初期，法国社会学家皮埃尔·布迪厄（Pierre Bourdieu）首次明确提出了"文化再生产"这一概念。布迪厄主张文化并非静态的存在，而是通过持续的再生产过程得以传承和延续。这一过程不仅包括了对文化元素的复制，更涵盖了文化的创新与再创造，揭示了社会文化发展的动态性质。因此，文化再生产理论强调的是文化在历史进程中的演变和重生，而不仅仅只是简单的重复或模仿。在探讨文化再生产理论的应用与实证研究中，李凌选取了日本的重要文化遗产——那霸龙舟赛作为研究案例。在文化再生产理论的框架指导下，李凌深入分析了那霸龙舟赛在文化层面上的重构过程。该研究揭示，文化再生产的现象与人类的生存需求、个体能力、意识形态以及环境状况紧密相连。研究结果表明，那霸龙舟赛的文化重构不仅仅是一个简单的文化传承过程，更是与参与者的生活体验、社会能力、文化认同以及周围环境因素相互作用的结果。

显然，文化重构的过程涉及社会多方面要素的互动与联结，这一过程不仅能满足人们日益增长的物质文化需求，而且还能够促进文化的持续发展。在当前背景下，广西传统村落文化遗产的集群化保护可以将文化再生产理论作为基础，通过充分利用村落的文化遗产资源，并以文化创意活动为驱动力，可以有效推动传统文化结构的重塑。此举不仅有助于提升文化的内在竞争力，而且能够促进传统村落文化遗产的活态传承与创新发展。

本书认为，广西传统村落文化遗产的文化再生产过程，是一个涉及文化遗产与产业两个社会学领域的交叉现象。具体而言，这一过程以村落中丰富多样的文化遗产资源为基石，通过设计和开发与之相关的文化旅游产品及服务，采用现代化的市场策略对其进行活态保护与推广。这样的做法不仅能够提升广西传统村落文化遗产的知名度和影响力，还能带来显著的经济和社会效益，从而促进文化遗产的保护与传承。因此，将文化再生产理论应用于指导广西传统村落文化遗产的集群化保护工作，具有深远的现实意义和实践价值。

(三) 点轴开发理论

点轴开发理论，作为一种区域发展的基础理论，其形成受到了中心地理论、空间扩散理论、增长极理论以及生长轴理论的深刻影响。该理论的核心观点在于区域发展沿着特定的轴线进行，而这些轴线则由一系列的经济中心或"增长点"构成。法国经济学家弗朗索瓦·佩鲁（Francois Perroux）于 1950 年提出了增长极理论，该理论主张增长极是经济活动中具有显著活力的中心区域，类似于一个磁场的极点，具有吸引和扩散经济要素的双重功能。这种理论视角为理解和规划区域经济发展提供了重要的理论依据。德国地理学家瓦尔特·克里斯泰勒（Walter Christaller）在 1966 年提出了著名的中心地理论（Central Place Theory），该理论阐述了经济活动中心按照一定的等级序列组织起来的观点。克里斯泰勒认为，这些中心地因其市场规模、交通可达性和行政管辖等条件的不同而呈现出不同的等级。具体而言，较高级别的经济活动中心所辐射的吸引范围往往是较低级别经济活动中心吸引范围的数倍。这一理论为我们理解区域内经济活动的空间分布及其功能差异提供了重要的分析框架。瑞典地理学家托尔斯坦·哈格斯特朗（Torsten Hägerstrand）在1970年的研究中提出，物质流、货币流和信息流均能从其发源地通过空间相互作用的过程扩散至其他地点。哈格斯特朗的这一理论为理解空间扩散现象提供了重要的视角。在此基础上，我国学者陆大道在1995年的专著中，对"点—轴"模式的空间形成机制进行了系统的阐述。陆大道提出，在区域发展的过程中，大部分发展要素倾向于在特定的"点"（即经济活动中心）聚集，并通过"轴"（包括交通线路、通信网络、能源供应线路等）实现连接与相互作用，从而推动区域经济的全面发展。自此，点轴开发理论逐步发展成为一个成熟的空间发展理论框架。

在广西，传统村落文化遗产的分布主要集中在柳州、桂林、贺州、南宁等地区，展现出一种"东密西疏"的空间分布特征。这种分布模式既表现为地理上的分散性，又呈现出文化上的相互关联性。这种独特的内在属性及其空间分布特征要求在实施集群化保护过程中，必须重视制定科学合理的空间布局规划，旨在通过集群化效应提升村落文化遗产保护的综合效益。在旅游发展的背景下，广西传统村落文化遗产的集群化保护模式可以依托旅游节点、交通网络、企业布局、商业网点等多个层面的相互作用，形成特定的发展轴线。随着这些轴线的逐步延伸，可以促进文化遗产集群的持续发展和优化，进而实现文化遗产保护与旅游发展的良性互动。

二、传统村落文化遗产集群化保护模式的框架结构

本书旨在通过产业集群理论和文化再生产理论的视角，探讨广西传统村落文化遗产的集群化保护模式。目的是通过文化再生产、流通和销售等多种途径，激活文化遗产的内在活力，从而逐步实现文化的保护、传承与创新发展。产业集群理论着重于探讨如何通过产业化的方式，将文化遗产转化为具有市场价值的产品，并通过文化产业化的过程，促进具有相互关联的企业主体和相关中介机构的集聚，建立紧密的联系，从而科学构建村落文化遗产的集群化保护模式，并解决与之相关的保护问题。

具体而言，本书将探讨广西村落文化遗产产业化运作中的关联主体，包括其

分类、具体构成以及各关联层如何协作以推动文化遗产产业化的发展。同时，研究还将识别确保产业化运作措施有序进行的必要条件。基于此，本节结合广西传统村落文化遗产的类型及其保护现状，借鉴产业集群理论、文化再生产理论以及点轴开发理论，考虑广西传统村落文化遗产资源的特性及其空间分布，遵循原真性与活态性、传承性与创新性、政府主导与多方参与等原则，构建了一套广西传统村落文化遗产集群化保护的模式架构（如图6-1所示）。

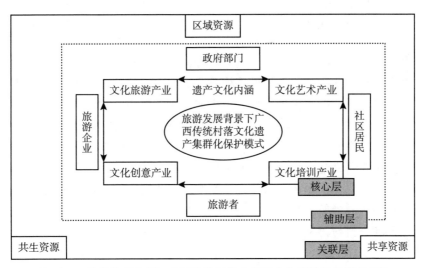

图6-1　旅游发展背景下广西传统村落文化遗产集群化保护模式架构

本书提出的保护模式内涵在于：产业集群理论的核心是强调产业链及其相互运作关系的重要性，而文化再生产理论则着重于文化通过持续的再生产过程得以传承和发展。为了实现广西传统村落文化遗产的集群化保护并发挥产业集群效应，本书主张结合这两种理论的核心要义，以指导文化遗产在旅游领域的活化利用，进而推动村落文化遗产的集群化保护进程。

据此，本模式架构基于产业集群理论和文化再生产理论，将广西传统村落文化遗产的集群化保护划分为三个层次：核心层、辅助层和关联层。这三个层次共同构成了旅游发展背景下的广西传统村落文化遗产集群化保护模式的整体运作体系。如图6-1所示，该模式架构揭示了在旅游发展背景下，广西传统村落文化遗产集群化保护中的核心层、辅助层和关联层在产业集群过程中的作用和位置，并展示了在保护过程中各个层次所涉及的主体及其相互作用。核心层主要涉及文化遗产本体及其直接相关的保护和利用活动；辅助层则包括为文化遗产保护提供支持的各种服务和设施；关联层则涵盖了与文化遗产保护相关的更广泛的社会、经济和文化因素。以下将详细阐述各层次的内涵及其在集群化保护模式中的具体作用。

核心层，基于前述对广西传统村落文化遗产的内涵特质、类型划分、空间分布等要素的分析并结合产业集群理论中的"集聚效应"概念，将广西传统村落文化遗产的集群化保护细分为四个主要产业形态：文化旅游产业、文化艺术产业、文化创意产业以及文化培训产业。换言之，广西传统村落通过文化再生产和产业化的策略，能够将文化遗产资源转化为上述四种产业形式，并在这一过程中实现资源的集聚。进一步地，通过有效的市场营销手段，这些文化资源得以在市场中流通，从而推动村落文化遗产的产业化进程，并促进其集群化保护的实施。

在产业集群理论框架下，辅助层构成了一个关键的结构层次，旨在为特定产业的集聚发展提供支持或引导。这一层次涉及一系列相关的机构和企业，它们通过联合行动，促进产业的集中与增长。针对广西传统村落文化遗产的集群化保护，辅助层主要由政府机构、旅游企业、当地社区居民以及游客等构成，这些主体共同构成了支持文化遗产旅游产业发展的利益相关者网络。它们不仅是推动村落文化遗产集群化保护的核心力量，也是实现产业间协同合作的关键行动者，负责提供支持、指导、监督和管理，涵盖政策制定、资金投入、科学研究等多个方面，以辅助和支持村落文化遗产的集群化保护。此外，这些利益相关者共同促成了"文化"与"产—学—研"相结合的融合发展模式，通过强强联合，为广西传统村落文化遗产的保护与发展注入了新的活力。

关联层作为一个与核心层紧密相连的层次，其作用在于整合与村落文化遗产集群化保护相关的多样化资源。本书的分析框架将关联层定义为那些对于村落文化遗产集群化保护运作具有显著相关性的资源集合。具体而言，这些资源可划分为三个主要类别：区域资源，包括经济、社会和交通因素；共生资源，涉及资源的开发、产业的布局、线路的联动、市场的共同拓展以及环境的优化；共享资源，包括品牌、信息、服务、基础设施和形象等方面。这些资源共同织就了一个村落文化遗产的一体化资源网络，旨在促进文化遗产在产业集群中的广泛传播和利用。通过集中和优化配置这些资源，可以推动文化遗产的创新性发展及持续的传承，进而形成一个村落文化遗产集群化保护的多层次关系网络。

可见，从产业集群与文化再生产的双重视角来看，广西传统村落文化遗产的集群化保护机制涉及了多个层面的相互作用。在这一过程中，核心产业的集中化发展以及政府机构、旅游企业、社区居民、游客等利益相关者的积极参与和支持，构成了保护工作的基石。同时，区域资源、共生资源、共享资源所形成的网络状支撑结构，逐步塑造了旅游发展背景下广西传统村落文化遗产集群化保护的三层架构：核心层、辅助层和关联层。这三个层次相互影响、相互作用，共同构成了一个复杂的关系网络体系，这一体系不仅促进了文化遗产的保护与传承，也为旅游产业的可持续发展提供了坚实的支撑。

三、传统村落文化遗产集群化保护模式的形成机理

在旅游发展的背景下，广西传统村落文化遗产集群化保护表现出对遗产文化特性的显著依赖。文化遗产资源的独特性对文化旅游产业的发展产生了显著的影响。在传统村落文化遗产旅游产业集群的形成过程中，该集群主要以村落文化遗产资源为基石，并以文化创意作为核心驱动力。此外，它依赖于旅游产业价值链的完整性和协同性，以及来自不同行业、政府部门和机构的外部支持，共同构筑了一个旨在保护和促进村落文化遗产的产业集群网络。这一网络不仅强化了文化遗产的保护与传承，而且促进了文化旅游产业的综合发展。

如图 6-2 所示，在旅游发展的背景下，广西传统村落文化遗产的集群化保护项目经历了一个逐步发展的过程。起初，在规模经济的驱动下，村落文化遗产产业开始扩张和集聚，同时，在旅游市场需求的推动下，不断创新文化旅游体验项目的形式。随着市场需求的增长，村落文化遗产产品逐步构建起独有的市场空间，不仅有助于降低生产成本，而且逐渐吸引了政府的关注。在政策优化和发展环境改善的条件下，区域范围经济得以逐步形成。最终，随着传统村落文化遗产旅游产业的持续增长，其获得的外部支持力量不断增强。餐饮、住宿、交通、游览、购物、娱乐等相关联产业也相继融入，形成了集聚经济效应。在这种经济集聚的作用下，村落文化遗产的集群化保护实现了规模的聚集。因此，在旅游发展背景下的广西传统村落文化遗产集群化保护模式，实际上是依托于旅游市场的多元化需求，在特定区域内通过文化再生产、流通和销售的手段实现遗产的保护与传承。在这一过程中，政府支持、旅游企业和旅游者之间的相互合作与竞争，共同铸就了一个强有力的凝聚核心，进而促成了产业集群的形成。

在旅游发展的框架下，广西传统村落文化遗产的旅游产业集群通过促进旅游服务设施的共享，尤其是交通基础设施，实现了企业间的地理接近性。这种接近性不仅缩短了企业间的物理距离，还减少了运输时间和成本，从而为企业的合作提供便利，并推动了产业一体化的进程。在产业集群内部，上游、中游和下游的企业分别为产品的生产、流通和销售环节奠定了坚实的基础，使得集群内的企业能够有效利用集聚效应和规模效应，从而降低了文化遗产集群化保护的经济负

担。此外，产业集群的存在显著提升了传统村落文化遗产旅游的整体竞争力。产业集群的一个显著特征是空间分布的集中性，即相关企业和中介机构在特定地理范围内的集聚。这种空间集聚不仅加剧了集群内部的竞争关系，而且催生了自然选择机制，激发了企业的创新意识。由此，企业能够实现生产力的提升、成本的降低以及产品的差异化，从而获得竞争优势。综上所述，在旅游发展背景下，广西传统村落文化遗产的旅游产业集群为文化遗产集群化保护提供了有效的聚集动力，有助于形成保护与发展的良性循环。

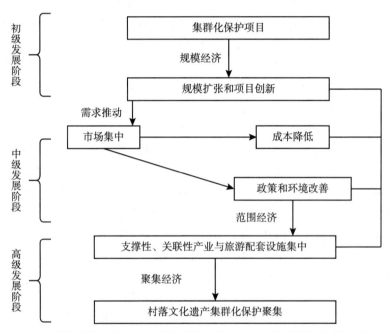

图 6 - 2　旅游发展背景下广西传统村落文化遗产集群化保护聚集的形成机理

四、传统村落文化遗产集群化保护模式的构建

依据前期调查与统计，广西传统村落的文化遗产总量达到 639 项，其中物质文化遗产有 127 项，非物质文化遗产则有 512 项。这些文化遗产不仅蕴含着丰富的历史和美学价值，同时也具有显著的商品价值，参与性和体验性特点使它们成为旅游开发的理想对象。当前，受限于区域发展的不均衡性和资源禀赋的差异，我国文化遗产的保护已呈现出多样化的模式。然而，关于旅游发展背景下对广西传统村落文化遗产保护模式的研究仍相对匮乏。

鉴于此，本书在探讨保护模式的架构及其形成机理的基础上，结合现有研究成果和广西传统村落文化遗产保护与利用的实际情况，从文化内涵、产业集群、开发主体、资源整合、开发阶段五个关键维度，构建了一个适用于旅游发展背景下的广西传统村落文化遗产集群化保护模式（如图 6 - 3 所示）。此模式的提出，旨在为广西传统村落文化遗产的保护与旅游开发的协同发展提供理论指导和实践路径。

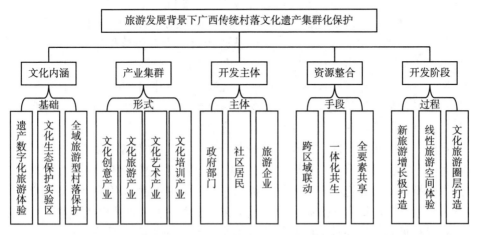

图 6 - 3 旅游发展背景下广西传统村落文化遗产集群化保护模式构建

如图 6 - 3 所示，在旅游发展背景下广西传统村落文化遗产的集群化保护首先需要明确界定文化遗产保护的具体内容。在此基础上，依托各要素之间的紧密联系，可以实施多种保护模式，包括遗产数字化旅游体验模式、文化保护区试验区模式以及全域旅游型村落保护模式。在产业集群的构建上，可以采用以下四种主要类型：以文化创意产业为核心的还原式、以文化旅游产业为主导的适应式、以文化艺术产业为驱动的创意式以及以文化培训产业为支撑的沿袭式。这些类型之间相互关联、相互协作，并实现同步发展。鉴于传统村落文化遗产集群化保护涉及众多利益相关者，因此，根据开发主体的不同特点，可以构建政府主导模式、旅游企业主导模式以及社区居民主导模式。考虑到广西传统村落文化遗产资源的空间分布不均以及旅游地资源的单一性，资源整合的开发策略可以选择跨区域联动模式、一体化共生模式以及全要素共享模式。进一步地，鉴于广西传统村落文化遗产在空间分布、数量、类型等方面的显著差异，以及每个传统村落所处的发展阶段各不相同，可以根据文化遗产的开发阶段选择相应的保护与开发模式。这些模式包括新旅游增长极打造模式、线性旅游空间体验模式以及文化旅游圈层打造模式，以适应不同传统村落在文化遗产保护和旅游发展方面的需求。

（一）基于文化内涵的保护模式

保护好文化遗产就是在守护文化的脉络，而保护传统村落则等同于保存历史的印迹。在广西，传统村落文化遗产不仅数量众多，而且类型繁多，其文化内涵极为丰富。例如，世界文化遗产花山岩画展现了独特的民族文化，而"壮族三月三"节庆则体现了壮族文化的精髓；湘江战役旧址承载着红色文化的记忆，京族民歌传递着海洋文化的韵律；壮族织锦技艺代表了少数民族传统技艺的独特性，黄姚古镇则象征着长寿文化的魅力；漓江的山水风光更是展现了自然与文化的和谐共存。这些文化遗产不仅具有高度的观赏性、参与性和娱乐性，而且作为历史的见证，其价值无法估量。只有深入挖掘和诠释这些文化遗产的内涵，游客才能真切地感受和体验其深层次的文化意蕴及价值。

同时，广西传统村落文化遗产的旅游开发不应以牺牲村落生态环境为代价，而应致力于保护其原有的历史风貌和遗产的生态环境。基于前人的研究成果并结合广西传统村落文化遗产资源的具体状况，本书从单要素、片区、全域三个层面出发，提出了遗产数字化旅游体验模式、文化生态保护试验区模式以及全域旅游型村落保护模式，旨在推动广西传统村落文化遗产的集群化保护（如图6-4所示）。通过这些模式的实施，可以有效地促进文化遗产的保护与旅游发展的和谐共生。

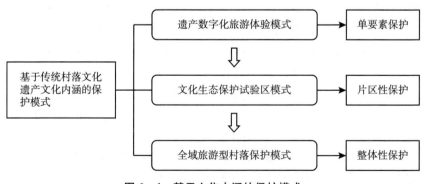

图6-4　基于文化内涵的保护模式

1. 遗产数字化旅游体验模式

数字旅游，其概念不言而喻，涉及运用数字技术手段对旅游资源进行整合、优化乃至再创造。该模式通过线上与线下的互动体验，旨在为游客提供更为便捷、互动性强烈且个性化的旅游服务。遗产数字化旅游体验模式，具体而言，是指运用全息技术、虚拟现实、增强现实、人工智能、大数据等前沿数字技术，对传统村落文化遗产资源进行场景化处理，以及对非物质文化遗产进行产品化开发。此举不仅有助于文化遗产的保护与修复，同时也使得旅游者的文化体验更加生动、多元和深入。

传统村落数字化保护对于文化遗产的修缮、保护及其活化利用研究提供了数据支持，成为促进传统村落文化可持续传承的关键途径。通过对广西传统村落文化遗产进行全面的摸底调查，详尽记录其历史年代、科学价值等信息，并将所收集的资料进行统一整理与分类，确立遗产保护类型，构建广西传统村落文化遗产保护数据库，此举乃是实现遗产保护与可持续利用的有效手段。此外，建立基于互联网和大数据的文化遗产修复管理系统，以应对文物保护单位在文物修复数量、管理流程复杂性以及修复记录和档案规范化等方面所面临的挑战。为应对这些挑战，还有必要培养一支既精通文化遗产保护又具备数字化技能的复合型人才队伍，构建多元化的工作团队，以推动文化遗产数字化技术的创新，简化相关流程。借助 AR、VR、MR 等先进数字技术，可以实现文化遗产的全球传播和智能化保护，并向游客提供全方位的内容展示，增强其沉浸感和现实感。同时，运用 AI、知识图谱、媒介融合等跨媒体智能化技术实现文化遗产的智慧化共享。例如，灵川县青狮潭镇江头村正在加速建设数字博物馆，该馆在陈设展示方面采用了"百科页面、360°全景漫游、三维数字互动"等数字化和智慧化技术，全方位、动态模拟展示了江头村的整体格局、自然环境、历史发展演变过程、特色建筑风貌、民间习俗等丰富内容。

2. 文化生态保护试验区模式

文化生态保护试验区，其定义涉及对那些历史文化积淀深厚、存续状况良好、具有显著价值和鲜明特色的文化形态实施全面保护，旨在实现这些文化与自然环境、经济环境、生态环境以及社会环境的和谐共生。广西传统村落蕴含着丰富的民族文化遗产，其特色突出，形式与类型多样化，这为建立文化生态保护区提供了坚实的文化与物质基础。通过将传统村落的文化遗产完整地保留在原有的村落生态环境之中，可以确保这些文化遗产成为生动活泼的"活文化"。

基于当前的生产、生活与生态功能分区，结合各村落文化遗产的独特类型与特征，本书采取地理与功能的综合统筹方法，依据维护生态系统完整性和文化遗产系统保护的目标，将文化生态保护试验区细分为核心保护区、特殊保护区和一般保护区三个等级。这一划分旨在为那些具有重要价值和脆弱生命力的传统村落文化遗产提供系统性和整体性的保护措施。以贺州市富川瑶族自治县朝东镇秀水村为例，该村以秀峰为中心，呈辐射状发展。在此，将科学文化价值高、文化底蕴深厚的明清时期古村民居、宗祠、遗址等集中区域以及生态环境优良的秀峰区域划定为核心保护区。同时，将生态环境敏感且尚未开发的区域设定为特殊保护区，而秀水村的最外围及其周边区域则被划分为一般保护区。这样的划分不仅确保了文化遗产的保护，同时也促进了生态系统的持续健康发展。

在文化生态保护区内，对文化遗产的全面摸排是一项基础工作，旨在建立详尽的遗产信息数据库，以实现信息的广泛共享和实时动态监控。为了有效保护和传承这些遗产，应根据其保护的紧迫性和传承的危机程度建立分级和分类的保护与传承措施及其相应机制。例如，对于那些不适宜通过活态方式进行传承的非物质文化遗产代表性项目，可以采取录音录像、图文记录、实物保存以及建立专题资源库等方法实施抢救性的保护措施。对于已登记入册的村落文化遗产资源，应实施集群化的保护策略，为区域内的文物保护主要责任人和传承人提供经济和政策上的支持，以促进他们的传习和保护活动。此外，规划村落文化生态保护工作也是关键，包括完善村落的基础设施建设布局，如道路、绿化、餐饮和商铺等，以支持文化遗产的保护与发展。同时，应致力于发展特色产业，将文化遗产保护与民宿、农业、康养等产业相结合，形成新的旅游业态。这样的综合发展战略不仅推动了传统村落文化遗产的区域性整体保护，而且促进了传统村落在经济、社会和文化层面的可持续发展，确保了文化遗产在当代社会中的活力与价值。

3. 全域旅游型村落保护模式

全域旅游型村落保护模式是一种在广西传统村落文化遗产资源丰富或传承区域实施的保护策略。该模式以旅游产业为主导，通过在空间和产业层面上对生产要素进行优化配置，旨在保持遗产的原真性和村落的原始风貌。它不仅凸显了传统村落文化遗产的独特文化内涵和地域文化特色，而且还致力于满足游客全方位的体验需求，形成了一种综合性和开放性的村落保护模式。与传统村落保护模式相比，全域旅游型村落保护模式更加强调旅游的空间全景化系统性。该模式从全要素、全过程、全方位、全社会等多个维度推进旅游产业的发展，体现了"无处不风景、无人不导游、无事不服务于旅游"的理念。

在全要素保护方面，该模式遵循原真性与活态性相结合的原则，不仅涵盖了对传统村落结构布局、绿化水系、基础设施等自然和人文景观的保护，而且着重于守护村落的文化底蕴和根基。在修缮古建筑、古遗址时，力求保持其原有的格局、风貌、外观和形态，采用原有的色调、材料、结构和风格，实现"修旧如旧，保持原貌"。此外，通过将物质文化遗产与非物质文化遗产相结合，创建互动性强的民俗文化活动项目，并利用云直播平台，结合线上直播和线下表演吸引游客的参与和关注。在全过程保护方面，从游客踏入传统村落的那一刻起直至离开，提供无处不在的全程旅游体验。在全方位保护方面，广西传统村落文化遗产旅游不仅满足游客的基本旅游需求，如"吃、住、行、游、购、娱"，还增加了"文化、科技、生态、环境、制度"等要素的供给。在全社会保护方面，该模式广泛动员当地居民参与文化遗产集群化保护与旅游开发，从文化生态旅游、红色文化旅游、乡村民俗旅游、生态休闲农业等多个角度构建基于遗产保护的传统村落旅游产业体系。这种模式旨在实现文化遗产的活化利用，推动整个村落的可持续发展。

（二）基于产业集群的保护模式

如前所述，广西传统村落文化遗产的分布呈现出显著的地理集中性，主要集中于柳州、桂林、贺州、南宁等区域。这些区域内的村落文化遗产种类繁多、数量庞大。在实施集群化保护的过程中，文化遗产产业集群的发展不仅紧密依赖于文化产业本身，而且与餐饮、住宿、交通、娱乐等旅游产业环节密切相关，同时也需要信息技术行业等领域的支撑。

为了促进这一产业集群的发展，必须构建完善的交通网络、动力网络、水电网络以及企业信息网络等基础设施。在此框架下，企业网络构成了村落文化遗产经济增长的核心点，而道路交通网络则成为串联相关行业的轴线，沿此轴线两侧，各行业集聚发展，发挥辅助与协作作用，并不断催生新的经济增长点，进而推动文化遗产的集群化保护。在此基础上，遵循文化产业集群的发展规律并依托文化创意产业链的延伸，根据产业链的不同环节（即上游、中游、下游）的特点进行分类运作。在产业链前端，着重于产品的研发设计和品牌管理；中游环节则通过加工制造和规模生产，制造多样化的村落文化产品；而在后端则侧重于结合时尚和体验元素，进行产品的营销推广。通过这种方式，最终实现产业的集聚效应并形成规模化的经济效益。

具体来说，在旅游发展的背景下，基于产业集群的广西传统村落文化遗产的保护模式可细分为四种类型，如图6-5所示：一是以文化创意产业为主的还原式保护模式；二是以文化旅游产业为主的适应式保护模式；三是以文化艺术产业为核心的创意式保护模式；四是以文化培训产业为主的沿袭式保护模式。这些模式各具特色，共同构成了广西传统村落文化遗产保护的多维度框架。

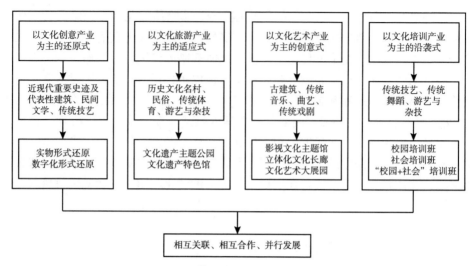

图6-5　基于产业集群的保护模式

1. 以文化创意产业为主的还原式

还原式保护模式，以文化创意产业为核心，坚定地遵循文化遗产的原真性与完整性原则，致力于凸显广西传统村落文化遗产的固有价值。此模式的基础是近现代重要的历史遗迹、代表性建筑、民间文学以及传统技艺等文化遗产，旨在通过深度的文化内涵和形态重塑，将这些元素转化为文化创意产品，并实施市场化的推广策略，以实现其广泛传播与传承。在该模式中，文化遗产的还原呈现为两种主要形式：实物还原和数字化还原。

实物还原形式包括丰富多彩的文化遗产文学书籍、城市涂鸦艺术以及专题素材影片等，这些媒介有效地再现了传统村落文化遗产的历史面貌。例如，北海的"美人鱼传说"通过精心编撰的文献资料，不仅详尽地叙述了该文化遗产的起源、演变、表现形态和精神内涵，而且通过书籍这一传统媒介增强了文化遗产的传播力度。此外，城市涂鸦墙作为一种现代艺术表现形式，将"美人鱼传说"的故事场景巧妙地融入城市街道景观之中，为游客提供了独特的文化体验。同时，数字化还原则利用现代科技手段，如虚拟现实、增强现实等技术，创造出一个互动性强、沉浸感深的数字文化遗产环境，使得传统村落的文化遗产在不受物理空间限制的情况下得以跨越时空界限，为广大公众提供更为广泛的文化体验和教育意义。通过这些多元化的还原方式，广西传统村落文化遗产的保护与传承得以在当代社会焕发新的活力。

数字化还原的核心在于构建一个全面的文化遗产数据库，在此基础上利用现代信息技术、互联网技术以及 3D/4D 建模技术等，通过电影、动画、电视节目、专题纪录片等多种形式，全方位、多角度地重现文化遗产的历史背景、艺术表现和文化特质。此外，建立以文化遗产为主题的科技展览馆，运用现代多媒体技术和虚拟现实/增强现实（VR/AR）技术可以生动而直观地呈现广西村落文化遗产的历史场景，并对文化遗产的深层精神意义进行深入解读，从而提升其公众认知度和国际影响力，为游客提供一种沉浸式的文化体验。在第 17 届中国—东盟文化论坛上，一款以少数民族建筑为设计蓝本的数字藏品在"一键游广西"数字藏品专区正式推出。该数字藏品以国家重点文物保护单位、侗族建筑杰作——广西三江侗族自治县的程阳永济桥为原型，采用 3D 技术精准再现了永济桥的精细构造，通过艺术化的再创造，打造了一件中国侗族木石结构建筑的数字艺术瑰宝。这一创新举措不仅推动了侗族传统建筑的保护与传承，也加速了其文化价值的传播与共享。

2. 以文化旅游产业为主的适应式

以文化旅游产业为主导的适应式发展模式特别适用于那些具有较高旅游开发价值但资源活化利用不足的遗产项目。此模式的核心在于为文化遗产注入新的功能，以适应现代市场的发展需求，进而促进广西传统村落文化遗产的集群化保护。具体而言，该模式的实施涉及以下几个步骤。

首先，通过文化与旅游产业的深度融合，放大文化遗产的特色功能，营造具有浓郁民族特色的旅游环境，从而逐步复兴和传承村落文化遗产。在实际操作中，考虑到广西传统村落文化遗产资源的现状，建议结合当地民族特色，将历史文化名村、民俗节庆、传统体育、民族歌舞等元素与旅游产业相结合，创建文化遗产主题公园或特色馆。在此框架下，可以设置演艺、展览、自主体验等多种项目，为游客提供一场沉浸式的传统村落文化遗产精品之旅。其次，利用传统节庆活动打造特色民族文化旅游目的地品牌，推动文化与旅游及相关产业的融合发展，弘扬人文精神，实现传统村落文化遗产集群化保护的可持续发展。例如，针对"京族哈节"这样的民间民俗活动，可以围绕主题设计等一系列活动，通过媒体进行广泛宣传，明确目标消费群体和客源地，开展宣传推介活动，吸引游客前来体验。在节庆期间，游客不仅有机会参与京族服饰制作等传统手工艺的学习，还能欣赏到跳天灯、花棍舞、哈妹独弦琴演奏等传统艺术表演；而在非节庆时期，游客同样可以体验传统手工艺的制作过程，感受京族歌舞的魅力，品尝民族美食，从而留下深刻的文化体验。通过这样的方式，不仅提升了京族文化精品旅游目的地的品牌形象，也为传统村落文化遗产的保护与传承注入了新的活力。

3. 以文化艺术产业为主的创意式

以文化艺术产业为核心的创意式发展模式强调在现代科技创新的支撑下，深入挖掘广西传统村落中古建筑、传统音乐、舞蹈和戏剧等文化遗产的文化价值。通过融合现代流行的创意设计理念，活用文化遗产的内涵精髓，构建独特的文化创意 IP，并围绕这一 IP 设计生产一系列文化创意产品，以凸显传统村落文化遗产的当代功能与价值，进而促进其传承与发展。此外，该模式还旨在发挥文化艺术产业的联动效应，推动休闲体验、设计服务、生产制造、特色农业等相关产业的协同发展，构建一个文化艺术与创意产品的综合体。以下是具体的实施措施。

首先，建立影视文化主题馆，利用摄影和立体转换技术，将村落文化遗产以影视作品的形式展现给游客，同时运用增强现实（AR）技术为游客提供沉浸式的感官体验。其次，设计全景式立体化村落文化遗产长廊，采用 3D/4D 全景技术，按照文化遗产的发展脉络，以图文并茂的方式诠释其文化内涵，重现遗产的历史渊源和独特魅力。另外，还可以打造文化艺术大展园，通过作品、纪念品以及艺术创作等形式，将具有文化艺术价值的传统村落文化遗产进行展示，为游客提供一个深入了解的平台。例如，对于扶绥壮族采茶剧、苍梧采茶戏、邕宁壮族采茶戏、钦北采茶戏、八步采茶戏等传统戏剧类文化遗产，可以在大展园中搭建戏剧背景，运用 3D/4D 全景技术，虚拟展现戏剧内容的前因后果，并通过多元化的书画作品呈现经典桥段。同时，将故事中的纪念品以展览形式展出，为游客提供一个全面化、逼真化的戏剧体验空间。通过上述措施，不仅能够提升传统村落文化遗产的可见度和影响力，还能促进文化遗产的活态传承，实现文化与经济的双向互动。

4. 以文化培训产业为主的沿袭式

以文化培训产业为主导的沿袭式发展模式专注于那些具有显著地域文化纪念意义的传统技艺、舞蹈、游艺与杂技等村落文化遗产。此模式的核心在于继承和发扬前人留下的民风民俗、工艺技能，通过培训班的形式传授其技艺，旨在沿袭传统的同时，实现村落文化遗产的保护与传承，并为文化遗产旅游提供专业人才的支持。目前，沿袭式文化培训主要分为校园培训班、社会培训班以及"校园 + 社会"培训班三种类型，每种类型针对不同的受众群体。具体而言：

首先，校园培训班是文化遗产融入教育体系的一种常见形式，通过开设选修课、实训课程、第二课堂、文化遗产知识讲座以及座谈会等活动，主要服务于在校学生这一年轻群体，以培养他们对文化遗产的兴趣和认识。其次，社会培训班通常由政府机构组织，或由文物保护责任人、非物质文化遗产传承人等自发举办，面向广大技艺爱好者。这些培训班旨在建立集授课、体验、销售于一体的传习基地，构建课程数据库，以提高社会培训的便捷性和有效性，扩大培训的覆盖范围。而"校园 + 社会"培训班则侧重于传授传统技艺、舞蹈、游艺与杂技等，并将所学技艺应用于相关行业与企业，实现学以致用，服务社会，同时促进文化遗产的传承。通过文化培训产业的沿袭式路径，不仅实现了文化遗产与社会相关产业的融合发展，而且推动了传统村落文化遗产的活化利用及其保护传承。例如，可以依托高等职业院校，实施文化遗产与职业教育融合的"校园+社会"模式，将文化遗产项目以专业课程或选修课程的形式纳入教学计划，为感兴趣的个体提供深入学习文化遗产、与传承人深度交流的机会。

（三）基于开发主体的保护模式

本书在探讨广西传统村落文化遗产集群化保护的过程中，发现参与其中的行为主体呈现出多样性，涵盖了文化遗产的传承人、当地社区居民、旅游企业、政府机构、新闻媒体以及游客等。这些主体在参与保护旅游发展活动时，由于各自的动机、责任和使命不同，不可避免地会产生一定的矛盾和冲突。为了提升保护工作的效率和成效，引入利益相关者理论进行深入分析显得尤为重要。

在广西传统村落文化遗产集群化保护的利益相关者中，政府部门、旅游企业、社区居民和游客扮演着关键角色。为了实现保护与旅游产业高质量发展的共赢，必须在平衡各方利益的基础上，构建一个多元且协调的机制，确保各主体能够在共同目标和相互兼容的基础上，最大化整体协调效应。根据不同利益相关者的职责和利益共享需求，我们可以将保护模式划分为政府部门主导、旅游企业主导和社区居民主导三种类型。此外，旅游者作为文化遗产体验的直接个体，其角色不仅在于体验，更是评估和验证集群化保护成功与否的关键因素，这一角色贯穿于整个保护过程。在实施过程中，当一个利益相关者发挥作用时，其他主体需相互协作，共同推进。同时，还需传承人、新闻媒体、科研机构等社会力量的监督与支持，以确保广西传统村落文化遗产集群化保护工作的顺利进行（如图6-6所示）。通过这种多方参与和协作的模式，我们有望实现文化遗产保护的长期可持续性和旅游产业的繁荣发展。

1. 政府部门主导模式

政府部门主导模式是指政府在推动文化遗产保护与旅游发展中起着核心作用，其职责包括制定和实施科学的传统村落文化遗产旅游发展规划，在这一过程中政府扮演着统筹者的角色，负责界定旅游开发的焦点与挑战，并激发各方参与者的积极性，以促进遗产保护与旅游业的相互促进。

在旅游开发的初期阶段，政府部门需对广西范围内的传统村落进行综合规划，旨在防止无计划和无序的开发行为。政府应组织专业团队对区域内的文化遗产进行全面的调研，并根据各地的具体情况制定出既符合遗产保护与传承需求，又兼顾开发利用的规划方案。为了深入理解广西传统村落文化遗产集群化保护的内在规律，政府部门应充分利用其在文化领域的优势，提升区域内的文化遗产旅游开发质量。此外，政府还需针对集群化保护的制度缺陷进行补充，确保旅游市场的服务与监管流程规范化，从而为文化遗产的长期保护和旅游业的可持续发展奠定坚实的基础。

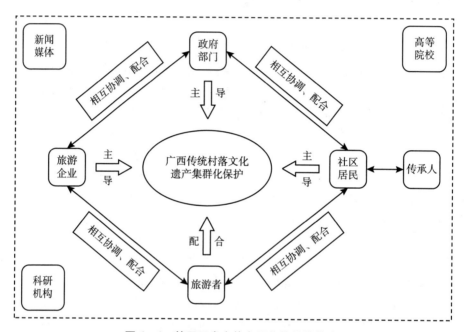

图 6-6　基于开发主体多元化的保护模式

　　在推进传统村落文化遗产的旅游开发与建设过程中，应当倡导并激励不同利益相关者的创新性参与。此举旨在吸引更多的私营资本参与遗产旅游的开发，促成文物保护负责人、非物质文化遗产传承人、旅游企业、社区居民以及游客等多方主体的联合，以适度创新的方式对文化遗产进行开发，打造具有特色的文化旅游品牌并共享由此带来的发展成果。同时，应加大对集群化保护的资金投入，并实施持续的跟踪评估与动态监管。

　　在集群化保护工作的后期阶段，基于科学的规划与自我强化能力，应增强村落对文化遗产保护专项资金使用的自主性。地方政府可以设立专项资金委员会，以促进资金的快速有效流转，确保村落生产生活基础设施的完善与文化遗产集群化保护的同步发展。此外，还应充分考虑文物保护负责人和传承人的利益诉求，组织建立文化传承基地，并为特色手工艺人提供经济补贴，以激励他们传承本民族的文化遗产，进而复兴传统村落的优秀文化。

2. 旅游企业主导模式

在广西传统村落文化遗产集群化保护的过程中，旅游企业扮演着至关重要的角色，它们在遗产旅游产品的开发、包装、运营和销售方面发挥着强劲的促进作用。旅游企业主导模式涉及文化遗产保护的全过程，包括遗产的保护和展示活动，旨在通过合理利用和开发传统村落的文化遗产资源，创新旅游产品，并增强其宣传推广，从而推动传统村落旅游的高品质发展。首先，为了加强区域内传统村落文化遗产集群化保护的协同性，应以旅游企业为核心，动员社会力量的广泛参与，构建一种以点带面的合作格局，促进各村落和多主体之间的优势互补和协同发展，从而规避村落间的同质化竞争。其次，旅游企业应加强与文化遗产展览馆、科研机构、教育机构、文物保护负责人以及文化遗产传承人的合作，共同推进文化遗产旅游产品的研发。同时，旅游企业应开展广泛的市场调研，利用大数据技术精确划分文化遗产旅游的消费群体，并根据游客的差异化需求，开发多样化的遗产旅游项目，确保文化遗产旅游产品与市场的无缝对接。最终，旅游企业应致力于打造多元化的旅游线路，并通过互联网进行社会推广，建立文化旅游品牌，以扩大客源市场，提升广西传统村落的旅游形象。在此基础上，联合新闻媒体和社会组织进行宣传推广，全面展现传统村落乡土文化的特色与魅力，打造具有影响力的旅游品牌。

3. 社区居民主导模式

社区居民主导模式是在地方政府的引导和旅游企业的支持下，以增进社区居民福祉为核心，充分发挥居民的主体功能。该模式旨在明确传统村落文化遗产的保护目标，有序推进遗产旅游的开展，寻求发展效益之间的平衡，以实现传统村落的持续发展。

首先，为了有效达成传统村落文化遗产集群化保护的目标，除了政府和企业需制定相应的规划和措施、增强支持力度之外，居民对文化遗产的情感依恋在保护过程中亦扮演着关键角色。因此，必须不断加强社区居民的领导意识，鼓励居民积极学习并深入理解传统村落文化遗产的内在价值，结合个人经验和创新思维，主动投身于文化遗产集群化保护的实践中。其次，在获得地方政府部门财政援助的基础上，社区居民可以面向企业寻求赞助，以筹集资金支持区域内传统村落文化遗产的集群化保护。同时，应加强对基层保护与传承团队的培训，构建一支致力于传统村落文化遗产集群化保护的专业人才网络，特别是鼓励青年一代参与到文化遗产保护的传承与创新工作中。最后，作为传统村落的主体，社区居民在旅游发展过程中应被赋予相应的权利和责任，使其能够全面参与到村落文化遗产集群化保护的工作中。通过这种方式，可以树立社区居民在文化遗产保护传承中的主体意识，确保传统村落成为承载乡风、乡韵和乡愁的精神家园。这样的策略不仅促进了文化遗产的保护，也为传统村落的长期繁荣奠定了坚实的基础。

（四）基于资源整合的保护模式

在全域旅游背景下，各自为营的封闭式旅游目的地发展模式已难以取得可持续发展，跨区域联动协作成为当前旅游高质量发展的关键密钥。加强区域联合，把零散的各个传统村落文化遗产要素组合成一个集群，首先应增强各地区间的联系，促进各类要素的互联互通；其次经过长期合作，实现区域一体化共生；最后以协作共享为原则，打造全方位的旅游发展平台，打破行政藩篱，实现全域各要素共享。因此，本书引入空间相互作用理论、共生理论、共享理论作为旅游背景下广西传统村落文化遗产资源整合的理论基础。依据广西传统村落文化遗产资源整合演进阶段，依次构建广西传统村落文化遗产的跨区域联动模式、一体化共生模式、全要素共享模式，如图 6－7 所示。

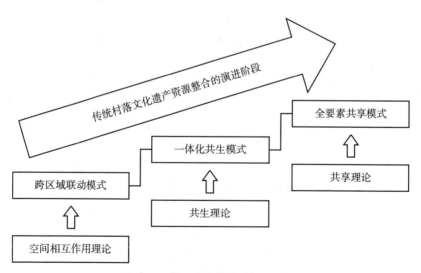

图 6－7　基于资源整合的保护模式

旅游发展背景下广西传统村落的文化遗产资源展现出显著的区域性差异。这种差异性赋予了文化遗产其特有的、不可复制的天然优势，构成了遗产集群化保护与旅游开发的重要基石。鉴于此，广西传统村落文化遗产的集群化保护在旅游发展的背景下，应当采纳一种系统化的思维模式。保护工作不应孤立地进行，而应在尊重和保留不同区域传统村落文化遗产差异的同时，推动区域间文化要素的互动与共享，从而加速区域联动的进程。

随着地区间联系的加深，区域间的分工与协作将逐渐形成，进而实现一种共生状态。在区域发展达到一定程度时，共生单元之间将构建起一个相对稳定且和谐的环境，进一步促进旅游六要素（即吃、住、行、游、购、娱）与新兴六要素（商、学、养、闲、情、奇）在信息、品牌、形象、市场等方面的共享，实现区域内的"无障碍旅游"。通过实施跨区域联动、一体化共生和全要素共享这三种模式，可以对广西传统村落的文化遗产进行有效的整合，实现资源间的相互补充与相互促进，从而有效地规避文化遗产旅游开发方式和路径的同质化倾向。

1. 跨区域联动模式

跨区域联动模式是一种基于广西各区域在经济、社会、交通、资源等方面的纵横联系，综合考量各传统村落的地理位置和综合优势，对文化遗产资源进行统筹规划和整合开发的空间发展模式。该模式旨在促进区域间的联动合作，发挥各自的特色优势，形成一种空间互动的模式。通过空间相互作用，该模式不仅加强了区域间的联系，实现了资源的互补，同时也可能引发对生产要素的竞争。因此，它特别适用于广西传统村落文化遗产旅游开发的初期阶段。

本书主要基于长征国家文化公园广西段的开发建设，采取渐次梯度联动的区域发展模式，以推动整个区域的渐进式协同发展。长征国家文化公园广西段主要位于桂东北地区，与传统村落文化遗产集中分布区高度重合。以桂柳地区传统村落的文化遗产资源为发展龙头，构建旅游中心地的形象。随着桂柳地区与长征国家文化公园资源衔接的成熟，逐步扩展至贺州、南宁、贵港、来宾、河池等城市，提升这些城市的旅游接待和服务水平。最终，向北海、玉林、钦州、防城港、百色、崇左等地区逐层扩散，将海洋旅游资源、边境旅游资源与传统村落文化遗产资源相结合，增强区域旅游的核心竞争力。各地市通过科学编制传统村落文化遗产集群化保护规划，并结合实际情况制定实施方案，统筹推进保护工作。借鉴国家文化公园的模式，可以适当建立集保护、体验、教育、游览等多功能于一体的自治区级文化公园。此外，还需进一步完善广西的交通网络，以旅游为驱动，促进沿线经济社会的优质发展，加强区域间在经济、社会、生态、文化方面的交流合作，通过适当的竞争，增进共识，实现对传统村落文化遗产资源的整体性保护。

2. 一体化共生模式

在共生系统演化的过程中，处于一体化共生阶段的系统展现出了相对成熟的状态，其中各单元能够有效实现互利共生的关系。一体化共生模式的目标是促进区域内传统村落文化遗产的"共赢"局面，强调的是整体利益的提升。该模式是在跨区域联动模式的基础上进一步发展而来，特别适用于区域快速发展的阶段。

因此，针对广西传统村落文化遗产的保护，应当采纳"共生整合模式"，即一体化共生整合策略。各地区的文化和旅游部门应依据村落独特的历史特征和资源优势，深入挖掘具有地方特色的文化主题旅游项目。通过将物质文化遗产与非物质文化遗产进行分类与协同整合，利用数字化技术，实现线上传统村落文化遗产馆的共同构建和线下文化遗产资源的联动开发。根据不同地区的民族特色和季节变化，有序安排和推出多样化的旅游主题活动和旅游线路，例如壮族的"三月三"和"四月四"等节庆活动，并结合风景名胜区的特色，设计丰富多样的旅游精品线路。广西各市之间需要打破地方保护和市场分割的壁垒，促进传统村落文化遗产的自由流动和跨民族共享。在交通设施、资源开发、产业规划、市场互通、环境优化等方面进行全面的设计与协作。建立专门的广西传统村落文化遗产网站，及时更新包括吃、住、行、游、购、娱等旅游六要素的相关信息，构建便捷的交通网络。显而易见，通过采用"共生模式"，广西传统村落文化遗产的集群化保护能够形成一个传统村落文化遗产资源整合体，在内部实现相互促进、协作互助，最终达到互利共赢的目标。

3. 全要素共享模式

根据共享理论，旅游产业链中各区域之间的信息与要素共享是实现地区优势互补、相互促进和利益最大化的重要前提。共享整合模式建立在共生模式之上，更适用于区域发展的较高阶段。在广西，全要素共享主要涉及品牌、信息、服务、基础设施和形象等方面的共用，将广西传统村落文化遗产转化为主要的旅游吸引力，同时，村落内的所有资源均有潜力转化为旅游产品。

广西传统村落文化遗产之间展现出规模形态、时空序列和类别结构上的相似性与差异性。对于遗产性质相近的村落，可以通过联合营销实现一体化，例如，三江侗族自治县的传统村落文化遗产可以统一依托侗族传统文化进行产品开发与品牌建设。而对于遗产所属民族不同的村落，则可采用整合营销策略，如三江侗族自治县与融水苗族自治县的传统村落，虽然民族特色各异，但能够相互补充和促进，使这些村落的文化遗产在现代社会中焕发新的活力。在资源共享与信息共享方面，首先，应构建传统村落文化遗产的旅游交通网络，共同推出惠民政策，推动交通服务设施和咨询服务体系的建设，以实现"智慧旅游"服务的对接。其次，应将科技和信息化手段应用于传统村落文化遗产资源的整合，以实现跨区域和超时空的资源信息共享。通过这些措施，可以有效地促进广西传统村落文化遗产的集群化保护和可持续发展。

(五) 基于开发阶段的保护模式

在探讨传统村落文化遗产的集群化保护模式时，空间格局构成了其选择的基础与前提。广西传统村落文化遗产的空间分布呈现出四个高密度核心区、若干核心辐射区以及多个低密度分布区。总体上，这些文化遗产的分布特征表现为"东北部集中而西北部稀疏"，这与传统村落的整体分布模式相吻合。在集群化保护策略中，应优先考虑最密集区域的发展，借此带动周边辐射区域，并最终促进低密度区域的开发。

为了有效地展现传统村落的特色文化，本书引入了增长极理论、点轴开发理论和网络开发理论，以整合不同类型的文化遗产。在初级发展阶段，高密度区域可被视为一个新的旅游增长点，该"点"随着时间的推移将逐步发展，并与周边地区进行生产要素的交换和相互影响，从而形成增长极。进入中级发展阶段，这一增长极将通过交通线、能源供给线与周边地区进行资源、产品及人员的交流，进而通过"点连成轴、轴延成面"的方式，对周边区域产生辐射和带动效应。在高级发展阶段，各轴线相互连接，形成广西传统村落文化遗产区域内的旅游发展网络。最终，通过构建文化旅游圈层，加强各区块在经济、社会和生态等方面的联系，实现传统村落文化遗产的集群化保护，如图6-8所示。

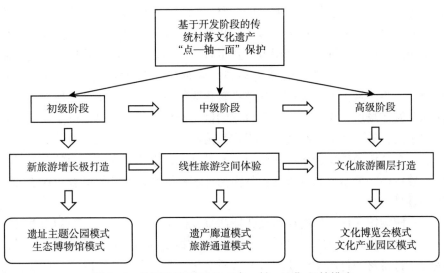

图6-8 基于开发阶段的"点—轴—面"保护模式

1. 新旅游增长极打造模式

正如前文所述，广西传统村落的文化遗产在柳州市、桂林市、贺州市及南宁市形成了四个高密度核心集聚区域。这些核心区域不仅拥有丰富多样的文化遗产，而且在数量和类型上均表现出显著的丰富性，同时具备巨大的开发潜力。得益于这些地区经济的快速发展、旅游产业的坚实基础以及便捷的交通网络，为传统村落文化遗产的集群化保护提供了必要的物质和现实基础。因此，这些区域可被视为集群化保护的"增长点"，并有望成为新的旅游增长极，从而产生示范和辐射效应。根据前文的分析，广西传统村落文化遗产的高密度核心分布区主要包括古遗址、古墓葬、古建筑、近现代重要史迹及代表性建筑等物质文化遗产，以及传统技艺、传统体育、民俗、传统音乐等非物质文化遗产。增长极模式特别适用于那些生命力脆弱、开发程度较低、资源类型多样且具有较大影响力的传统村落，尤其是在其初级发展阶段。针对具体情况，可以采用遗址主题公园模式和生态博物馆模式等策略以促进文化遗产保护与旅游发展的有机结合。

遗址主题公园主要是指以广西传统村落文化遗产中古遗址、古建筑等物质文化遗产资源为主，以手工技艺、音乐、民俗、传统体育等非物质文化遗产为辅，旨在基于其保护性和体验性，打造一个融合旅游、教育、康养等多功能的休闲娱乐综合体，以满足公众的多样化需求。此类公园应着重展现人与自然和谐共生的公共空间利用理念。在遗址主题公园的构建过程中，必须秉持创新、协调、绿色、开放、共享的发展理念。一方面，应以现有遗址的保护和抢救为首要任务，根据遗址的类型和规模，对公园内的公路、绿化、水体等基础设施进行有针对性的规划和建设，同时完善周边区域的绿化环境，并根据其历史文脉塑造具有特色的主题公园。另一方面，应利用数字化平台展示与之相关的传统历史文化，运用前沿技术将文物展示从静态转变为动态，从而打造便捷的沉浸式数字化游览体验。此外，将区域内的非物质文化遗产转化为特色工艺品，举办主题会展，并设置纪念品制作场所，例如在三江县设立的侗布制作工坊，不仅促进了公众对侗族传统技艺的了解，也为文化遗产的保护与传承提供了新的途径。同时，应开设集科研、教育、游憩等功能于一体的研学教育基地，以凸显主题公园的公益性、开放性、独特性、展示性和区位性，从而为传统村落文化遗产的集群化保护和可持续发展贡献力量。

生态博物馆，作为传统村落文化遗产资源保护的一种模式，最初由乔治·亨利·里维埃（Georges Henry Riviere）提出。该模式的核心在于维护传统村落的原始风貌，将村落的物质文化遗产、非物质文化遗产、自然环境以及社区居民等视为一个新的旅游增长极，并进行系统性的保护。这种模式着重于保持文化遗产的真实性、完整性和原生状态。为了充分发挥生态博物馆的资源与人才优势并主动融入乡村振兴的宏大战略，我们应当赋予生态博物馆新的时代使命，使其在当前社会背景下焕发新的生机与活力。首先，应当鼓励村民积极参与传统村落生态博物馆的建设过程。在这一过程中，不仅要关注古建筑和古遗址的保护，还需重视对村落生态系统的整体保护。这要求我们积极探索与社会力量合作的多重形式，打破行业界限和学科壁垒，尝试跨领域的合作，以促进生态博物馆与其他业态的有机融合。同时，可以借助部分地区已建立的生态博物馆，在旅游经济的推动下，对区域内的民间信仰、音乐舞蹈、传统体育等非物质文化遗产进行集中展示。实施民主化管理，培育村民的文化自信和文化自觉。此外，还应利用数字化和信息化技术，创新宣传和展示手段，以富有创意的方式将生态博物馆中珍藏的民族文化呈现给广大公众，使其共享民族文化的独特魅力。通过这些措施，生态博物馆将不仅成为文化遗产保护的典范，也将成为乡村振兴的重要推动力。

2. 线性旅游空间体验模式

广西传统村落文化遗产除了分布在四个高密度核心集聚区之外，还分布于多个辐射区。这些辐射区紧邻核心区，可被视为次级增长极。它们沿着文化遗产的分布轨迹，与发展极相衔接，形成一条连续的轴线。线性旅游空间体验模式是增长极理论的进一步发展，其中传统村落文化遗产主要集中分布于地理条件优越的区域，形成点状或团状分布的增长极，这些增长极能够促进周边地区的整体发展。在广西传统村落文化遗产的旅游开发过程中，依赖于交通线路和通信线路等基础设施，以实现旅游客源地与目的地或增长极之间的要素交换。随着各增长极之间的连接，一条具有吸引力的轴线逐渐形成。这条轴线能够吸引人口和相关生产要素在其两侧集聚，优先服务于增长极，并逐渐向旅游资源较少或文化遗产影响力较弱的区域扩展。相较于核心区，辐射区的传统村落文化遗产在影响力和密集度上相对较低。根据调查结果，铁路线、高速公路、国道和省道15公里缓冲区内分别分布有320项、258项、407项和484项传统村落文化遗产，而在主要河流15公里缓冲区内共有434项，占总数的64%。这些数据表明，广西传统村落文化遗产的空间分布与交通网络和流域地区具有良好的耦合性。因此，采用遗产廊道或旅游通道的开发模式，将有助于进一步促进文化遗产的保护与旅游发展。

遗产廊道作为一种新兴的线状文化遗产保护策略，最初由美国学者提出，其核心理念在于实现文化遗产保护、旅游开发与区域生态系统保护的三位一体，旨在达成历史文化保护与开发利用的双赢局面。该策略涉及将一定区域内的自然景观、人文景观及遗产资源相互连接，形成一个线性或带状的空间系统，即遗产景观廊道。这一廊道由节点、通道以及线路辐射区域共同构成。在近年来的实践中,广西各级文物部门积极挖掘传统村落文化遗产的潜力,依托这些遗产催生了一系列旅游新业态和新模式。同时,将廊道理念与乡村振兴战略相结合,采用"以点带面,连点成线"的策略,确保节点处有精品项目,线路上有优美风景。沿着传统村落文化遗产的辐射轨迹,广西将其与四个增长极相连,形成了贯穿北海、钦州、南宁、玉林、贵港、贺州、桂林、柳州等地的一条轴线。通过廊道连接的方式,将沿线不同地域的遗产和景点紧密串联,构建了一个紧密相连、内外通达的文化遗产特色区域,致力于打造生态文化村镇游的精品线路。例如,灵川县、全州县、兴安县、灌阳县、龙胜各族自治县、资源县等地区,在融合湘桂古道的历史背景下,正加速推进长征国家文化公园广西段红军长征文化遗产廊道项目的建设,以促进文化遗产的保护与区域发展的协同进步。

旅游通道在传统文化交流与传播中扮演着至关重要的角色,同时也是推动文化遗产产生、演化和传播的关键因素之一。通过对广西传统村落文化遗产的线性要素进行深入分析,可发现交通线和流域线缓冲区内的传统村落文化遗产资源十分丰富。因此,可以以各个节点为次级增长极,将各类交通线和流域线相互连接,形成主要的发展轴线。例如,贵港市或来宾市可作为次级增长极,以黔江流域为发展轴线进行旅游开发;而梧州市则可以浔江为线性要素,进行资源整合与开发。以黔江流域为基础范围,整合轴线上的各个节点,发掘其文化旅游资源,进行差异化的旅游线路产品开发,以发挥辐射带动作用。这种作用从交通通道和流域通道向次级中心扩散,形成高品质的旅游通道。此外,构建文化产业通道等区域文化空间,探索将具有代表性和重要性的文物保护单位、非物质文化遗产生产与传习基地作为旅游线路的主要节点,是打造区域主题精品线路的有效途径。例如,桂林市可以通过大力促进文物资源与景观资源、旅游资源的结合,依托各类交通线路,在全域范围内设计出如红色湘江、灵渠古道等全域旅游精品线路,从而加快文化与旅游融合的发展步伐。这样的策略不仅提升了旅游通道的吸引力,也为文化遗产的保护与传承提供了新的动力。

3. 文化旅游圈层打造模式

在桂西北、桂西南等地区,传统村落文化遗产资源的分布呈现出碎片化的特征。尽管这些区域的文化遗产在数量和影响力上可能不如其他地区,但它们仍具有不可忽视的历史文化价值和科学研究意义。例如,那坡壮剧、花山岩画等不仅承载着独特而丰富的文化内涵,还具有重要的价值功能。与此同时,桂林市、柳州市等增长极通过持续的外向扩张,已经形成了具有一定规模的节点,并与周边地区进行了持续的物资、能量等交换活动。鉴于此,引入圈层结构理论作为广西传统村落文化遗产集群化保护的理论框架是可行的。圈层结构理论是对点轴开发理论的进一步发展，而基于该理论的文化旅游圈层打造模式，是一种更为高级的区域空间开发形式。与增长极理论和点轴开发理论相比，该模式的内容更广泛，文化内涵更深厚，更有助于推动广西传统村落文化遗产的集群化保护工作。文化旅游圈层打造模式强调空间结构应包含三个基本要素：一是节点，即传统村落文化遗产的高密度集聚区域；二是域面，即传统村落文化遗产的吸引力辐射范围；三是圈层，即由资源、技术、劳动力等重要社会生产要素流动所需的交通和通信网络构成。鉴于节点、域面和圈层三个层次的传统村落文化遗产属性、数量、影响力以及经济发展水平和产业基础方面的差异，可以因地制宜地采取文化博览会模式和文化创意园区模式等不同策略来进行保护和开发。这些模式能够有效地促进文化遗产的保护与利用，同时推动区域经济和社会的可持续发展。

文化博览会模式构成了展示、交易、推广广西传统村落文化遗产产品的重要平台，为该地区文化遗产创意产品的产业化和国际化进程提供了发展空间。该模式的运作以政府部门为引导，借鉴深圳、上海等地区文化博览会的成功经验，遵循资源化、创意化和国际化的办展理念，深入实施文化发展战略，利用广西作为古代海上丝绸之路的重要发祥地以及21世纪海上丝绸之路的新门户和新枢纽的地理优势，融合传统文化与现代生活，推广北海贝雕、钦州坭兴陶等具有鲜明滨海区域特色的文化旅游产品。在选址策略上，优先考虑城市周边的传统村落文化遗产集聚区，其次是经济、交通、科技较为发达的乡镇地区。在这些区域定期举办国际性、全国性以及省、市级的文化创意博览会和文化展览会。在展陈设计上，摒弃传统的橱窗式和直线式陈列，采用以主题为核心的空间叙事、延伸或穿透等动线设计理念，构建层次丰富的展览空间，营造沉浸式的观展体验，激发观众透过展品表象探索其深层文化内涵。为进一步扩大博览会的受众范围，文化博览会应积极探索线上线下一体化的文旅项目融合发展新模式。例如，为游客提供虚拟人工智能客服，以流畅的介绍提升产品认知。利用5G、VR、大数据、人工智能等先进技术，打造沉浸式线上展览体验。如在花山岩画展区通过实景视频讲述岩画背后的故事，为游客留下深刻印象，从而有效提升文化遗产的传播力和影响力。

文化创意产业园区立足于传统村落文化遗产，采取分级分类、创新策划和艺术设计等策略，将广西的传统村落文化遗产与文化创意产业融合，构建起一个文化创意产业的聚合体。在这个产业园区内，各行业的创新型人才云集，共同致力于文化旅游产品的开发，并在园区内进行展示和销售。首先，在选址方面，文化创意产业园区的建设应优先考虑具有区域特色的遗址或邻近遗址的地区进行改造和升级。这些特色遗址不仅是文化的空间载体，而且蕴含着丰富的文化内涵，为文化创意园区的建设提供了天然的优势。其次，在园区的建设过程中，应遵循"文化为魂、产业为根、平台为力"的原则，通过全面立体的展示方式，精细描绘和演绎各类文化遗产的精髓，弘扬工匠精神，打造具有广西特色的文旅纪念品，以吸引游客的注意力。再次，园区应加强对高端文化产业专业人才的培养，拓展文创产品的展示和销售渠道，加大媒体宣传力度，塑造文化创意产业园的品牌形象，推动遗产工匠、产学研销的深度融合，实现文化创意产业与旅游产业的无缝对接，打造一个聚集文化旅游产业资源、企业和人才的创新平台。最后，应重视节点在网络辐射中的作用，利用现有的铁路、高速公路、国道和省道网络，整合周边的文化遗产资源，发挥其资源优势，增强产业的辐射功能。例如，通过加强与南宁市、桂林市、柳州市、贺州市等传统村落文化遗产"节点"地区的经济网络联系，整合辐射区域的文化遗产资源，以市场需求为导向，统筹推进区域文化产品的创新研发及产业链的构建，从而实现文化产业的规模化发展。

旅游发展背景下广西传统村落文化遗产
集群化保护的保障机制

在旅游发展背景下,广西传统村落文化遗产的集群化保护构成了一项系统性、复杂性和长期性的任务,牵涉到政府机构、社会团体、旅游企业以及游客等多个利益相关者。为确保这一保护工作的顺畅进行,有必要构建一个科学且高效的操作保障机制。鉴于此,本章基于先前的研究成果,进一步阐述了广西传统村落文化遗产集群化保护的具体保障机制,旨在为旅游发展推动下的广西传统村落文化遗产集群化保护的绩效提升提供参考与借鉴。

第一节 切实明确指导思想,完善政策保障机制

在文化遗产保护的实践中,制度的先行确立已成为国际社会长期积累的宝贵经验。我国在文化遗产保护的法律框架方面取得了显著进展,相继颁布了《中华人民共和国文物保护法》《文物保护标准工作手册》《国务院办公厅关于加强我国非物质文化遗产保护工作的意见》以及《中华人民共和国非物质文化遗产保护法》等法律文件。这些文件的出台不仅丰富和完善了我国文化遗产法律保护体系,而且标志着文化遗产保护已提升为国家的意志,进入了法治化阶段,为广西传统村落文化遗产的保护提供了明确的法律指导和保障。面对经济全球化和现代文明的挑战,传统村落文化遗产的生存环境面临着严峻威胁,其内生发展动力显

得不足，难以仅凭自身力量实现生存、延续和发展的需要。因此，迫切需要政府机构和法律力量的外部支持。地方政府应深入理解中央关于文化遗产保护与利用的政策精神，严格执行"保护为主、抢救第一、合理利用、加强管理"的保护方针。在传统村落的旅游规划和开发过程中，必须明确文化遗产保护的基本原则、核心内容和关键措施。在科学发展观的引领下，地方政府应充分认识到传统村落文化遗产集群化保护的重要性和紧迫性，以确保文化遗产的可持续保护与发展。

在当前发展阶段，广西传统村落文化遗产的集群化保护遭遇了一系列新挑战，而相应的法律法规尚不健全，这对文化遗产的持续保护和健康发展构成了限制。鉴于此，国家立法机构亟须提升对传统村落文化遗产集群化保护重要性的认识，并强化政策法规的支持力度。具体而言，应从集群化保护的专项规划、保护内容、形式以及法律权责等关键环节出发，制定明确的规范，确保传统村落集群化保护工作在法律框架内有明确的依据和操作指南。此外，文化和旅游部、国家民族事务委员会、住房和城乡建设部等部门应基于国家层面的政策法规，加速制定并实施配套政策。在已有的《关于切实加强中国传统村落保护的指导意见》等政策基础上，出台更具针对性的传统村落文化遗产集群化保护相关政策，包括但不限于维护传统村落原貌、传承人培育、生态保护区和文物保护基地的建设等。这些国家层面法律法规的制定与执行，将为广西传统村落文化遗产的集群化保护提供坚实的政策支撑，并为其长远发展指明方向。

在地方治理层面，广西各级政府部门需深刻认识到自身在细化和实施政策法规中的职责，在遵循国家政策框架的基础上，进一步强化地方性政策法规的构建。这要求政府部门根据本地区传统村落文化遗产的生存状况和保护需求，将集群化保护措施具体化并确保其有效实施。一方面，地方政府应在国家宏观政策的指导下，加强地方行政立法，制定出一系列具有针对性且操作性强的地方性法规，以确保行政法规能够在最大限度上得到贯彻和执行。另一方面，地方政府应促进区域间及部门间的协同合作，在实际工作中提升责任意识，确立共同的保护目标，消除区域和部门间的行政壁垒，促进资源共享与整合，以发挥协同保护的最大效能。此外，各级政府管理部门应积极发挥其支持和协调作用，为广西传统村落文化遗产集群化保护提供有效的信息平台支撑。包括为企业、个人和集体提供必要的咨询服务和政策支持，以促进社会各界对文化遗产保护的积极参与和贡献。通过这些措施，可以确保广西传统村落文化遗产得到全面而有效的保护，进而推动文化遗产保护与地方社会经济发展的和谐共生。

第二节　科学评估合理规划，改进开发审批机制

广西传统村落文化遗产资源丰富，其价值功能显著，且具备巨大的开发潜力。这些文化遗产与健康、旅游、文化创意等多个产业之间存在紧密的联动效应和耦合关系。通过跨产业融合，不仅能够拓展文化遗产的产业链，增强其价值效益，以适应现代经济社会的发展需求，而且能够为传统村落文化遗产的保护注入新的生命力，探索其在创新发展中的新机遇。为确保旅游发展背景下广西传统村落文化遗产集群化保护工作的有效实施，地方政府部门应首先组织开展对本地传统村落文化遗产资源的全面普查和科学评估。这包括深入挖掘文化遗产的核心价值和外在表现，合理界定不同类型及不同区域传统村落文化遗产的保护与旅游开发模式及路径，进而制定出既科学又具有时效性的集群化保护规划。此外，为防止区域发展失衡、功能重叠和发展模式同质化等问题的出现，旅游发展背景下的广西传统村落文化遗产集群化保护规划还需构建一个科学的评估和审批机制。该机制应确保规划的有效性和可行性，促进文化遗产保护与旅游发展的和谐共生，从而为广西传统村落的长期繁荣和文化遗产的可持续保护提供坚实的规划保障。

一方面，致力于加强对广西传统村落文化遗产资源的详尽调查。由政府部门主导，联合当地高等教育机构、民间团体及领域专家成立传统村落文化遗产普查团队。该团队将采用现场勘查、传承人访谈、文献审阅等多种研究方法，对传统村落文化遗产进行全面的调查、统计与归档。通过组织座谈会、研讨会、实地考察及监督审核等多种活动，基于科学性、准确性和严谨性的原则，对文化遗产资源的价值内涵、保护传承现状以及传承条件进行深入评估，进而明确适宜的集群化保护策略。同时，积极探索不同类别文化遗产与旅游产业融合发展的适宜路径。在充分的市场调研基础上，进行传统村落文化遗产与旅游产业融合发展的可行性分析，并据此制定传统村落文化遗产旅游发展的整体规划及具体实施方案，同时编制相应的中短期行动计划。最终，将传统村落文化遗产旅游发展的整体规划与产业发展、乡村文明建设、特色村寨及美丽乡村建设等其他规划有效衔接，实行统筹兼顾。此举旨在促进传统村落在乡村振兴战略中发挥关键作用，推动乡村全面振兴的实现。

另一方面，为确保广西传统村落文化遗产集群化保护规划的有效实施，亟须完善与之相关的开发审批机制。地方政府应当考虑将传统村落文化遗产的集群化

保护纳入区域的经济社会发展规划以及文化与旅游发展整体规划中，为保护机制和机构设置提供明确的指导。通过政府常规化的项目审批流程，对相关项目实施有效监管。同时，建议探索建立针对传统村落文化遗产集群化保护的专项审批机制。该机制应综合考虑保护性、传承性、社会性、经济性等多个维度，构建一个全面的旅游发展评估体系。通过将旅游发展标准量化，对提交审批的传统村落文化遗产集群化保护项目进行综合性评估，并向社会公布符合旅游开发条件的项目。此外，应对项目审批流程进行优化。当前，传统村落文化遗产集群化保护与旅游发展审批涉及的政府部门众多，如住房和城乡建设、工商行政管理、文化和旅游、税务等，这往往导致部门间职能重叠和出现责任推诿的现象。因此，政府应根据实际情况，考虑将上述部门的办事窗口整合至一处或设立综合性的办证大楼，以进一步规范项目审批流程，简化审批程序，从而提升传统村落文化遗产集群化保护项目申报与审批的效率。

第三节　关注相关群体诉求，构建利益协调机制

在旅游发展的背景下，广西传统村落在进行文化遗产集群化保护的过程中，关键利益相关者包括文物保护责任人、非物质文化传承人、旅游者、旅游经营企业、社区居民以及政府部门等。在建立利益协调机制时，必须全面考虑这些群体的利益诉求，以实现动态平衡，并达到传统村落文化遗产集群化保护的最佳效果。尽管目前该工作主要是由政府部门主导，社会公众的参与度仍有不足，但唯有促进社会公众的全面参与，才能有效增强传统村落文化遗产的传承与发展活力，并促进其与民众生产生活的深度融合。因此，在利益相关者理论的指导下，关注各群体的诉求，重点协调广西传统村落文化遗产集群化保护过程中的多方利益主体关系，构建与之相匹配的利益协调机制，成为保护工作的重要方面之一。

为了鼓励社会主体参与广西传统村落文化遗产集群化保护，应积极采取产业扶持、产业链延伸、资金倾斜、参与奖励等措施，激发旅游者、旅游企业和社会组织的参与热情。同时，建立文化遗产保护协会、民间社团、学术联盟等非盈利性社会中介组织，通过搭建政府沟通平台、信息服务平台等方式，整合并表达群众利益诉求，促进信息沟通和利益表达，协调政府、市场、群众之间的关系，弥补政府和市场的不足，将保护工作由政府主导转变为市场自发驱动，实现保护工作的真正"活化"。

制定合理的利益分配机制是关键。通过立法或政策规章等方式确认利益分配和保障机制，以法律条文约束参与过程中的利益分配问题及其解决方法，确保公平合理地解决纠纷。实践中可采取股份合作制，引导居民将传统技艺、活动场所、劳动等资本要素量化为股份，参与旅游发展。同时，合理分配旅游收益，提取部分资金作为公共资金，用于文化遗产保护与传承、旅游基础设施完善、旅游产品研发推广、村落旅游环境营造和景观提升，增强资本要素的再生产能力，提升村落文化遗产旅游的可持续发展水平，并按照股份约定进行利益分配，以确保村落居民获得合理回报。

建立公开透明的沟通平台同样重要。旅游企业、行业组织、政府等主体应通过公示栏、宣传栏、工作网站等方式，及时公开广西传统村落文化遗产集群化保护与旅游发展工作进展，并开通反馈渠道，积极征求社会各界意见。定期召开股东大会、座谈会，邀请相关代表共同探讨保护工作的问题和措施，集思广益，为文化遗产集群化保护提供多角度建议。

第四节　拓宽资金筹措渠道，优化资金保障机制

在旅游发展的背景下，广西传统村落的旅游开发与文化遗产集群化保护工作涵盖了遗产保护、旅游规划、产品设计、形象推广等多个环节，每个环节的有效实施均需相应资金的投入。为确保这一工作的顺利进行，不仅需积极争取政府财政的支持，而且应充分利用市场机制，拓展多元化的融资渠道，以提供强有力的资金保障。

政府专项资金支持的常规化和制度化。目前，政府财政资金的支持是广西传统村落文化遗产集群化保护工作的重要资金来源。因此，文化遗产展示馆、传习所、非物质文化遗产传承人等应通过项目申报，积极争取国家级、自治区级以及市县级文化遗产保护项目的专项资金。各级政府部门应对申报项目进行严格审核，组织专家评审、认定和进行公示，最终确定支持的项目，并确保专项资金的合理预算、使用与管理，以最大化资金效用。同时，应把握国家推出的旅游产业、文化产业、新型产业等产业发展专项基金的机会，鼓励传统村落文化遗产保护传承项目向政府支持的产业链环节倾斜，以获取最大限度的财政支持。

鼓励社会力量和民间资本的参与。在政府资金的基础上，可通过实施税收减免、政策优惠等措施吸引非政府组织、民间团体、旅游企业及个人投资者参与到

广西传统村落文化遗产集群化保护工作中。地方政府可通过提供税收优惠、降低市场准入门槛、限期免租、投资奖励、优秀项目资助等激励措施，优化投资环境，激发市场活力，吸引国内外知名旅游企业及社会闲置资本投入。此外，地方政府可推动金融机构为相关项目提供无息贷款、贴息贷款等金融支持，或建立文化遗产资产价值评估机制，提供文化遗产质押服务，以减轻文化遗产旅游企业的融资压力。

构建广泛的国际合作平台，引入国际资金。随着经济全球化和"一带一路"倡议的推进，文化遗产保护与传承日益受到国际社会的重视。广西可借此机遇，借鉴国际文化遗产保护的成功经验，与其他国家和地区特别是东盟各国开展更广泛深入的传统村落文化遗产集群化保护合作。通过建立国际合作的平台，吸引国际资金投入，持续推动广西传统村落文化遗产集群化保护工作的深入实施。

第五节　重视人才队伍建设，健全人才培养机制

在旅游发展的背景下，广西传统村落文化遗产的集群化保护工作覆盖广泛的地理区域，具有显著的系统性和专业性，因此对专业人才的需求尤为迫切。然而，当前广西传统村落普遍遭遇人口老龄化和人才短缺的挑战，这些问题成为限制其各项工作开展的关键因素。在旅游发展的语境下，无论是文化遗产集群化保护的规划设计与经营管理还是新技术的应用，都离不开专业人才的支撑。唯有构建在专业人才基础之上，广西传统村落文化遗产的集群化保护方能得以持续且健康地推进。吸引和培育专业人才，成为广西传统村落文化遗产集群化保护亟须解决的关键问题。因此，必须坚持以人为本的原则，着力打造一支既具备深厚专业理论知识又拥有丰富实践经验的复合型专业人才队伍。通过这样的队伍建设，可以确保广西传统村落文化遗产集群化保护工作得以顺利进行，促进文化遗产保护与旅游发展的和谐共生。

保护主体培养。在传统村落文化遗产集群化保护的过程中，培养保护主体至关重要。非物质文化遗产的传承人和文物保护的主要责任人作为遗产保护的核心主体，其作用不可小觑。因此，加强保护主体的培育工作显得尤为迫切。一方面，应当构建一套科学合理的非物质文化遗产传承人和文物保护主要责任人的认定机制，完善从国家级至县级的四级行政区域内代表性保护责任人的登记体系，并制订系统的人才培养计划，有序推进保护责任人制度的构建。同时，确立一套

科学有效的奖惩和退出机制，并制定相应的评价指标体系，对在遗产保护工作中作出突出贡献的主体给予表彰和奖励，以激发传承人的内在动力。此外，鼓励非物质文化遗产传承人和文物保护主要责任人通过项目进行市场化运作以及商业化经营，拓宽其收入来源，为传承人的生产活动、技艺传授和展示交流提供条件，从而提升其社会声誉和地位。对于列入各级名录的非物质文化遗产，可以通过命名、授予称号、表彰奖励和专项扶持等方式激励代表性传承人（团体）积极开展传习活动。另一方面，通过在社区和学校中大力开展文化遗产教育和宣传活动，营造全社会共同支持传统村落文化遗产保护的氛围，进一步壮大遗产保护队伍。例如，在社区中举办文化遗产知识竞赛、专题讲座，开设公益性文化遗产博物馆，以增强民众的遗产保护意识和责任感。在学校教育体系中，开设与文化遗产相关课程，组织编写系列教材，并建立科学的课程评估和反馈体系，以确保文化遗产保护知识在学校教学中的适用性，并满足广西传统村落文化遗产集群化保护的教育需求。

理论研究人才培养。在加强文化遗产保护理论研究人才的培养方面，应当采取多维度策略。首先，促进理论研究人才之间的交流与合作，以推动文化遗产理论研究人才队伍的全面发展。政府部门应积极调动和整合社会资源，充分利用文化单位、科研机构和高等院校等平台的科研潜力，有计划地持续培养从事文化遗产集群化保护理论研究的专业人才。其次，针对文化遗产理论研究和专业发展的具体需求，为专业人才提供坚实的学术研究支持条件，并通过合理的激励机制，促进高质量研究成果的实际应用与广泛传播。例如，可以组织学术力量集中研究解决传统村落文化遗产保护传承与旅游发展中遇到的问题，并探索建立文化遗产集群化保护的试点区域，以便将理论研究成果转化为实际应用，通过理论与实践相结合，提升专业人才队伍的整体素质。此外，在旅游管理专业的教学和实习实践中，应当融入传统村落文化遗产保护的相关内容，以培养能够适应文化与旅游融合发展的复合型旅游管理人才。这样的教育模式不仅能够增强学生的专业能力，还能够促进文化遗产保护理念在年轻一代中的普及和传承。

专业人才引育。在推进广西传统村落文化遗产集群化保护的过程中，人才引进与培养机制的创新与完善同样重要。为了加强对高层次人才的吸纳能力，应从战略层面出发，考虑广西传统村落文化遗产集群化保护的长期发展需求，采取灵活多样的策略来吸引遗产保护与传承领域的高层次专业人才。具体措施包括但不限于：根据区域经济和行业发展状况，适时调整和提高人才引进的物质待遇水平，以增强其吸引力；优化人才的生活和工作环境，增强其归属感和工作满意度；加强荣誉性激励措施，以提升专业人才的职业自豪感和成就感；完善专业人才的任用与考核机制，确保人才引进与管理的科学性和公正性；建立完善的传统村落文化遗产集群化保护培训体系，为专业人才提供持续教育和职业发展机会。通过一系列措施，为专业人才创造一个良好的发展平台，从而提升广西传统村落对人才的吸引力和留存率。此外，致力于培养和造就一支具有区域特色、高素质的复合型传统村落文化遗产集群化保护专业人才队伍，将为广西传统村落文化遗产集群化保护工作的深入推进提供坚实的智力支撑和人才保障。

第六节　增强民众保护意识，建立舆论监督机制

广西特有的自然环境构成了其传统村落文化遗产生存和发展的基础。对于这些文化遗产的集群化保护，不仅涉及遗产本身，更涵盖了对其所依赖的文化生态空间的全面保护。在这一过程中，提高民众的保护意识显得尤为关键。传统村落文化遗产的旅游发展依赖于优越的自然环境，因此，生态环境的保护不仅是推动传统村落发展的必要途径，也是实现乡村全面振兴的核心组成部分。尽管如此，在传统村落文化遗产的旅游开发过程中，一些问题依然突出，如游客的环保意识不足、对文化遗产传承的意愿不强、保护意识淡薄等。针对这些问题，迫切需要通过教育和社会动员来增强民众的保护意识，重塑其对本土文化的自觉性和自豪感。这种文化自觉和自豪感的培养，将进一步促进传统村落文化遗产旅游与集群化保护的和谐共生，实现文化与自然的可持续发展。

增强民众对传统村落文化遗产保护意识的策略可从加强宣传教育等多个维度来展开。首先，应充分利用传统媒体渠道进行宣传教育，如通过电视、广播和纸质媒体等平台广泛宣传广西传统村落文化遗产的独特特征、重要价值和深层内涵以及传承人的相关情况。其次，可以通过将文化遗产项目引入校园和社区等活动，鼓励学生和居民直接参与文化遗产的体验和传承，进而加深社会大众对传统村落文化遗产的理解和认识，提升其保护意识。再次，应当加强新兴媒体在推广传播中的应用，如建立专题网站、开发微博、微信和短视频等社交媒体平台，以及参与综艺节目录制等，以提升广西传统村落文化遗产的知名度，并为其集群化保护营造有利的社会氛围。最后，创新营销推广策略，塑造广西传统村落文化遗产品牌形象。通过分阶段实施事件营销、口碑营销和社群营销等多种手段，拓展文化遗产相关信息的传播渠道。例如，在微博、微信和短视频平台上进行推广，重视粉丝经济的培养，以增加广西传统村落文化遗产旅游项目的忠实客户群体。

同时，把握传播时机，适时制造互动话题，激发社会公众对项目的持续关注，从而扩大品牌影响力，为集群化保护工作的深入开展奠定坚实的群众基础。

同时，在推进广西传统村落文化遗产集群化保护的过程中，必须重视对遗产所依托的生态环境的保护工作。这要求动员社会公众对文化遗产的传承与开发活动进行有效监督，并对任何破坏遗产的自然及人文环境的行为采取严厉措施予以打击。一方面，应完善传统村落文化遗产集群化保护的监督沟通机制。定期向社会公开传统村落文化遗产集群化保护的管理条例、操作流程以及项目进展，确保公众的知情权，并通过网络平台、社交媒体账号、政府公告栏等渠道发布监督举报的联系方式。同时，对于社会舆论所关注的热点问题，应予以高度重视并迅速查处，确保将调查过程及处理结果及时反馈给监督者，以维护信息交流的透明度和效率。另一方面，建议构建一套激励机制，对积极参与文化遗产保护监督的公众予以物质或精神上的奖励，以激发民众参与监督的积极性。通过这些措施，可以有效地提升社会公众对传统村落文化遗产保护的参与度和责任感，为集群化保护工作的顺利实施提供坚实的群众基础。

第七节　充分运用数字技术，创新技术保障机制

数字技术，凭借其操作的便捷性、信息传播的即时性以及影响的广泛性，正逐步取代传统媒介，成为现代社会的主流传播工具。在"互联网＋"这一时代背景下，数字技术的进步与普及极大地促进了新媒体的崛起，同时也为广西传统村落文化遗产集群化保护带来了新的活力与可能性，丰富了遗产保护的方法与路径。在集群化保护的过程中，引入数字技术不仅能够扩大宣传覆盖面，吸引更广泛的旅游参与者，还能够克服传统媒介在时间耗费、信息保存准确性以及储存介质易受损等方面的局限。因此，充分利用数字技术，创新技术保障措施，是广西传统村落文化遗产集群化保护中不可或缺的一环。

为提升广西传统村落文化遗产集群化保护的数字化水平，应加强其数字基础设施的建设。建议组织汇聚民俗学、文化研究、媒体技术等领域的专家学者，对广西传统村落文化遗产项目的数字化潜力进行深入的调查与分析。依据文化遗产的不同类别和形态，专家组将制定一系列针对性的数字化处理方案和标准。在确保真实性、完整性和可持续性原则的前提下，依托现代信息技术和网络技术，对广西传统村落文化遗产的生成背景、实施条件、操作方法和项目流程等进行标准

化记录，采用图片、音频和视频等多媒体形式，以超文本格式实现遗产资源的数字化转换，并以 PDF、HTML、AVI、JPG 等格式存储。随后，通过对不同信息字段的整理，利用关键词、主题、形式、场地要求等检索字段，构建一个互动式的网络数据库，实现对广西传统村落文化遗产集群化保护数字资料的系统性整合和便捷访问。

推进广西传统村落文化遗产集群化保护的多元化数字化进程。首先，应构建一个可供游客在线浏览的广西传统村落文化遗产数据库，通过此平台实现数据的交换与共享，从而为集群化保护提供丰富的资源支持。其次，利用 3D 虚拟仿真技术，开发适用于计算机或游戏机平台的广西传统村落文化遗产项目的交互式体验系统，以提升游客对文化遗产的沉浸式体验。进一步地，采用全景扫描与三维影像技术，对广西传统村落文化遗产的数字资料进行编码处理，以模拟重现遗产的原始形成环境，并据此创建数字影像博物馆，为公众提供更为丰富的视觉体验。再次，结合传统村落文化遗产特色，开发元宇宙相关项目，运用混合现实（MR）技术、智能交互技术和虚拟共生物理技术，实现虚拟与现实的融合互动，逼真地还原文化遗产保护场景，推动文化旅游业的优质发展。最后，建立数字化培训与实践平台，通过数字化展示和体感过程模拟技术，提高广西传统村落文化遗产的传承与培训效果。这些平台的搭建将有助于促进文化遗产的活态传承，并为文化旅游的可持续发展提供技术支撑。

第八章

研究结论与展望

第一节　研究结论

本书基于文化空间理论、系统动力学理论、产业集群理论等，将传统村落文化遗产的保护和旅游发展视为一个时空有机联系的整体，深入探讨乡村振兴战略下旅游发展对广西传统村落文化遗产集群化保护的影响过程与驱动机理，揭示旅游发展在传统村落文化遗产集群化保护中对相关产业、文化传承、社会经济环境等方面的影响过程，并进一步分析旅游供给侧与旅游需求方推拉力的驱动作用。据此，针对广西传统村落独特的自然环境和文化遗产的分布现状，本书构建了广西传统村落文化遗产集群化保护模式，并探讨了模式实施的保障机制，最终得出以下结论。

（1）广西传统村落文化遗产资源禀赋丰富、类型多样、分布集聚、价值功能突出。在数量方面，广西657个国家级、自治区级传统村落共计有639项文化遗产项目，涵盖了物质及非物质文化遗产的十六个类别。在总体分布特征方面，文化遗产在各市的分布较为集中，但呈现出非均衡性集中分布的态势，形成"东北密集，西北稀疏"的分布格局，与传统村落的分布格局基本一致；在类型结构特征方面，广西传统村落物质文化遗产各类型之间的数量呈现出较不均衡的特征。

在集聚区特征方面，广西传统村落物质文化遗产主要集中分布于东北地区的桂林市、贺州市以及中南部地区的南宁市；而非物质文化遗产整体则主要集中分布于桂林市以及柳州市，贺州市和来宾市为其次级集中分布区；在线性分布特征方面，传统村落文化遗产分布与国道和省道的关联度更高，且与主要水系分布空间拟合良好，呈现出在河流沿线密集分布的空间形态。民族凝聚、休闲娱乐、传承教育、促进生产是广西传统村落文化遗产的重要功能；同时，广西传统村落文化遗产还形成了丰润的价值体系，囊括历史文化、科学研究、艺术审美及经济开发等诸多方面的价值。此外，经过多年的努力，广西在传统村落文化遗产保护方面取得一定成绩的同时，也存在着保护工作中心失衡、保护状况不容乐观、开发利用不尽合理、保护宣传力度有待加强等一系列问题。

（2）旅游发展不断影响和推动着传统村落文化遗产的集群化保护。旅游发展对传统村落文化遗产集群化保护的影响过程主要包括产业影响过程、文化影响过程以及环境影响过程。旅游发展所带来的资金投入、客源市场、政策支持以及经营理念进一步推动了传统村落文化内部各种资源形成紧密的共生与协作关系，从而形成旅游文化产业的集群效应。此外，旅游发展还促进了文化景观的改造与更新，推动了民俗文化的传承与演变，并在这一过程中不断地塑造和调整传统村落文化遗产集群化保护的成效。

（3）旅游发展对广西传统村落文化遗产集群化保护的驱动机制由相互作用、相互影响的四大子系统构成。广西传统村落文化遗产传承的驱动因素为 23 项。在系统动力学、"推—拉"等理论的指导下，构建了包括推力系统、拉力系统、支持系统和中介系统在内的四个子系统，形成了旅游发展对广西传统村落文化遗产集群化保护的动力系统；继而剖析了各子系统的特征、结构、子系统间相互关系及作用机理，并探明了旅游发展对广西传统村落文化遗产集群化保护的驱动机制。

（4）在旅游发展背景下，广西传统村落文化遗产保护具体可以从文化内涵、产业集群、开发阶段、开发主体、资源整合这五个维度构建集群化保护模式。以要素的紧密程度为纽带，可采取遗产数字化旅游体验模式、文化生态保护试验区模式和全域旅游型特色村落保护模式；基于产业集群的形式分类，可采用以文化创意产业为主的还原式模式、以文化旅游产业为主的适应式模式、以文化艺术产业为主的创意式模式、以文化培训产业为主的沿袭式模式；基于传统村落文化遗产的开发阶段，可选择新旅游增长极打造模式、线性旅游空间体验模式、文化旅游圈层打造模式；基于区域协作的视角，可选择跨区域联动模式、一体化共生模式、全要素共享模式；基于开发主体的差异化可构建政府部门主导模式、旅游企业主导模式、社区居民主导模式。

（5）旅游发展背景下广西传统村落文化遗产集群化保护保障机制的建立。结合广西传统村落文化遗产的保护现状，针对已构建的集群化保护模式，从政策法规、规划组织、利益协调、资金扶持、人才培养、舆论监督、技术创新等七个方面提出了该模式有效实施的具体保障机制。

第二节　研究不足

（1）对于旅游发展对广西传统村落文化遗产集群化影响过程的研究，尚需进一步深入与拓展。本书选取程阳八寨作为案例研究地点，旨在探讨旅游发展对传统村落文化遗产集群化保护的具体影响。尽管在研究过程中进行了较为翔实的现场调研，并积累了大量的一手资料，然而，受限于多种因素，本书在案例地调查主体的选择上未能充分实现全面性和多样性。特别是未能纳入更多具有代表性的案例地进行比较分析，这无疑使得本书的分析结果存在一定程度的局限性。未来的研究应当致力于扩大案例选取的范围，以增强研究结论的普遍性和适用性。

（2）对广西传统村落文化遗产集群化保护模式的研究尚需进一步深入和完善。鉴于广西传统村落文化遗产资源的独特性，本书将其划分为多个类别，并据此提出了针对性的集群化保护模式。尽管本书在五个不同的维度上构建了多种集群化保护模式，但受限于多种因素，本书未能建立起一套针对这些保护模式实施成效的测度体系。因此，对于这些模式在实际应用中的效益评估和动态监控缺乏量化手段，这限制了为后续保护工作的调整与优化提供精确参考数据的能力。

未来研究应当致力于扩展研究的视角和类型，探索更多基于不同背景下的保护模式。同时，研究者应当着手构建一套可操作的成效评估体系，以便对集群化保护模式的实践效果进行量化评估。通过这样的方法，不仅可以为保护工作的持续改进提供数据支持，还能进一步拓宽该领域研究的深度和广度。

第三节　研究展望

（1）对传统村落文化遗产集群化保护进行全面、系统、动态的研究。在传统村落保护与发展过程中，文化遗产的集群化保护始终处于一个动态发展的状态，因此，需采取长期且动态的跟踪调查研究方法，以便了解传统村落文化遗产集群化保护的现状以及今后的发展方向，为进一步提升保护成效提供参考和借鉴。因此，如何通过动态的视角，运用对比分析的方法，全面考察并系统梳理旅游发展对广西传统村落文化遗产集群化保护的影响仍然是今后需要继续开展的工作。

（2）对广西传统村落文化遗产集群化保护的可持续性研究。在研究传统村落文化遗产集群化保护模式的基础上，还应对其可持续发展问题进行深入探讨，构建适用于传统村落文化遗产保护可持续发展能力评价指标体系和测评模型。由于不同区域传统村落的经济发展水平不同，实施传统村落文化遗产集群化保护的侧重点也应有所区别，遗产保护可持续发展评价标准也存在明显的差异。同时，由于研究空间尺度的不同，所选取的评价指标也会有所不同。因此，可持续发展评价模型的构建以及具体的指标设计和权数的确定需要进行适度的动态调整和修正，可运用多种研究方法，进行横向或者纵向地对比研究，以增强研究的说服力与科学性。

（3）关于旅游发展对广西传统村落文化遗产集群化保护驱动因素选取的研究。在未来的研究中，对于驱动因素的选取应当采取一种综合性的方法，充分考量多维度的影响因素，并深入剖析其作用机理。这样的研究路径将有助于确保驱动因素的选取更加全面和系统。此外，还需重视对驱动因素进行定量分析的研究，以提升驱动因素选取的科学性和有效性。通过这样的定量研究，可以使研究结论更加精确和科学，从而为广西传统村落文化遗产集群化保护的实践提供更加坚实的理论支撑。

参 考 文 献

[1] 布尔迪厄. 文化资本与社会炼金术 [M]. 包亚明, 译. 上海: 上海人民出版社, 1996.

[2] 陈君子, 刘大均, 周勇, 等. 嘉陵江流域传统村落空间分布及成因分析 [J]. 经济地理, 2018, 38 (2): 148 – 153.

[3] 陈亮. 旅游联动发展视角下的传统村落保护与发展研究 [D]. 绵阳: 西南科技大学, 2018.

[4] 陈廷亮. 守护民族精神家园 湘西少数民族非物质文化遗产研究 [J]. 世界图书出版广东有限公司, 2013, 12

[5] 陈小春. 传统村落旅游发展的驱动力研究 [J]. 湖南行政学院学报, 2016 (6): 69 – 75.

[6] 陈晓华, 鲍香玉. 旅游开发对徽州传统村落保护发展影响研究 [J]. 原生态民族文化学刊, 2018, 10 (2): 100 – 107.

[7] 程名望, 史清华, 徐剑侠. 中国农村劳动力转移动因与障碍的一种解释 [J]. 经济研究, 2006 (4): 68 – 78.

[8] 崔慧彬. 文化空间视域下传统村落文化遗产保护研究 [D]. 桂林: 广西师范大学, 2019.

[9] 代辛. 热贡文化生态保护区整体性建设与优化路径 [J]. 青海社会科学, 2020 (5): 200 – 204.

[10] 戴林琳, 吕斌, 盖世杰. 京郊历史文化村落的评价遴选及保护策略探析——以北京东郊地区为例 [J]. 城市规划, 2009 (9): 64 – 69.

[11] 戴平生. 区位基尼系数的计算、性质及其应用 [J]. 数量经济技术经济研究, 2015, 32 (7): 149 – 161.

[12] 当代广西网. 广西 15 个传统村落获中央补助 4500 万元 [EB/OL] (2016 – 06 – 20) [2024 – 08 – 27]. https://old. gxcic. net/News/shownews. aspx?

id = 188569.

[13] 当代广西网.探访毛南族发祥地——环江下南乡南昌屯［EB/OL］.（2024 - 05 - 23）［2024 - 07 - 18］.http：//zys. liuzhou. gov. cn/shgg/t19700101_3465004. html.

[14] 邓军.川盐古道文化遗产现状与保护研究［J］.四川理工学院学报（社会科学版），2015，30（5）：35 - 44.

[15] 窦银娣，符海琴，李伯华，等.传统村落旅游开发潜力评价与发展策略研究——以永州市为例［J］.资源开发与市场，2018，34（9）：1321 - 1326 + 1309.

[16] 冯晓静.基于地域文化保护与传承的传统村落更新设计研究［D］.郑州：河南农业大学，2017.

[17] 付晓东，徐涵露.文化遗产的深度开发——以安阳殷墟世界遗产开发为例［J］.中国软科学，2014（7）：92 - 104.

[18] 付亚楠.文化遗产型旅游地演化进程及驱动机制研究［D］.南京：南京师范大学，2017.

[19] 富川瑶族自治县民宗局、葛坡镇人民政府.富川瑶族自治县葛坡镇深坡村：党旗领航同筑梦 民族团结谱新篇［EB/OL］.（2023 - 12 - 13）［2024 - 08 - 27］.http：//mzw. gxzf. gov. cn/gzyw/sxxx/t17609307. shtml.

[20] 高飞，赵博洋，郭沁，等.文化景观遗产价值评价体系的构建与测量——以内蒙古元上都遗址为例［J］.干旱区资源与环境，2023，37（5）：169 - 176.

[21] 广西壮族自治区教育厅网站.关于认定广西民族文化传承创新职业教育基地的通知［EB/OL］.（2016 - 05 - 12）［2023 - 12 - 02］.http：//jyt. gxzf. gov. cn/zfxxgk/fdzdgknr/tzgg_58179/t3119612. shtml.

[22] 广西壮族自治区农业农村厅网站.靖西市：数商兴农，小绣球"绣"出庭院大经济［EB/OL］.（2023 - 07 - 20）［2023 - 12 - 05］.http：//nynct. gxzf. gov. cn/xwdt/cyfp/t18448084. shtml.

[23] 广西壮族自治区文化和旅游厅.广西：乡村旅游已成为促进农民增收的有效途径［EB/OL］.（2024 - 04 - 29）［2024 - 06 - 27］.http：//wlt. gxzf. gov. cn/zwdt/mtsy/t18361219. shtml.

[24] 广西壮族自治区住房和城乡建设厅网站.广西 119 个村落入选第五批中国传统村落名录［EB/OL］.（2019 - 06 - 24）［2024 - 08 - 27］.http：//zjt. gxzf. gov. cn/xyxx/t1563770. shtml.

［25］郭晋媛．山西传统村落旅游开发动力机制研究——基于民俗学视角
［J］．技术经济与管理研究，2019（2）：122-128.

［26］国家统计局网站．2023年居民收入和消费支出情况［EB/OL］.（2024-
01-17）［2024-06-27］.https：//www.stats.gov.cn/sj/zxfb/202401/t20240116_
1946622.html.

［27］国家统计局网站．农业发展阔步前行 现代农业谱写新篇——新中国75
年经济社会发展成就系列报告之二［EB/OL］.（2024-09-10）［2024-09-17］.
https：//www.stats.gov.cn/zt_18555/ztfx/xzg75njjshfzcj/202409/t20240911_1956385.
html.

［28］过薇．顺昌县传统村落文化遗产的保护与发展研究［D］.福州：福建
农林大学，2018.

［29］何龙芬．海洋文化产业集群形成机理与发展模式研究［D］.舟山：浙
江海洋学院，2011.

［30］何艳冰，张彤，熊冬梅．传统村落文化价值评价及差异化振兴路
径——以河南省焦作市为例［J］.经济地理，2020，40（10）：230-239.

［31］胡琳琳，王学勇．新旧动能转换背景下传统村落保护和旅游开发策略
［J］.山东农业大学学报（自然科学版），2019，50（6）：1071-1075.

［32］黄杰，李晓东，谢霞．少数民族传统村落活化与旅游开发的互动性研
究［J］.广西民族研究，2018（5）：119-128.

［33］蒋非凡，吕红医．基于耦合理论的历史文化名村特色价值保护研
究——以方顶村保护规划为例［J］.南方建筑，2016（1）：33-38.

［34］蒋述卓，郑寿斌．生态系统视角下的中国传统村落开发与保护——以
贵州屯堡为例［J］.广西民族研究，2022（1）：122-129.

［35］焦志明．我国文化产业集群运行机理分析［D］.太原：山西财经大
学，2008.

［36］兰天．产业集群化评价研究［D］.沈阳：东北大学，2009.

［37］李伯华，尹莎，刘沛林，等．湖南省传统村落空间分布特征及影响因
素分析［J］.经济地理，2015，35（2）：189-194.

［38］李储林，霍晓丽．贵州土司古镇旅游文化产业开发探析——以敖溪土
司古镇为例［J］.贵州社会科学，2016（3）：163-168.

［39］李凌．民族传统体育的复兴与文化再生产——日本那霸赛龙舟的个案
研究［J］.北京体育大学学报，2017，40（11）：140-145.

［40］李文姬．绿皮书：去年我国家庭人均旅游花费4984元［EB/OL］.

（2024 - 01 - 31）［2024 - 06 - 27］. https：//www. thepaper. cn/newsDetail_forward_26207760.

［41］李希郎，张卫文，胡笃朋. 青原区革命文物保护利用实施"五个一"——革命文物与传统村落保护利用相结合的青原模式［J］. 南方文物，2019（2）：270 - 271.

［42］李晓东. 中国文物学概论［M］. 石家庄：河北人民出版社，1990：66 - 71.

［43］李星明，朱媛媛，胡娟，等. 旅游地文化空间及其演化机理［J］. 经济地理，2015，35（5）：174 - 179.

［44］李赟鹏，张静. 金融要素对宏观经济效率影响的莫兰指数分析［J］. 西南大学学报（自然科学版），2020，42（3）：124 - 129.

［45］梁步青，肖大威，陶金，等. 赣州客家传统村落分布的时空格局与演化［J］. 经济地理，2018，38（8）：196 - 203.

［46］刘洪丽，张正模，郭青林. 文物价值定量评估方法研究——以榆林窟为例［J］. 敦煌研究，2011（6）：13 - 17.

［47］刘容. "场""类""度"视域下"非遗"生产性保护的基本原则［J］. 东南文化，2018（6）：18 - 22.

［48］刘志宏，李锺国. 广西少数民族地区传统村落分析研究［J］. 山西建筑，2017，43（6）：1 - 3.

［49］刘志宏. 中国传统村落世界文化遗产价值评估研究［J］. 西南民族大学学报（人文社会科学版），2021，42（11）：52 - 58.

［50］刘宗碧. 论侗族传统村落保护中的农业文化遗产传承问题［J］. 原生态民族文化学刊，2017，9（2）：125 - 127.

［51］陆大道. 区域发展及其空间结构［M］. 北京：科学出版社，1995：165 - 170.

［52］骆万丽. 广西10个传统村落获中央财政支持［EB/OL］.（2018 - 05 - 15）［2024 - 08 - 27］. https：//dnr. gxzf. gov. cn/xwzx/gnzx/t16072571. shtml.

［53］骆万丽. 我区创新推动传统村落保护和活化利用 让传统村落"留得下""活起来"［N］. 广西日报，2023 - 12 - 6（9）.

［54］马克思. 资本论：第三卷［M］. 北京：人民出版社，1975：56.

［55］迈克尔·波特. 国家竞争优势（上）［M］. 李明轩，邱如美，译. 北京：中信出版社，2011：137.

［56］孟文娟. 旅游发展型传统村落保护及利用设计研究［D］. 昆明：昆明

理工大学，2016.

［57］潘续丹．精准扶贫视野下传统村落开发的经济与文化价值融合研究［J］．农业经济，2019（10）：35-37.

［58］裴正兵，田彩云．基于旅游者需求的文化遗产旅游价值评估维度研究——以北京"三山五园"地区文化遗产为例［J］．资源开发与市场，2018，34（11）：1614-1617.

［59］佩鲁．经济学译丛［M］．北京：中国社会科学出版社，1988.

［60］齐澍晗．文化生态价值下少数民族传统村落保护与发展［J］．贵州民族研究，2016，37（11）：83-86.

［61］权东计，倪俣婷，焦陇慧，等．遗址保护与乡村规划协同决策支持模型的构建与应用——以秦东陵遗址区军王村为例［J］．中国软科学，2020（S1）：107-114.

［62］沈晨莹，陆倩茹，陈秋晓，等．传统村落集群区域识别与规划策略研究——以浙江省山地丘陵区为例［J］．地理研究，2024，43（2）：446-461.

［63］时少华．京杭运河传统村落非遗活态保护传承与旅游深度融合发展模式研究［J］．北京联合大学学报（人文社会科学版），2023，21（6）：51-60.

［64］搜狐网站．每村300万元！广西28个村落获中央财政支持［EB/OL］．（2019-07-17）［2024-08-27］．https：//www.sohu.com/a/329744960_99959951.

［65］苏卉，占绍文，金青梅．我国文化遗产资源经济价值评估研究——以唐大明宫遗址为例［J］．价格理论与实践，2014（11）：114-116.

［66］孙华．文化遗产概论（上）——文化遗产的类型与价值［J］．自然与文化遗产研究，2020，5（1）：8-17.

［67］孙琳，邓爱民，张洪昌．民族传统村落旅游活化的困境与纾解——以黔东南州雷山县为例［J］．贵州民族研究，2019，40（6）：53-58.

［68］孙莹，王玉顺，肖大威，等．基于GIS的梅州客家传统村落空间分布演变研究［J］．经济地理，2016，36（10）：193-200.

［69］谈国新，何琪敏．文化生态保护区旅游发展的实践模式与可持续路径研究［J］．文化遗产，2022（6）：42-50.

［70］唐承财，万紫微，刘蔓，等．基于多主体的传统村落文化遗产保护传承感知及提升模式［J］．干旱区资源与环境，2021，35（2）：196-202.

［71］唐穆君．非物质文化遗产传承人认定制度的反思——基于乡村秩序裂变语境［J］．广西社会科学，2020（2）：139-143.

［72］佟玉权．基于GIS的中国传统村落空间分异研究［J］．人文地理，

2014, 29 (4): 44 - 51.

［73］万敏，曾翔，赖峥丽，等．安远县老围历史文化名村保护规划探析［J］．规划师，2015, 31 (11): 127 - 134.

［74］王宏刚．偏远古村落文化遗产保护的动力机制研究［C］//《民族遗产》（第2辑）．上海社科院，2009: 9.

［75］王萍，陈楚寒．西南少数民族传统村落文化建档式保护模式研究——基于传统村落文化保护模式比较的视野［J］．民族学刊，2020, 11 (4): 96 - 102 + 142 - 143.

［76］王其藩．系统动力学: 2009年修订版［M］．上海: 上海财经大学出版社，2009.

［77］王远飞，何洪林．空间数据分析方法［M］．北京: 科学出版社，2007: 66 - 71.

［78］王云才，杨丽，郭焕成．北京西部山区传统村落保护与旅游开发利用——以门头沟区为例［J］．山地学报，2006 (4): 466 - 472.

［79］王志玲，邓倩，唐璞山．人居环境科学视角下古村落的保护与利用——以南宁市历史文化聚落（笔山村）保护与利用规划为例［J］．规划师，2013, 29 (S2): 143 - 147.

［80］吴承照，肖建莉．古村落可持续发展的文化生态策略——以高迁古村落为例［J］．城市规划学刊，2003 (4): 56 - 60.

［81］吴晓路．浙江诸暨斯宅古村落文化遗产研究［D］．桂林: 广西师范大学，2014.

［82］肖远平，王伟杰．中国少数民族非遗名录及传承人统计分析［J］．西南民族大学学报（人文社科版），2016, 37 (1): 40 - 45.

［83］新华网．护住好风景 带来好"钱景"［EB/OL］．(2024 - 08 - 28) [2024 - 09 - 01]. http: //www. guangxi. xinhua. org/20240828/f0c805c2f269480185f1b481bb3050d0/c. html.

［84］熊寰．略论文化遗产的概念、分类与方法论［J］．内蒙古大学艺术学院学报，2016, 13 (2): 9 - 13.

［85］徐梅．当代西方区位选择理论研究的新进展［J］．贵州财经学院学报，2004 (5): 71 - 75.

［86］许长青，郭孔生．粤港澳大湾区高等教育集群发展: 国际经验与政策创新［J］．高教探索，2019 (9): 5 - 13.

［87］许建和，乐咏梅，毛洲，等．湖南省传统村落空间格局影响因素与保

护模式 [J]. 经济地理, 2020, 40 (10): 147-153.

[88] 许少辉, 董丽萍. 论乡村振兴战略下传统村落的产业发展 [J]. 民族论坛, 2018 (2): 64-67.

[89] 薛宝琪, 范红艳. 传统村落的遗产价值及其开发利用 [J]. 农业考古, 2012 (1): 380-383.

[90] 薛正昌, 郭勤华. 城镇化与传统村落文化遗产保护——以宁夏为例 [J]. 北方民族大学学报 (哲学社会科学版), 2015 (5): 11-16.

[91] 杨开. 价值与实施导向下的历史文化名村保护与发展措施——以江西省峡江县湖洲村为例 [J]. 城市发展研究, 2017, 24 (5): 26-34.

[92] 杨信. 非遗生产性保护中文化认同的缺失与重塑——以土家织锦为例 [J]. 云南民族大学学报 (哲学社会科学版), 2022, 39 (3): 40-50.

[93] 姚莉. "申遗"视域下非物质文化遗产资源价值评估指标体系的构建——以贵州省从江县侗族非遗资源评估为例 [J]. 贵州师范大学学报 (社会科学版), 2022 (1): 99-110.

[94] 余秀娟. 旅游开发对民俗文化的影响研究 [D]. 北京: 中央民族大学, 2013.

[95] 喻学才, 王健民. 世界文化遗产定义的新界定 [J]. 华中建筑, 2008 (1): 20-21.

[96] 翟洲燕, 李同昇, 常芳, 等. 陕西传统村落文化遗产景观基因识别 [J]. 地理科学进展, 2017, 36 (9): 1067-1080.

[97] 张浩龙, 金万富, 周春山. 肇庆传统村落建筑文化景观特征及形成机制 [J]. 热带地理, 2017, 37 (3): 304-317.

[98] 张晖. 对文物保护单位保护规划的几点认识 [J]. 中国文物科学研究, 2014 (3): 55-58.

[99] 张建忠, 刘家明, 柴达. 基于文化生态旅游视角的古村落旅游开发——以后沟古村为例 [J]. 经济地理, 2015, 35 (9): 189-194.

[100] 张垒, 许大为. 广西69个传统村落获中央补助2亿元 [EB/OL] (2015-7-17) [2024-8-27]. https://m.cnr.cn/news/20150717/t20150717_519240154_tt.html.

[101] 张文忠, 刘继生. 关于区位论发展的探讨 [J]. 人文地理, 1992 (3): 7-13.

[102] 张雯妍. 文化遗产与地方旅游业的互动研究——以贵州茅台酒为例 [D]. 贵阳: 贵州大学, 2015.

［103］张小辉. 海南省新农村建设背景下传统村落的保护与整治规划研究［D］. 海口：海南大学，2013.

［104］赵静. 乡村旅游核心利益相关者关系博弈及协调机制研究［D］. 西安：西北大学，2019.

［105］郑涛，何玉婷. 川藏公路建筑文化遗产保护路径研究［J］. 公路，2020，65（11）：301 - 305.

［106］中共柳州市委政策研究室网站. 柳州市三江县打造"三个体系"探索民俗特色文旅融合发展新模式［EB/OL］.（2024 - 5 - 23）［2024 - 7 - 8］. http：//zys. liuzhou. gov. cn/shgg/t19700101_3465004. html.

［107］中国日报网. 广西龙胜：学习技艺 传承非遗［EB/OL］.（2020 - 06 - 19）［2023 - 11 - 27］. https：//gx. chinadaily. com. cn/a/202006/19/WS5eec893aa 31027ab2a8d1245. html.

［108］中华人民共和国教育部网站. 教育部办公厅关于在中小学开展创建中华优秀文化艺术传承学校活动的通知［EB/OL］.（2010 - 07 - 13）［2023 - 12 - 2］. http：//www. moe. gov. cn/srcsite/A17/moe_794/moe_628/201007/t20100713_92854. html.

［109］中华人民共和国中央人民政府网站. 中共中央办公厅国务院办公厅印发《关于实施中华优秀传统文化传承发展工程的意见》［EB/OL］.（2017 - 1 - 25）［2024 - 8 - 27］. http：//www. gov. cn/zhengce/2017 - 01/25/content_5163472. htm.

［110］周林兴，林腾虹. 记忆场、传统村落与我们的责任——档案部门参与村落记忆场保护的价值与策略［J］. 档案管理，2020（3）：39 -41.

［111］朱晓明. 试论古村落的评价标准［J］. 古建园林技术，2001（4）：53 -55.

［112］朱烜伯，张家其，李克强. 乡村振兴背景下民族传统村落旅游开发影响机制［J］. 江西社会科学，2021，41（3）：229 -237.

［113］邹统钎，邱子仪，苗慧. 国家文化公园建设背景下的文化遗产保护体系改革研究［J］. 中国生态旅游，2023，13（3）：394 -407.

［114］Abdel Tawab, Ayman G. The World Heritage Centre's approaches to the conservation of New Gourna Village, and the assessment of its authenticity and integrity［J］. Alexandria Engineering Journal, 2014, 53（3）：691 -704.

［115］A. G. Power. Ecosystem services and agriculture：Tradeoffs and synergies［J］. Philosophical Transactions of the Royal Society B：Biological Sciences, 2011,

365 (11): 2959 - 2971.

[116] Anna D M, Joanne F B. About Lebanon: experiences in cultural heritage protection and valorization [J]. Economia Della Cultura, 2012 (3): 263 - 278.

[117] Ann Markusen. Sticky places in slippery space: A typology of industrial districts [J]. Economic geography, 1996, 72 (3): 292 - 313.

[118] Azman A. Rahman, Siti Asmaa Hasshim, Rosfaniza Rozali. Residents' Preference on Conservation of the Malay Traditional Village in Kampong Morten, Malacca [J]. Procedia - Social and Behavioral Sciences, 2015, 202 (12): 417 - 423.

[119] Bagri S C, Kala D. Residents' Attitudes toward Tourism Development and Impacts in KotiKanasar, Indroli, Pattyur Tourism Circuit of Uttarakhand State, India [J]. Pasos Revista De Turismo Y Patrimonio Cultural, 2016, 14 (1): 23 - 39.

[120] Bakri A F, Ibrahim N, Ahmad S S, et al. Valuing Built Cultural Heritage in a Malaysian Urban Context [J]. Procedia-Social and Behavioral Sciences, 2015, 170: 381 - 389.

[121] Boris T. van Zanten, Ingo Zasada, Mark J. Koetse, Fabrizio Ungaro, Kati Häfner, Peter H. Verburg. A comparative approach to assess the contribution of landscape features to aesthetic and recreational values in agricultural landscapes [J]. Ecosystem Services, 2016 (7): 87 - 98.

[122] Choi A S, Ritchie B W, Papandrea F, et al. Economic valuation of cultural heritage sites: A choice modeling approach [J]. Tourism Management, 2010, 31 (2): 213 - 220.

[123] Chris, Boonzaaier, Harry, et al. Authenticity lost? The significance of cultural villages in the conservation of heritage in South Africa [J]. Journal of Heritage Tourism, 2018, 13 (2): 181 - 193.

[124] Cortez F S, Seabra Pereira C D, Santos A R, et al. Discussion on Local Traditional Ancient Village Protection Planning—Taking Qiyang County Longxi Ancient Village as an Example [J]. Chinese and Overseas Architecture, 2012, 168 (5): 145 - 150.

[125] Dewi L K Y. Modeling the Relationships Between Tourism Sustainable Factor in the Traditional Village of Pancasari [J]. Procedia - Social and Behavioral Sciences, 2014 (135): 57 - 63.

[126] Doganer S, Dupont W. Accelerating cultural heritage tourism in San Antonio: A community-based tourism development proposal for the missions historic dis-

trict [J]. International Journal of Sustainable Development & Planning, 2015, 10 (1): 1 – 19.

[127] Duk – Byeong Park, Kwang – Woo Lee, Hyun – Suk Choi, Yooshik Yoon. Factors influencing social capital in rural tourism communities in South Korea [J]. Tourism Management, 2012, 33 (6): 151 – 162.

[128] Federica Gobattoni, Raffaele Pelorosso, Antonio Leone, Maria Nicolina Ripa. Sustainable rural development: The role of traditional activities in Central Italy [J]. Land Use Policy, 2015 (8): 412 – 427.

[129] Ficarra F V C, Lozano C D C, Nicol E, et al. Human – Computer Interaction, Tourism and Cultural Heritage [C]// International Conference on Human-computer Interaction. Springer – Verlag, 2011.

[130] Fong Sook Fun, Lo May Chiun, Peter Songan, Vikneswaran Nair. The Impact of Local Communities' Involvement and Relationship Quality on Sustainable Rural Tourism in Rural Area, Sarawak. The Moderating Impact of Self-efficacy [J]. Procedia – Social and Behavioral Sciences, 2014, 144 (20): 60 – 65.

[131] Ghaderi Z, Henderson J C. Sustainable Rural Tourism in Iran: A Perspective from Hawraman Village [J]. Tourism Management Perspectives, 2012 (S2 – 3): 47 – 54.

[132] Giannakopoulou, S, Kaliampakos, D. Protection of architectural heritage: Attitudes of local residents and visitors in Sirako, Greece [J]. Journal of Mountain Science, 2016, 13 (3): 424 – 439.

[133] Guo Q. Research on The Ways to Protect and Inherit Intangible Cultural Heritage in The Information Age [C] //Journal of Physics: Conference Series. IOP Publishing, 2020, 15 (1): 12 – 16.

[134] Hawkins D E. A Protected Areas Ecotourism Competitive Cluster Approach to Catalyse Biodiversity Conservation and Economic Growth in Bulgaria [J]. Journal of Sustainable Tourism, 2004, 12 (3): 219 – 244.

[135] Huibin X, Marzuki A. Community participation of cultural heritage tourism from innovation system perspective [J]. International Journal of Services Technology & Management, 2012, 18 (3/4): 105.

[136] Hui LiEmail, Qiucen Duan, Zhanjing Zeng, Xiaoling Tan, Guoyan Li. Value Evaluation and Analysis of Space Characteristics on Linear Cultural Heritage Corridor Ancient Puer Tea Horse Road [J]. Geo – Informatics in Resource Management

and Sustainable Ecosystem, 2016, 56 (9): 733 – 740.

[137] Jana Špulerová, Veronika Piscová, Katarína Gerhátová, Andrej Bača, Henrik Kalivoda, Róbert Kanka. Orchards as traces of traditional agricultural landscape in Slovakia [J]. Agriculture, Ecosystems & Environment, 2015, 19 (1): 67 – 76.

[138] Jerzy Bański, Monika Wesołowska. Transformations in housing construction in rural areas of Poland's Lublin region—Influence on the spatial settlement structure and landscape aesthetics [J]. Landscape and Urban Planning, 2010, 94 (2): 116 – 126.

[139] Jessica Owley. Cultural heritage conservation easements: Heritage protection with property law tools [J]. Land Use Policy, 2015 (49): 177 – 182.

[140] Kim S, Im D, Lee J, etal. Utility of digital technologies for the sustainability of intangible cultural heritage (ICH) in Korea [J]. Sustainability, 2019, 11 (21): 6117.

[141] Leeuwen E S V, Nijkamp P. The importance of e-services in cultural tourism: an application to Amsterdam, Leipzig and Genoa [J]. International Journal of Sustainable Development, 2011, 14 (3/4): 262 – 289.

[142] Lucia Asdra Rudwiarti, Anna Pudianti, Purwanto Hadi. Sociocultural Capital and Its Roles in Traditional Heritage Housing Conservation Scheme: A Case Study of Brayut Tourism Village (Yogyakarta, Indonesia) [J]. Cultural Sustainable Tourism, 2019, 29 (4): 131 – 137.

[143] Lwoga N B, Mapunda B B. Challenges facing accessible tourism in cultural heritage sites: the case of village museum in tanzania. Revista de turism-studii si cercetari in turism/Journal of tourism [J]. Revista de turism-studii si cercetari in turism/Journal of tourism-studies and research in tourism, 2017, 24.

[144] Mastura Jaafar, S. Mostafa Rasoolimanesh, Ku' Azam Tuan Lonik. Tourism growth and entrepreneurship: Empirical analysis of development of rural highlands [J]. Tourism Management Perspectives, 2015, 14 (5): 17 – 24.

[145] M. B. Ba ğbancı. Examination of the failures and determination of intervention methods for historical Ottoman traditional timber houses in the Cumalıkızık Village, Bursa – Turkey [J]. Engineering Failure Analysis, 2013, 35 (15): 470 – 479.

[146] Mega Sesotyaningtyas, Asnawi Manaf. Analysis of Sustainable Tourism Village Development at Kutoharjo Village, Kendal Regency of Central Java [J]. Procedia – Social and Behavioral Sciences, 2015, 184 (10): 273 – 280.

[147] Melstrom, Richard T. Valuing a historic site with multiple visitor types and missing survey data [J]. Journal of Cultural Heritage, 2015, 16 (1): 102 – 105.

[148] Novelli M, Schmitz B, Spencer T. Networks, clusters and innovation in tourism: A UK experience [J]. Tourism Management, 2006, 27 (6): 1141 – 1152.

[149] Ochiai C. Traditional Community – Based Disaster Management in World Heritage Site of Shirakawa Village [J]. Community Practices for Disaster Risk Reduction in Japan, 2013, 11 (6): 155 – 173.

[150] Rebecca Wheeler. Mining memories in a rural community: Landscape, temporality and place identity [J]. Journal of Rural Studies, 2014 (36): 22 – 32.

[151] Ruijgrok E. The three economic values of cultural heritage: a case study in the Netherlands [J]. Journal of Cultural Heritage, 2006, 7 (3): 206 – 213.

[152] Schillera. Pampang culture village and international tourism in East Kalimantan Indonesian Borneo [J]. Human Organization, 2001, 60 (4): 414 – 422.

[153] Sesotyaningtyas S M, MANAF A. Analysis of Sustainable Tourism Village Development at Kutoharjo Village, Kendal Regency of Central Java [J]. Procedia – Social and Behavioral Sciences, 2015 (184): 273 – 280.

[154] Simoes, Orlando, Carreir, Vivina Almeida. Povoa Dao Village: An instance of "Heritagization" for Tourist Attraction And Local Development [J]. Tourism Culture & Communication, 2012, 12 (1): 19 – 28.

[155] Soojung, Kim, M. Whitford, and C. Arcodia. Development of intangible cultural heritage as a sustainable tourism resource: the intangible cultural heritage practitioners' perspectives [J]. Journal of Heritage Tourism, 2019 (5 – 6): 22 – 35.

[156] Speed J D M, Austrheim G, Birks H J B, et al. Natural and cultural heritage in mountain landscapes: towards an integrated valuation [J]. International Journal of Biodiversity ence Ecosystem Services & Management, 2012, 8 (4): 313 – 320.

[157] Stella Giannakopoulou, Dimitris Kaliampakos. Protection of architectural heritage: attitudes of local residents and visitors in Sirako, Greece [J]. Journal of Mountain Science, 2016, 13 (3): 424 – 439.

[158] Stephanie Ryberg – Webster. Heritage amid an urban crisis: Historic preservation in Cleveland, Ohio's Slavic Village neighborhood [J]. Cities, 2016 (9): 10 – 25.

[159] T. Haegerstrand. Aspeker der Raeumlichen Struktur von Sozialen Kommuni-

kations netzen und der Informationsauabreitung, Kiepenheuer [M]. Witsch, Berlin, 1970.

[160] Underberg – Goode M, Natalie. Cultural heritage tourism on Peru's north coast [J]. Worldwide Hospitality & Tourism Themes, 2014, 6 (3): 200 –214.

[161] Vakhitova T V. Rethinking conservation: Managing cultural heritage as an inhabited cultural landscape [J]. Built Environment Project & Asset Management, 2015, 5 (2): 217 –228.

[162] W. Christaller. Central Place in southern Germany [M]. Translated by Baskey C. W, Englewood Cliffs. N. J. and London: Prentice Hall, 1966.

[163] Witek W. "Zywy skansen Słowino" -ochrona pomorskiego krajobrazu kulturowego [J]. wydawnictwo uniwersytetu przyrodniczego we wrocławiu, 2012 (135): 57 –63.

[164] Wright W, Eppink F V. Drivers of heritage value: A meta-analysis of monetary valuation studies of cultural heritage [J]. Ecological Economics, 2016, 130 (OCT.): 277 –284.

附录1 旅游发展对当地传统村落文化遗产集群化保护影响的调查问卷（程阳八寨居民）

亲爱的朋友：

您好！非常感谢您在百忙之中抽空配合此次调查，本调查旨在对旅游发展对当地传统村落文化遗产集群化保护影响过程进行调查，包括旅游发展对传统村落文化产业、文化景观、民俗文化、社会经济环境等的影响。本问卷采取不记名方式，您的答案将被严格保密，所有数据仅用于学术研究。本问卷均为单项选择题，在选项后打"√"，请按照自己的实际情况与真实感受回答问题，对您的合作与协助，我们表示衷心的感谢！

第一部分：居民基本信息

1. 性别：＿＿＿＿＿＿＿＿＿
2. 民族：＿＿＿＿＿＿＿＿＿
3. 学历：＿＿＿＿＿＿＿＿＿
4. 年龄：＿＿＿＿＿＿＿＿＿
5. 职业：＿＿＿＿＿＿＿＿＿

第二部分：旅游发展对当地文化的影响

6. 旅游发展后民俗活动有所增加（　　　）

A. 非常同意　　B. 同意　　C. 一般　　D. 不同意　　E. 很不同意

7. 旅游发展后，对当地民俗的文化内涵理解有所加深（　　　）

A. 非常同意　　B. 同意　　C. 一般　　D. 不同意　　E. 很不同意

8. 很愿意学习本民族音乐、舞蹈、技艺等（　　　）

A. 非常同意　　B. 同意　　C. 一般　　D. 不同意　　E. 很不同意

9. 现代建筑比本民族传统建筑好（　　）

A. 非常同意　　B. 同意　　C. 一般　　D. 不同意　　E. 很不同意

10. 旅游开发后，本地建筑保护力度增强（　　）

A. 非常同意　　B. 同意　　C. 一般　　D. 不同意　　E. 很不同意

11. 我为我是侗族人而感到骄傲（　　）

A. 非常同意　　B. 同意　　C. 一般　　D. 不同意　　E. 很不同意

12. 我喜欢穿游客那样的现代服饰（　　）

A. 非常同意　　B. 同意　　C. 一般　　D. 不同意　　E. 很不同意

13. 比起民族小调我更喜欢唱流行歌曲（　　）

A. 非常同意　　B. 同意　　C. 一般　　D. 不同意　　E. 很不同意

14. 我觉得为了迎合游客，一些民间故事可以被改编（　　）

A. 非常同意　　B. 同意　　C. 一般　　D. 不同意　　E. 很不同意

15. 我认为民族传统手工艺品可以开发为旅游商品（　　）

A. 非常同意　　B. 同意　　C. 一般　　D. 不同意　　E. 很不同意

16. 程阳八寨自然风光优美，值得游客观赏游览（　　）

A. 非常同意　　B. 同意　　C. 一般　　D. 不同意　　E. 很不同意

17. 旅游开发后，能够吸收外来文化的优势，对本民族文化推陈出新
（　　）

A. 非常同意　　B. 同意　　C. 一般　　D. 不同意　　E. 很不同意

18. 旅游开发有利于民俗文化保护（　　）

A. 非常同意　　B. 同意　　C. 一般　　D. 不同意　　E. 很不同意

第三部分：旅游发展对当地社会经济的影响

19. 旅游发展后，基础设施和旅游设施建设力度增强（　　）

A. 非常同意　　B. 同意　　C. 一般　　D. 不同意　　E. 很不同意

20. 旅游发展后，就业机会增加（　　）

A. 非常同意　　B. 同意　　C. 一般　　D. 不同意　　E. 很不同意

21. 旅游发展后，收入水平提升（　　）

A. 非常同意　　B. 同意　　C. 一般　　D. 不同意　　E. 很不同意

22. 旅游发展后，村容村貌有所改善（　　）

A. 非常同意　　B. 同意　　C. 一般　　D. 不同意　　E. 很不同意

23. 旅游开发改变了我们原有的生活氛围（　　）

A. 非常同意　　B. 同意　　C. 一般　　D. 不同意　　E. 很不同意

24. 与游客接触是一种有益的体验（　　　）

　　A. 非常同意　　B. 同意　　C. 一般　　D. 不同意　　E. 很不同意

25. 游客是我们了解世界的一扇窗子（　　　）

　　A. 非常同意　　B. 同意　　C. 一般　　D. 不同意　　E. 很不同意

26. 我愿意多与游客接触（　　　）

　　A. 非常同意　　B. 同意　　C. 一般　　D. 不同意　　E. 很不同意

27. 感受到更多来自政府的关注（　　　）

　　A. 非常同意　　B. 同意　　C. 一般　　D. 不同意　　E. 很不同意

附录2 旅游发展对广西传统村落文化遗产集群化保护的专家调查问卷

尊敬的专家:

您好! 非常感谢您在百忙之中抽时间填答这份问卷。本书拟对所建立旅游发展对广西传统村落文化遗产集群化保护驱动因素量表进行重要性评价分析, 以下是通过讨论确定的驱动因素变量, 希望您根据自身知识与研究经验, 对变量重要性进行评价, 以确定它们在因素选择中的重要程度。十分感谢您的参与。

一、 旅游发展对广西传统村落文化遗产集群化保护驱动因素

以下是筛选出来的旅游发展对广西传统村落文化遗产集群化保护驱动因素, 请您根据自身的知识基础与研究经验, 对各驱动要素的重要程度进行评分打"√", 或在横线上留下您的宝贵意见。十分感谢您的参与和支持。

打分标准: 重要: 9; 较重要: 7; 一般: 5; 较不重要: 3; 不重要: 1

驱动因素	重要	较重要	一般	较不重要	不重要
区域经济发展	9	7	5	3	1
传统村落文化保护需要	9	7	5	3	1
乡村旅游持续推进	9	7	5	3	1
旅游精准扶贫	9	7	5	3	1
学术资源	9	7	5	3	1
旅游市场需求	9	7	5	3	1
传统村落文化遗产资源	9	7	5	3	1

续表

驱动因素	重要	较重要	一般	较不重要	不重要
大专院校	9	7	5	3	1
外来文化的冲击	9	7	5	3	1
文化遗产的创新变革能力	9	7	5	3	1
社区居民的参与和支持	9	7	5	3	1
文化遗产知名度	9	7	5	3	1
旅行社	9	7	5	3	1
居民生活质量	9	7	5	3	1
资金投入	9	7	5	3	1
外界关注度	9	7	5	3	1
消费观念的转变	9	7	5	3	1
文化繁荣发展	9	7	5	3	1
学校教育	9	7	5	3	1
旅游服务设施	9	7	5	3	1
遗产保护机构	9	7	5	3	1
人才队伍	9	7	5	3	1
旅游政策与法规	9	7	5	3	1
传统村落文化遗产的价值	9	7	5	3	1
媒体传播	9	7	5	3	1
民间组织	9	7	5	3	1

您认为需要更改或增加的驱动因素：

_____

_____